WOLFRAM OSGYAN

Erfolgreich Raubwild bejagen

11. Auflage

Meinen Enkeln Maximilian und Romeo gewidmet

Wolfram Osgyan

Erfolgreich Raubwild bejagen

mit Büchse, Flinte und Falle

11. Auflage mit
365 farbigen Abbildungen,
davon 8 Zeichnungen

edition by jana
nimrod

BILDQUELLEN:

WINSMANN-STEINS, BURKHARD: TITEL UND SEITE 59 (2)
BERNHARD, REINER: 26
ECKARDT, JÜRGEN: Seite 67
FRITSCH, ROMAN: Seite 85
HOFSTETTER, LEONHARD: Seiten 285, 286, 287
KETTERING, THOMAS: SEITEN 260, 270
KIEFERLE, HUBERTUS: SEITE 177
MÜLLER, FRANZ JOSEF: Seite 115
RAKOW, FRANK: Seiten 11, 16, 17, 19, 21, 22, 23, 27, 28, 32, 34, 35, 37, 38, 47, 48, 50, 51, 56, 60, 61, 63, 64 unten, 65, 68, 87, 93, 99, 104, 105, 106, 108, 111, 120, 141, 157 oben, 219, 229, 237, 269
RICHTER, H.: Seiten 118, 210–211
SCHMITT, PETER: Seiten 126, 137, 139, 157, 158, 230, 231
SCHWAB, GERHARD: Seite 107 unten, 116
VOLKMAR, KARL-HEINZ: Seiten 71, 72, 75, 76, 77, 79, 81, 82, 97, 98, 101, 103

Die Spurenbilder auf den Seiten 24, 73 und 102 wurden mit freundlicher Genehmigung des Kosmos-Verlages, Stuttgart, dem Buch „Fährten- und Spurenkunde" von Andreas David entnommen.

Besonderer Dank richtet sich an Peter Schmitt für die großzügige Unterstützung mit Bildmaterial.

Alle andere Aufnahmen und Zeichnungen stammen vom Verfasser.

Impressum

ISBN 978-3-7888-2003-9

2. Auflage 2021
Printed in Germany

Erschienen im Ressort Jagd-Praxis
im Auftrag des Verlages
J. Neumann-Neudamm

c/o NJN Media AG
Schwalbenweg 1
D-34212 Melsungen

info@neumann-neudamm.de
www.neumann-neudamm.de

Inhaltsverzeichnis

Vorwort zu früheren Auflagen

In vielen Revieren stehen heute die Zeichen für die einst zahlreich vorkommenden Niederwildarten schlecht: ohne unser Zutun oder gar Verschulden und gegen unsere Hegebemühungen. Behaupten konnten sich dagegen verschiedene Beutegreifer, weil sie anpassungsfähiger und nicht auf ein schmales Nahrungsspektrum fixiert sind; weil ihnen die umstrukturierte Landschaft nach wie vor optimale Lebensbedingungen bietet oder diese sogar noch verbessert hat.

Dem Raubwild nun alleine die Schuld an der Niederwildmisere anzulasten, wäre sicherlich falsch. Doch auch die Beutegreifer fungieren als Rad im Getriebe, indem sie von dem leben, was immer sie bewältigen können. Bemerkbar dagegen macht sich in jedem Fall das Fehlen natürlicher Regulatoren. So wollen beispielsweise nicht wenige, die offenen Auges durch Wald und Flur streifen, die regulative Wirkung der Tollwut auf die Fuchsbesätze neu bewertet wissen.

Es muss doch zu denken geben, dass die Fuchsstrecken permanent steigen, die des sonstigen Niederwildes aber rückläufig sind. Dass wir unsere daniederliegenden Besätze nicht allein durch das Kurzhalten ihrer Fressfeinde hochpäppeln können, liegt auf der Hand. Umgekehrt aber greifen Hegemaßnahmen wie Biotopverbesserung erst, wenn wir sie umfassend betreiben – und dazu gehört auch die intensive Bejagung des Raubwildes.

Dennoch betrachten Jäger jenes längst nicht mehr als Beutekonkurrent oder gar Schädling, sondern als Wild, dessen Erbeutung dem ausdauernden, passionierten und kundigen Waidmann vorrangig in Einzeljagd vorbehalten bleibt. Es gab sogar Zeiten, in denen der Erlös für die sorgsam gestreiften und vorbehandelten Winterbälge den Löwenanteil aller Reviereinnahmen ausmachte, in denen sich die Jagdpacht durch den Verkauf von Fuchsbälgen bestreiten ließ und drei Marderbälge für den Kauf eines Drillings ausreichten.

Ich erinnere mich noch an Anzeigen Mitte der fünfziger Jahre, über die Ankäufer einwandfreien Winterbälge von Steinmardern suchten und 240 DM pro Stück boten. Wenn man bedenkt, dass damals die Gehälter vieler Forstbeamter noch nicht einmal 500 DM betrugen, lässt sich der Stellenwert des Steinmarders in der Hierarchie jagdbaren Wildes unschwer einschätzen. Ende der siebziger Jahre brachte auch Reineke noch gutes Geld. Zum Teil wurden für den Fuchs im Kern bis zu 100 DM gezahlt, im Schnitt jedoch bewegten sich die Erlöse im Kern um die 70 DM. Ja, es gab damals sogar Interessenten für die Bälge von Sommerfüchsen.

Der Steinmarderbalg wiederum erzielte bis Mitte der achtziger Jahre hohe Notierungen. Hugo Kieferle, seinerzeit Deutschlands größter Ankäufer von Mardern, zahlte immerhin bis zu 95 DM für einen Steinmarder im Kern. Das war mehr als der damalige Preis für ein gutes Eiabzugseisen. Von solchen Erlösen sind wir – leider – derzeit meilenweit entfernt, denn ein totaler Preisverfall kennzeichnet die momentane Situation auf dem Fellmarkt. Doch die Mode war und ist launisch.

Im Laufe von Dekaden wurden immer wieder Pelze bestimmter Arten heimischen Raubwildes hoffähig gemacht und nach einer bestimmten Zeit dem Chic entzogen. 1984 beispielsweise entdeckte ich im Verkaufsraum eines bekannten Münchner Pelzhauses einen Steinmardermantel, der für sage und schreibe 41 000 DM ausgezeichnet war. Zwei Jahre später konnte man dort ein ähnliches Stück für 19 000 DM erwerben, und wieder zwei Jahre später winkte man ab, wenn die Rede auf Weißkehlchens Balg kam. So mag sich im Augenblick der Lieferant von Raubwildbälgen mit dem – zugegeben – schwachen Trost bescheiden, dass bis dato noch immer ein Hoch auf ein Tief folgte und dass die Designer vielleicht sogar in absehbarer Zeit heimische Rauchwaren wieder favorisieren.

Nun jagen wir aber nicht allein der Einnahmen wegen und sehen uns im Normalfall aufgrund der allgemeinen Jagdmarktsituation außerstande, gepachtete Jagdflächen auch nur annähernd kostendeckend zu nutzen. Doch stellen selbst geminderte Erlöse einen gewissen Motivationsschub dar. Aber wenn sich die Pelzträger nicht an den Mann bringen lassen, wenn es für den Fuchs keine Prämien gibt, wenn dem Jäger nur die Last der Entsorgung bleibt, sinkt bei vielen auch die Bereitschaft, dem Raubwild intensiv nachzustellen.

Umgekehrt stimuliert materieller Anreiz, nährt die Investitionsbereitschaft und beflügelt zu Taten, von denen Jagd und Natur gleichermaßen profitieren. Bei allem Idealismus sehen wir Jäger uns jedoch nicht allein als Ersatz für Großraubwild, als Entsorger verendeten oder überfahrenen Wildes, als Gesundheitspolizei der Natur. Wir entnehmen nicht nur Krankes und Schwaches aus der Wildbahn, sondern auch gut Verwertbares. Desgleichen jagen wir zumindest in mitteleuropäischen Gefilden nicht mehr zum primären Nahrungserwerb, sondern wir bewirtschaften Wildbestände.

Das schließt die Freude am Beutemachen oder Überlisten ein. Den ausgeneuten und mit der Flinte erlegten Marder, den herangereizten Kugelfuchs schätzen nicht wenige Jäger vom Erlebniswert höher ein als Treibjagdhasen oder ein Stück Schalenwild. Den Marder oder Fuchs mit der selbstgebauten oder gekauften Falle zu erbeuten, fordert aber noch mehr Aufwand, Mühen, Instinkt, Spürsinn und jagdliches Können. Wer es umzusetzen versteht, kürt sich zum Meister und darf sich der Anerkennung seiner Mitjäger sicher sein.

Jagd ist ein althergebrachtes Recht. Dafür zahlen wir, und dafür sollten wir auch einstehen. Die Raubwildbejagung und mit ihr die Fangjagd zählen ebenfalls zum festen Bestandteil dieses Rechtes. Letztere verspricht – richtig praktiziert – besonders reizvolles Waidwerk: Gespür und Geschick des Fängers stehen gegen den Instinkt des Raubwildes.

Die kleinste Unachtsamkeit, der geringste Fehler seitens des Jägers gibt ihm stets das Nachsehen. Denn: Raubwild wird nicht zwangsläufig gefangen, muss die Fanganlage nicht zwangsgesteuert betreten, sondern tut es aus eigenem Antrieb, wenn die Anziehungskraft des Köders oder des Platzes größer als das angewölfte Misstrauen ist. Und solange der Stellmechanismus des Fanggerätes nicht ausgelöst wird, passiert ihm auch nichts.

Bekanntlich bleibt dem Steuermann von Büchse und Flinte immer ein gewisser Handlungsspielraum und mitunter sogar die Chance, begangene Fehler auszubügeln. Das Fanggerät aber verzeiht nicht das geringste Ungeschick. Umgekehrt verheißen Beharrlichkeit und Können edle Beute. Beute, auf die wir als Jäger mit Recht stolz sein dürfen. Der große Vorteil der Falle liegt in ihrer Verfügbarkeit zu einer Zeit, wo die Natur die Sinne des Jägers quasi lahmlegt: in der Nacht, in der Phase, in der das meiste Raubwild erst richtig aktiv wird und auf Beutefang ausgeht. Ohne Mond und (oder) Schnee, bleibt dem Jäger keine Chance, seiner habhaft zu werden. Das Fangerät aber wird allenfalls durch Witterungseinflüsse inaktiviert. Und selbst ihnen kann man vorbeugen.

Richtig ausgeübte Fallenjagd ist keine Befriedigung niedrigster Gelüste, hat nichts mit Tierquälerei oder Sadismus zu tun, ist keine besonders heimtückische Art der Jagdausübung – wie uns von sogenannten Tierschützern immer vorgehalten wird. Im Übrigen gehen die Ursprünge dieses jagdlichen Handwerks bis in die Anfänge der Menschheitsgeschichte zurück.

Fallenstellen fordert jagdliches und handwerkliches Können und den richtigen Riecher für die heimlichen Wege des Raubwildes im Revier

Wer sich freilich dieser kunstvollen Variante des Jagens verschreibt, lädt sich besondere Verantwortung auf. Verantwortung gegenüber dem Lebewesen im Hinblick auf Tierschutz sowie Artenschutz und Verantwortung gegenüber den Nutznießern der Freizügigkeit von Wald und Flur. Zu ihnen zählen auch die zahlreicher werdenden und zudem organisierten Gegner der Jagd. Gleichgültigkeit, Nachlässigkeit und Dilettantismus unsererseits sind dabei unsere schlimmsten Feinde. Sie liefern die Munition für weitere Angriffe zur Einschränkung jagdlicher Möglichkeiten. Von denen, die das freie Betretungsrecht der Natur für jedermann weidlich ausnützen und dabei auch Gebote missachten, droht heute die größte Gefahr. Damit müssen wir (Fang-)Jäger leben, und danach haben wir uns zu richten.

Büchse und Flinte unterliegen bis zum Moment der Schussabgabe und darüber hinaus der permanenten Überwachung. Bei den Fallen verhält es sich anders. Sie stehen unbeaufsichtigt und werden einmal am Tag kontrolliert. Gerade deshalb, so der Gesetzgeber, stellen sie ein besonderes Gefahrenmoment dar und müssen entsprechend abgesichert sein. Doch auch wenn der „Trapper" seiner Verkehrssicherungspflicht nachgekommen ist, hat er im Falle eines Malheurs nicht automatisch das Recht auf seiner Seite.

Im Nachschlag quasi blieb uns die Fangjagd gerade noch erhalten – stark eingeschränkt und im Würgegriff von Auflagen. So gebieten die Belange des Tierschutzes entweder sofortiges Töten oder unversehrtes Fangen, wobei unter Einfluss von Schock bzw. Bewusstlosigkeit noch ca. drei Minuten vom Auslösen des Fanggerätes bis zum Eintreten des Todes akzeptiert werden, um als „sofortig" die Normen des Tierschutzes zu erfüllen.

Fallen können diesen Anforderungen gerecht werden, wenn sie mit vorgesehener Wucht die tödlichen Stellen treffen. Was aber, wenn sie's nicht tun? Was bewirken Kugel und Schrot, wenn die tödlichen Zonen verfehlt oder nur tangiert wurden, und was passiert manches Mal bei sogenannten tödlichen Treffersitzen?

Um Missverständnissen vorzubeugen: Jeder Jäger will sofortiges Töten, egal mit welchem Gerät, doch wurde im Hinblick auf die Fangjagd die Messlatte besonders hoch angesetzt.

Ernstgenommen werden müssen auch die Belange des Artenschutzes. Verwilderte Hauskatze und Wildkatze haben beispielsweise dasselbe Nahrungsspektrum, nehmen demnach auch die gleichen Köder an. Doch darf die eine unter bestimmten Voraussetzungen gefangen werden, die andere nicht. Stein- und Baummarder, Iltis und Hermelin sprechen ebenfalls auf ein gemeinsames Köderspektrum an und lassen sich deshalb nicht so ohne weiteres durch geeignete Köderwahl selektieren. Solange die Marderartigen denselben Jagdzeiten unterliegen, gibt es keine Probleme. Die stellen sich erst ein, wenn sich die Vorkommen überschneiden und die eine oder andere Art Schonzeit genießt.

Sorgsamer Umgang der Fänger mit ihren Geräten ist Waidmannspflicht und in der heutigen Zeit ein Muss. Doch wenn die Maßnahmen zur Verkehrssicherung so weit zu gehen haben, dass zwar garantiert Dritte nicht mehr Schaden erleiden können, aber auch der Fangerfolg höchst fraglich wird, dann hat sich die Fangjagd neutralisiert und sich auf dem Weg zu ihren Zielen gleichsam selbst gefangen.

Dass mit verschiedenem Maß gemessen wird, mögen folgende Vergleiche belegen. Wenn ein Kind sich an einem Fangplatz zu schaffen macht – vor dessen Betreten ein Schild warnt und der überdies noch mit einer Absperrung versehen ist – und dabei mit der Hand in ein verblendetes Schlageisen gerät, dann wird versucht, dem Fänger nachzuweisen, dass er seine Verkehrssicherungspflicht vernachlässigt hat. Überwindet aber ein Kind den Zaun zum Nachbargrundstück, klettert die an den Kirschbaum angelehnte Leiter hoch, stürzt ab und verletzt sich schwerer, dürfte wohl kaum jemand den Grundstückseigentümer zwecks Schadenersatz belangen können. Dringt jemand in eine ordnungsgemäß abgesicherte Baugrube ein und kommt durch Sturz zu Schaden, dann liegt die Schuld ebenfalls nicht beim Betreiber.

Fängt sich ein Stück Raubwild in einem Fanggerät nicht sofort tödlich, hat der Fänger gegen die Belange des Tierschutzes verstoßen und wird im Falle einer Anzeige zur Rechenschaft gezogen, selbst wenn er den Nachweis erbringt, dass er ein gesetzlich erlaubtes Fanggerät nach bestem Wissen und Gewissen aufgestellt hat. Schließlich habe er durch Aufstellen des Fanggerätes dem Malheur Vorschub geleistet bzw. ein solches billigend in Kauf genommen.

Auch der Autofahrer, der nachts mit nicht angepasster Geschwindigkeit durch den Wald fährt, nimmt billigend in Kauf, dass ihm ein Stück Wild ins Auto springt. Im Falle eines Zusammenstoßes, bei dem das Wild noch wegflüchtet, käme jedoch niemand auf die Idee, den Autofahrer wegen Tierquälerei anzuzeigen bzw. würde kein Richter den Autofahrer deswegen bestrafen.

Mit solchen juristischen Ungereimtheiten muss der Fallenjäger leben und demnach wissen, worauf er sich einlässt, wenn er die Fangjagd praktiziert.

Für die meisten Jäger stellt das erfolgreiche Fangen ein Buch mit sieben Siegeln dar. Viele haben es schon versucht und – durch Misserfolge entmutigt – ihre Fanggeräte wieder in die Ecke gestellt. Als geheimnisumwoben wird die Fallenjagd daher angesehen, als Privileg von Spezialisten, die ihr Wissen für sich behalten.

Nichts von alledem ist wahr: Das erfolgreiche Fangen kann jeder lernen und praktizieren. Erfolg ist – wie überall – auch beim Fangen die beste Motivation. Wer ihn hat, wird in den meisten Revieren ein gerngesehener Helfer sein und braucht nicht über mangelnde jagdliche Möglichkeiten zu klagen.

Für mich führte der Weg zum Erfolg durch ein Gebirge von Misserfolgen. Ich habe so ziemlich alle Anfängerfehler gemacht, viel Lehrgeld gezahlt und meine Lehren daraus verwertet. Das Wissen um die zahlreichen Fehlerquellen wiederum erlaubt es, mich in die Schwierigkeiten von Anfängern hineinzuversetzen. Mit meinen Büchern „Erfolgreich fangen" bzw. „Erfolgreich Raubwild bejagen" vermochte ich zahlreichen Jägern die entscheidenden Tipps zu geben, die sie zu erfolgreichen Fängern machten.

An der Methode hat sich im Prinzip nichts geändert, doch die Zeit ist nicht stillgestanden. Der Zeitgeist hat eine Wandlung erfahren, die Gesetzgebung wurde präzisiert sowie verschärft und die Rahmenbedingungen sind andere geworden. Diesen Umständen versuche ich mit dem vorliegenden Werk Rechnung zu tragen.

Bei aller Effizienz ist die Falle nicht das einzige Mittel, Raubwild erfolgreich zu bejagen. Daher habe ich mich aufgrund vieler Anregungen aus der Jägerschaft entschlossen, alternative, ergänzende und von mir ebenfalls praktizierte Jagdmethoden mit aufzunehmen. Auch solche, bei denen das persönliche Erlebnis über dem absoluten Erfolg steht.

Roth, Sommer 2011 *Wolfram Osgyan*

Vorwort zur 10. Auflage

Zehn Auflagen seit dem Erscheinen 1987 sprechen für sich. Sie machen das Buch „Erfolgreich Raubwild bejagen" im deutschsprachigen Raum zum wohl meist gelesenen und mit am häufigsten gekauften jagdlichen Sachbuch der drei letzten Jahrzehnte.

Längst avancierte es in seiner Sparte zum Standardwerk und dominiert nach wie vor alle Neuerscheinungen. Nicht zuletzt, weil es als einziges in seinem Metier alles abdeckt, was der Raubwildjäger wissen muss, um erfolgreich zu sein. Dabei reicht die Spanne vom richtigen Ankirren bis zum Zurichten der gegerbten Felle.

Seit der Erstauflage hat sich in den Revieren viel verändert. Der Publikumsdruck ist mächtig gestiegen, denn nach Feierabend leben sich Jogger, Walker, Biker, Geocacher und Spaziergänger in der Natur aus. Hunde werden ausgeführt und von der Leine gelassen. Sie sollen sich lösen und tun das regelmäßig an Waldrand, Feld und in den Wiesen – sehr zum Ärger der Landwirte. Denn draußen fühlt sich niemand bemüßigt, die stinkenden Hinterlassenschaften der Vierbeiner einzutüten und in den eigenen Abfalltonnen zu entsorgen.

Viele Nebenerwerbslandwirte haben die Viehhaltung aufgegeben, nicht wenige ihre landwirtschaftlichen Flächen an Vollerwerbler verpachtet. Mit einem Mal verfügen sie über Freizeit und nutzen diese zu vielfältigen Aktivitäten. Unter anderem richtet sich nun ihr Fokus auf den Wald und dessen Pflege. Seit die Holzpreise angezogen haben, ist der private Waldbesitzer sehr präsent. Es wird eingeschlagen, gepflanzt, gezäunt und gepflegt. Zu Lasten von Kraut- und Strauchschicht unserer Wälder, von Deckung und Ruhe in den Einständen.

Neubürger, Neozoen genannt, machen sich in unseren Revieren breit. Zuerst der Waschbär, dann der Marderhund. Sie zahlenmäßig in den Griff zu bekommen, ist eine Herausforderung für den Jäger, wenn Bodenbrüter und Hasen in bejagbaren Besätzen überleben sollen.

Die Wildkatze wurde mit großem Erfolg in nahezu allen Mittelgebirgen und größeren Forsten wieder heimisch gemacht, so dass ihr Anblick den Status des Besonderen verloren hat. Beim Luchs gestaltet sich die Wiederansiedlung zäher. Doch beweisen Aufnahmen von Wildkameras, dass – allen Unkenrufen zum Trotz – der heimliche Schleicher in Regionen vorgedrungen ist, die nicht als potenzielles Luchshabitat ausgewiesen sind.

Über den Fuchs halten die Förster vielerorts ihre schützende Hand. Auf vielen Bewegungsjagden wird der Rotrock nicht mehr freigegeben. Seine Anwesenheit ist nämlich ausdrücklich erwünscht, schließlich richtet er im Wald keinen Schaden an. Im Gegenteil. Er hält Mäuse kurz und zehntet den Kitzbestand. Mit seinem Balg lässt sich kein Euro verdienen. Den Fuchs zu entsorgen, macht Arbeit, und nicht zuletzt entfällt ein Feigenblatt, das immer wieder für den „Fehlschuss" und sogar den verheimlichten Fehlabschuss herhalten musste.

Der Raubwildjäger kommt nicht umhin, sich mit sehr unterschiedlichen Jagdzeiten in den Bundesländern vertraut zu machen und zu akzeptieren, dass manche Arten in einzelnen Bundesländern Vollschonung genießen.

Rot-Grün-Regierungen reglementieren die Fallenjagd über Gebühr und drehen ihr im wahrsten Sinne des Wortes die Luft ab. Allenfalls den Lebendfang mit Auflagen gestehen sie „kundigen Personen" zu. Jäger zählen nicht automatisch zu diesem privilegierten Kreis, sondern erst, wenn sie einen entsprechenden Sachkundenachweis erbracht haben. Ein solcher genügt übrigens auch Nichtjägern, wenn sie im eigenen befriedeten Bezirk fangen wollen.

Erfreulicherweise hat sich auf dem Sektor der Fallen für den Lebendfang eine Menge getan. Endlich offerieren kommerzielle Hersteller ausreichend dimensionierte Geräte, die Aussicht auf Erfolg bieten. Elektronische Fallenmelder bringen die Nachricht über das ausgelöste Fanggerät via Handy ins Wohnzimmer, die Wildkamera liefert die Bilder vom Besucher. Natürlich nicht gratis. Aber immerhin kann der Fangjäger zeitnah reagieren und erspart sich die eine oder andere nutzlose Fahrt.

Mit der flächendeckenden Wiederansiedlung des Bibers haben die Initiatoren den Grundstückseigentümern einen Bärendienst erwiesen. Die eifrigen Nager fällen nicht nur erfolgreich durchmesserstarke Bäume, sondern unterscheiden auch nicht zwischen wertvollem Nutzholz und weniger hoch notierten Weichhölzern. Wo sich Meister Bockert in der Kulturlandschaft breit gemacht hat, hinterlässt er eine Spur der Verwüstung. Und wenn der gewählte Lebensraum nichts mehr hergibt, wandert er weiter. Unterminierte, gebrochene Dämme an Fischteichen, verstopfte Zu- und Abläufe von Kläranlagen, durch

Treibholz in Mitleidenschaft gezogene Kleinkraftwerke gehen ebenso auf sein Konto, wie ausgespülte Bachufer, freigelegte Baumwurzeln, Schäden durch umgestürzte Bäume und ufernah eingebrochene Wiesen und Felder. Als Pflanzenfresser verschmäht er weder Getreide noch Hackfrüchte. Eine Biberfamilie kann überdies sowohl in einem Maisfeld als auch in einer Obstplantage erheblichen Schaden anrichten.

Lange Zeit bestand das Bibermanagement darin, Problem-Exemplare zu fangen und nach dem Floriansprinzip anderswo in Freiheit zu entlassen. Nachdem mittlerweile die Anzahl der in Deutschland vorkommenden Großnager in die Zehntausende geht und potenzielle Abnehmer im Ausland längst abwinken, werden in Bayern inzwischen Fang- und Abfanggenehmigungen erteilt, in Einzelfällen gibt es sogar Abschussgenehmigungen.

Es ist nur eine Frage der Zeit, bis Meister Bockert in der Fläche kontrolliert nachgestellt werden muss und wird. Deshalb findet seine Bejagung Aufnahme in diesem Buch, obwohl er nicht zum Raubwild zählt. Gedacht für diejenigen, die ihm mit behördlichem Einverständnis nachstellen sollen und die nicht primär Fleisch, Balg und Meißelzähne anstreben.

In der 11. Auflage versuche ich, den angeführten Gegebenheiten Rechnung zu tragen. Den angehenden und den passionierten Raubwildjägern in der Praxis wünsche ich eine anregende Lektüre, spannendes Waidwerk und kräftiges Waidmannsheil.

Roth im Hegemond 2016 *Wolfram Osgyan*

Die Geister, die ich rief ... Meister Bockert hat sich bei uns in einer Form breitgemacht, die selbst Biberfreunden unterdessen Kopfzerbrechen bereitet

Vorwort zur 11. Auflage

Seit dem Erscheinen der 10. Auflage 2016 hat sich für Jagd und Jäger eine ganze Menge getan. Bundesweit sind nunmehr Schalldämpfer zugelassen, Sauen darf mit Nachtzieltechnik nachgestellt werden, desgleichen unterstützen Wärmebildkameras die nächtliche Beobachtung. Das kann zum Erfolg beitragen, aber auch ein Beitrag zur Sicherheit sein. Corona hat nämlich das Freizeitverhalten weiter Teile der Bevölkerung erheblich verändert. Sport findet aktuell nicht in den einschlägigen Einrichtungen statt, sondern in Wald und Flur. Und das nicht nur tagsüber, sondern bis weit in die Nacht hinein.

Für den Jäger wiederum ist es gut zu wissen, dass er immer und überall mit nicht gebetenem Publikum zu rechnen hat und er dieses rechtzeitig wahrnehmen kann. Und auch, dass sich Hunde und ihre Herrchen nicht an Wegegebote halten, mit Kind und Kegel jagdliche Einrichtungen jedweder Art zumindest inspizieren, bei Bedarf fotografieren und in den sozialen Medien verbreiten. Haben sich jedoch Gewohnheiten erst einmal eingeschliffen, gibt es nach aller Erfahrung kein Zurück mehr.

Biber scheinen inzwischen nicht mehr gänzlich unantastbar zu sein. Jedenfalls werden mittlerweile in Bayern Abschussgenehmigungen relativ problemlos, jedoch unter Ausschluss der Öffentlichkeit, erteilt. Zugeben, dass die Geister, die man rief, nicht mehr von selbst verschwinden, gehört nun mal nicht zum Selbstverständnis der Initiatoren. Mit dem Wolf tut sich ein zweites Fass auf. Er ist für bestimmte Kreise die heilige Kuh und nicht das von ihm gerissene Nutztier auf der Weide. Im Augenblick verbreitet sich die Population der grauen Räuber ungebremst, und es ist nur eine Frage der Zeit, bis Übergriffe nicht mehr unter dem Deckel gehalten werden können und die Öffentlichkeit Regulierung einfordert. Mit der Organisation „Fellwechsel“ zeichnete sich ein Silberstreif am Horizont des Fellmarktes ab.

Leider scheint das zarte Pflänzlein zu vertrocknen, bevor es richtig Wurzeln schlägt, denn nach hoffnungsvollem Start ging den Betreibern im wahrsten Sinne des Wortes die Luft aus bzw. sie blieben auf ihren Bälgen sitzen. Bekanntlich stirbt die Hoffnung zuletzt. Sie ist Stütze und Triebfeder auch für den Raubwildjäger. Mit der KaNu-Falle wird in dieser Auflage eine sehr effektive Lebendfalle für den Marderhund vorgestellt.

Außerdem trägt der Autor, dem Wunsch aus einschlägigen Kreisen Rechnung, auch der Gewinnung und Weiterverarbeitung von Raubwildtrophäen ein Kapitel in Deutschlands Raubwild-Bestseller zu widmen. Freude an dessen Lektüre wünsche ich den angehenden sowie eingefleischten Raubwildjägern. Dazu Erfolg und Waidmannheil beim spannenden Waidwerk.

Roth, im Hegemond 2020 *Wolfram Osgyan*

Raubwildbejagung im Spiegel der Statistik

Besätze zahlenmäßig einigermaßen zu verlässig zu erfassen, fällt beim Haar- und Federwild ungleich schwerer als beim Schalenwild. Gesicherte Hinweise auf die Größe des Vorkommens liefern allerdings die jeweiligen Jahresstrecken. Diese schwanken von Jahr zu Jahr bei einigen Haar- und Federwildarten erheblich. Der Grund für das Auf und Ab dürfte in direktem Zusammenhang mit der Witterung zur Setz-, Brut und Aufzuchtzeit zu suchen sein. Nasskalte Frühjahre und verregnete Sommer drücken beispielsweise die Reproduktionsrate nachhaltig.

Weil aber Jäger stets danach trachten, ihre Niederwildbesätze zu bewirtschaften, stellen sie auch die Bejagung auf das Vorkommen ab. Erbringen Beobachtungen, nächtliche Zählungen mit dem Scheinwerfer (in reinen Feldrevieren ein probates Verfahren zur Erfassung der lokalen Feldhasenpopulation) und erste Jagden Fingerzeige für geringe Höhe, wird automatisch die Intensität der Bejagung vermindert, unter Umständen sogar auf die traditionelle Gesellschaftsjagd verzichtet oder auf bestimmte Wildarten beschränkt.

Das gilt jedoch nicht für das Raubwild, denn seit jeher bemühen sich die Jäger, jenem intensiv nachzustellen und jede sich bietende Gelegenheit zum Erlegen konsequent zu nutzen. Erstaunlicherweise kennzeichnet hier aber ein anhaltender Aufwärtstrend die Streckenentwicklung. Das heißt, es wird heute mehr Raubwild erbeutet als zu jeder anderen Zeit. Dem-

Keine Nachwuchssorgen bei Familie Reineke

Hohe Reproduktionsrate bei Nahrungsopportunisten

nach hängt die Höhe der Raubwildpopulation nicht direkt von der Höhe der Niederwildpopulation ab. Den Generalisten Fuchs, Hermelin, Steinmarder, Waschbär und Marderhund dient nämlich jeweils das in der breiten Angebotspalette als Hauptnahrung, was am meisten zur Verfügung steht. Und weil sich bei Nahrungsopportunisten Engpässe naturgemäß weniger einstellen, erfährt auch die Reproduktionsrate seltener gravierende Einbrüche.

Unbestritten allerdings ist, dass ein hoher Raubwildbesatz den Aufzuchterfolg des Niederwildes nachhaltig beeinträchtigt: Je mehr Füchse und Marder ein Streifgebiet revidieren, desto größer ist die Wahrscheinlichkeit, dass sie auch einen Hasen, einen Fasan, deren Nachwuchs oder ein Gelege erbeuten. Bei hohem Beutegreiferdruck erholen sich demnach angeschlagene Besätze merklich langsamer oder gar nicht, wenn sich Zuwachs und Abgang die Waage halten.

Nach dem DJV-Handbuch Jagd 2020 kamen im Jagdjahr 2018/19 in der Bundesrepublik insgesamt 759.713 Stück Raubwild zur Strecke, davon stellten wiederum die 422.209 **Füchse** das Gros, ungeachtet der Tatsache, dass das bisherige Rekordergebnis von 692.678 aus der Saison 1995/96 nicht mehr erreicht wurde. Nach wie vor also Fuchsstrecken en masse trotz der schneearmen Winter, die wir in den letzten Jahren hatten!

Auf einen Hasen kommen mehr als zwei Füchse

Die Ursache für die Fuchsschwemme dürfte in den erfolgreichen Tollwutimmunisierungsaktionen zu suchen sein, und es deutet alles darauf hin, dass es der Jagd nicht mehr gelingt, die natürliche Mortalität zu kompensieren. Außerdem mehren sich mittlerweile auch die Stimmen aus der Jägerschaft, die angesichts auftretender Räude und Häufung des Fuchsbandwurms fragen, ob man sich mit der oktroyierten Tollwutbekämpfung per Impfköder nicht einen Bärendienst erwiesen habe.

Setzen wir beispielsweise die bundesdeutsche Hasenstrecke von 191.854 Stück in Relation zu der Anzahl erbeuteter Füchse, so ergibt sich ein Quotient von 0,45. Auf einen Fuchs kamen nurmehr 0,45 Hasen – trotz günstiger Frühjahrswitterung in vielen Regionen. Welch trauriger Rekord, wenn mehr Vertreter der roten Sippe als Hasen zur Strecke gelegt werden. Im Schnitt erbeutete übrigens jeder der 370.000 Jagdscheininhaber 1,14 Rotröcke. Das ist gemessen an anderem Wild viel und spiegelt die Repräsentanz Reinekes in unseren Revieren. Dabei dürften an die 90 Prozent der roten Freibeuter auf das Konto von Büchse und Flinte gegangen sein. Das mag die Rolle der Fallen bei der Fuchsbejagung zwar relativieren, doch absolut gesehen reden die knapp 50.000 gefangenen Füchse immer noch eine eindeutige Sprache

Ganz anders sieht die Situation beim **Steinmarder** aus. Auf die Anzahl der Jäger in den Bundesländern bezogen, ergeben die 44.005 zur Strecke gelegten

Trotz aller Unkenrufe – die Baummarderbesätze sind nach wie vor stabil

Steinmarder einen Quotienten von 0,118. Das bedeutet, dass der fiktive bundesdeutsche Durchschnittsjäger alle achteinhalb Jahre ein Weißkehlchen erwischt, mehr als je zuvor! Hier jedoch schöpfen die Fallenjäger den Rahm ab: Weit über 90 Prozent aller erbeuteten Marder gehen auf ihr Konto. Mit anderen Worten: Effektive Marderbejagung ist nur mit der Falle möglich. Das gilt in gleichem Maße für den **Waschbär**.

In diesem Zusammenhang sei mir noch eine Anmerkung gestattet: Niemand kam auf die Idee, die Waschbären auf die Rote Liste zu setzen, weil im Jagdjahr 1992/93 „nur" 1.866 erbeutet wurden. Inzwischen hat sich die Strecke mit 202.000 Exemplaren verhundertachtfacht. Doch den Hasen (191.854 Stück bei freiwilligem Bejagungsverzicht in vielen Revieren!) will man jetzt dort haben und den **Baummarder** ebenfalls, weil er vom Aussterben bedroht sei. Nun weist das aktuelle Streckenergebnis 6.306 Exemplare aus, obwohl in vielen Bundesländern Jagdverbot gilt. Zuvor bewegte sich die Jagdstrecke für lange Jahre ebenfalls im vierstelligen Bereich auf und ab. Nach neuesten Forschungsergebnissen scheint sich die Population des kaffeebraunen Edelpelzträgers sogar leicht im Aufwind zu befinden und nicht mehr an den angestammten Lebensraum Wald gebunden zu sein. Dagegen hat sich sein ehedem rarer, intensiv bejagter, jedoch anpassungsfähigerer Vetter als Kulturfolger weitere Siedlungsgebiete erschlossen und die Statistik zunehmend zu seinen Gunsten gestaltet.

Effektive Marderbejagung nur mit Falle möglich

Zweifelsfrei befindet sich auch die **Iltis**population wieder auf dem Vormarsch, seit manche Narbe der Flurbereinigung beseitigt und vielerorts Renaturierungsprogramme gestartet wurden.

Auch das **Hermelin** ist in den meisten Revieren zahlreicher vertreten, als es die bundesdeutsche Strecke vermuten lässt. Wo nämlich dem Großen Wiesel im Spätsommer gezielt mit der Falle nachgestellt wird, bewegen sich die Ergebnisse in vorher nicht geahnten Höhen (Iltis + Wieselstrecke = 11.620 Stück).

Neue Gefahren durch Marderhund

Mittlerweile hat sich mit dem **Marderhund** ein ungebetener Zuwanderer in unseren Revieren etabliert. 29.119 erbeutete Exemplare trotz Staupeeinbruch im Jagdjahr 2014/15 legen Zeugnis über seine vermehrte Präsenz in ganz Deutschland ab. Deshalb sollte auch ihm verstärkt unser jagdliches Augenmerk gelten, wenn wir etwas für den Schutz des Niederwildes tun wollen.

79.900 überfahrene bzw. zur Strecke gelegte **Dachse** beweisen schließlich, dass Grimbarts Population einen neuen Höchststand erreicht hat.

Meister Grimbart befindet sich stark im Aufwind und ist nicht nur ein attraktiver Beifang bei der Herbstjagd auf Maisstoppeln

Zur Biologie des Fuchses

Im Kinderlied hat er die Gans gestohlen, die Fabel machte aus ihm den Ränkeschmied, das Synonym für List und Schläue, im täglichen Leben dient er als Metapher: Kein Wildtier hat in unseren Breiten den Menschen so beschäftigt wie der Fuchs, keines fand auch soviel literarische Beachtung.Er gilt als ein Muster an Anpassungsfähigkeit und somit als (Über)-Lebenskünstler. Unbestritten sind seine Fertigkeiten als Jäger wie auch seine sprichwörtliche Dreistigkeit beim Beutemachen. Unverhohlene Bewunderung finden seine Fähigkeiten, sich immer wieder erfolgreich allen Nachstellungen zu entziehen.

Kein Wunder, dass er nicht nur des Balges wegen in der Hierarchie jagdbaren Wildes einen hohen Stellenwert genießt. Auf der Treibjagd fungiert er beispielsweise als „Königsmacher", und wer den Winterfuchs bringt, dokumentiert, dass er sein jagdliches Handwerk bestens beherrscht.

Um den Fuchs erfolgreich bejagen zu können, muss man jedoch seine Lebens- und Verhaltensweise kennen, bedarf es also einiger wildbiologischer Kenntnisse. Hier verdanken wir nicht zuletzt der Telemetrie im Dienste der Wildforschung neue Erkenntnisse über den Rotrock.

Von den Sinnesorganen dürfte wohl der Sehsinn am wenigsten ausgeprägt

An sonnigen Wintertagen, besonders während der Hauptranzzeit, ist Reineke auch am Tage häufig auf den Läufen

Fuchs-Spurbilder von links: schnürend, leicht flüchtig, hochflüchtig

sein. Füchse sind Dämmerungs- und Bewegungsseher und können ein kontrastarmes, unbewegliches Objekt kaum von seiner Umgebung unterscheiden. Als Grund vermutet man eine weitgehende Farbenblindheit Reinekes.

Dagegen verfügt er über ein ausgezeichnetes Gehör. Es befähigt ihn nicht nur, Geräusche geringster Intensität über erstaunlich große Entfernungen zu vernehmen, sondern auch die Quelle mit hoher Genauigkeit zu orten.

Als wichtigster Orientierungssinn fungiert – wie bei allen Hundeartigen – der Geruchsinn. Nach LABHARDT sind Füchse imstande, aus verschiedenen Gerüchen einen bestimmten herauszulesen und richtig zu identifizieren. So registrierte ein freilebender Fuchs menschlichen Geruch auf etwa 80 Meter Distanz inmitten eines frisch mit Jauche abgedeckten Feldes und flüchtete. Ein Jungfuchs reagierte im Herbst ebenso, als er am Waldrand auf die eineinhalb Stunden alte Gehspur eines Menschen stieß. Desgleichen witterte ein zahmer Fuchs im Freigehege bei günstiger Luftströmung Sexualpheromone (Duftlockstoffe) einer 4 km entfernten paarungsbereiten Fähe und führte angeleint LABHARDT zielstrebig zur Geruchsquelle.

Aufgrund seiner geringen Körperhöhe und weil er in der Regel mit tiefer Nase das Gelände absucht, windet der Fuchs jedoch bei weitem nicht so gut wie Sauen oder gar Rotwild. Mehrmals ist es mir beim Nachtansitz in hohen Kanzeln schon passiert, dass Rotwild eine „Nase voll“ menschlicher Wittrung mitbekam und die Ansitzeinrichtung mied, während bei den Füchsen ein ständiges Kommen und Gehen zu verzeichnen war.

Auf dem Speisezettel Reinekes stehen Mäuse ganz oben. Wenn es an ihnen mangelt, können auch Regenwürmer diesen Platz einnehmen. Vom jagdbaren Wild dürften Junghasen am meisten betroffen zu sein und stellen – regional verschieden – immerhin bis zu zehn Prozent der Fuchsbeute dar. Ein Faktor, der gerade zur Aufzuchtszeit der Welpen besondere Bedeutung gewinnt. Bei hoher Siedlungsdichte und geringem Deckungsangebot können somit Füchse den Junghasenbesatz erheblich dezimieren.

Fuchs ist nicht wählerisch

Obst, allen voran Kirschen, Mirabellen und Zwetschgen, wird gerne und in nicht geringen Mengen aufgenommen, wie Mageninhaltsanalysen ergaben. Es scheint als Hauptlieferant von Kohlehydraten für den Aufbau von Fettreserven eine große Bedeutung zu besitzen.

Ansonsten zeigt sich die rote Sippe nicht wählerisch. Sie greift vorzugsweise

Nicht in jedem Fall, aber recht häufig: Auch die Rüden versorgen das Geheck mit Beute

auf das zurück, was am meisten verfügbar und mit geringstem Aufwand zu erbeuten ist, pflegt also eine opportunistische Lebensweise.

Füchse leben territorial und in der Regel bis zum Tode im selben Streifgebiet (Homerange), das sie nach Verlassen des elterlichen Reviers im Herbst besiedelt haben. Ein solches muss zu allen Jahreszeiten ausreichend Fraß, Deckung, Geschlechtspartner und Baue für die Welpenaufzucht bieten. Die Größe eines Homerange wiederum variiert (abhängig von Siedlungsdichte und Qualität) zwischen 40 ha und mehreren Quadratkilometern.

Wie die Telemetrie ergab, suchen Füchse ihr Streifgebiet allnächtlich systematisch und im Feld flächendeckend ab, wobei sie nur ausnahmsweise mehrmals hintereinander dieselbe Strecke benützen. Hier bestimmt wohl der Erfolg des vorangegangenen Beutezugs die Anlage des nächsten mit.

Das Durchstreifen dient jedoch nicht allein dem Nahrungserwerb, sondern im gleichen Maße der Kontrolle der zur Abgrenzung und dem Informationsaustausch gesetzten Duftmarken.

Füchse leben territorial

Die Hauptranz fällt in die Monate Januar und Februar. Vereinzelt wurde auch schon Ranzbetrieb Anfang Dezember beobachtet.

Die ranzende Fähe lockt Rüden von weither aus ihren Streifgebieten und wird häufig auch von mehreren belegt – mit den Resultat, dass Wurfgeschwister verschiedene Väter haben können.

Nach nur 51 bis 53 Tagen wölft die Fähe 2 bis 8 Welpen im Bau. Sie verlässt ihn während der ersten zwei bis drei Wochen nur selten. In dieser Zeit wird sie vielfach vom Rüden mit Futter versorgt. Dazu schreibt LABHARDT: „Selten war ein Faktum bis in die jüngste Zeit so umstritten wie die Rolle des Vaters. Immer wieder wurde bezweifelt, dass der Rüde sich um die Familie kümmert. Dies ist aber eindeutig der Fall, wie Beobachtungen in Gefangenschaft und freier Wildbahn zeigen. Eigene Beobachtungen ergaben jedoch, dass viele Würfe von der Fähe allein versorgt werden. Dafür dürften verschiedene Ursachen verantwortlich sein."

Bis zu acht Welpen

Nach LABHARDT sind das der Tod des Rüden bzw. das polygame Verhalten beider Geschlechter. Er gelangt zu dem Ergebnis, dass die Betreuung durch beide Elternteile die Überlebenschancen der Welpen erhöht.

Im Herbst werden Jungfüchse „vor die Tür gesetzt"

Im Laufe des Sommers werden die Jungfüchse nach und nach von der Fürsorge der Eltern zunehmend unabhängiger und bewegen sich innerhalb des elterlichen Streifgebietes. Mit Eintreten der Geschlechtsreife im Herbst werden sie aus Konkurrenzgründen von den Eltern aus diesem jedoch verdrängt.

In Gebieten mit hohem Jagddruck sind Füchse fast ausschließlich nachtaktiv. Sie brechen selten vor Sonnenuntergang auf und wagen sich im Winterhalbjahr erst bei völliger Dunkelheit in offene Flächen. In Revieren, in denen selten Füchse geschossen werden, sind sie dagegen auch bei Tage unterwegs.

Außerhalb der Aufzuchtszeit bewohnt der Fuchs Baue nur sporadisch. Erst von Ende November an werden sie häufiger befahren. Während der Ranz jedoch spielt sich ein Großteil der Aktivitäten an einigen wenigen, sogenannten „Rendezvous-Bauen" ab. Wer sie als Raubwildjäger kennt, hat demnach gute Karten.

Gute Mäusejahre sind gute Hasenjahre. Gibt es reichlich kleine Nager, muss der Fuchs sich weniger an anderen Beutetieren „vergreifen"

Jungfuchsbejagung

Im Dienste der Niederwildhege sollte der Fuchs das ganze Jahr über scharf bejagt werden. Diesem Umstand trägt das Bundesjagdgesetz zwar grundsätzlich Rechnung, indem es keine Schonzeit für Reineke einräumt, doch heißt es in 2, Absatz 4: „ In den Setz- und Brutzeiten dürfen bis zum Selbständigwerden der Jungtiere die für die Aufzucht notwendigen Elterntiere, auch die von Wild ohne Schonzeit, nicht bejagt werden.“ Allerdings können die Länder, soweit erforderlich, abweichende Bestimmungen erlassen. Diese Möglichkeit hat z. B. Niedersachsen in seinen seit 30. April 1998 geltenden Jagdzeitenregelung genutzt und für Altfüchse eine grundsätzliche Schonzeit vom 1. März bis 15. Juni eingeräumt.

Effektiv: Ansitz am Heckbau

Wo dies nicht zutrifft, bleiben zur wirksamen Reduzierung der Füchse nur wenige Mittel. Eines davon ist der Ansitz am Heckbau im Mai oder Juni. Wir erkennen ihn leicht an herumliegenden Beuteresten: Flügel, Köpfe, Läufe, Knochen und an freigefegten Plätzen vor den Einfahrten. Bei schönem Wetter, vorzugsweise zur Mittagszeit, verlassen nämlich die Welpen den Bau, um sich zu sonnen oder zu spielen. Das gibt dem bei gutem Wind, getarnt und regungslos sitzenden Jäger zunächst die Chance, die Geheckgröße festzustellen. Handelt es sich nur um wenige Welpen, sollte es möglich sein, sie mit der Doppel- oder halbautomatischen Flinte unter Verwendung von feinem Schrot zu erlegen.

Wer es ernst meint mit der Fuchsbejagung, fängt früh im Jahr damit an

Andernfalls empfiehlt sich der Einsatz eines raubwildscharfen, erfahrenen Erdhundes, der die Jungfüchse unter Tage abtut und herauszieht. Das fällt ihm

Von Mitte des Jahres an begeben sich die Jungfüchse auf eigene Beutezüge und sind aufgrund ihrer Unerfahrenheit häufig leicht zu bejagen

dann leicht, wenn die Fähe nicht steckt. Befindet sie sich aber im Bau, besteht das Risiko, dass der Hund schwer geschlagen wird. Das Graben der Welpen steht dann zur Disposition, wenn sich die erstgenannten Alternativen nicht durchführen lassen.

Den Abschuss der Fähe vor ihrem Nachwuchs – sofern gesetzlich erlaubt – rechtfertigt nur eine Situation: Wenn sichergestellt ist, dass wir mit ihr alle Welpen zur Strecke bringen. Dass solche Bejagung eher als notwendige Pflichterfüllung im Dienste der Niederwildhege bzw. Tollwutbekämpfung und nicht als befriedigendes Waidwerk angesehen wird, versteht sich von selbst.

Fähe trägt bei Störung Welpen zu anderem Versteck

Wer am Bau nur einige der Welpen erwischt, muss damit rechnen, dass die Fähe die überlebenden bei Nacht an einen anderen, für sie sicheren Ort bringt. Das trifft auch dann zu, wenn am Bau nicht geschossen wurde, aber die Fähe eine Störung als Gefahr für ihre Welpen erkannt hat.

Von Mitte des Jahres an bieten sich weitere Möglichkeiten, den Nachwuchs aus der Burg Malepartus zu reduzieren, der sich immer selbständiger auf eigene Beutezüge begibt und dabei längst nicht die Vorsicht der Altfüchse an den Tag legt. Häufig sind die Jungfüchse recht unbekümmert bei vollem Tageslicht zu beobachten – vor allem auf frischgemähten Wiesen- und Getreideschlägen. Es gilt jedoch zu beachten, dass das Ziel der Halbwüchsigen generell kleiner als das von Altfüchsen ist, die geringere Körpergröße wiederum dem Jäger leicht eine größere Entfernung vorgaukelt und ihn womöglich zu nicht angebrachten Haltepunktsveränderungen animiert. Daraus resultierte schon mancher, zunächst unerklärliche Fehlschuss.

Jagd auf den Winterfuchs

Ansitz bei Mond und Schnee

„Schnee und Mond, den Ansitz lohnt", heißt eine Weisheit. Nichts wünscht sich demnach der Ansitzjäger mehr als das Zusammentreffen der beiden Gehilfen, weil sie ihm optimale Lichtverhältnisse verschaffen. In vielen Fällen jedoch muss er sich mit dem einen oder dem anderen bescheiden.

Die geschlossene Schneedecke allein bietet an sich schon ausreichend Kontrast für den sicheren Schrotschuss auf 30 Schritt oder die gezielte Kugel bis 80 Meter, sofern die Waffe mit einem lichtstarken Zielfernrohr bestückt ist. Befindet sich also der Rotrock erst einmal im Absehen, hängt der Erfolg allein von der Schießfertigkeit des Jägers ab.

Die Schwierigkeiten der Mondjagd

Das eigentliche Problem aber liegt woanders: Unser Auge ist nicht in der Lage, nachts ein so kleines Objekt wie den Fuchs auf mehr als 30 Meter aufzulösen. Folglich nehmen wir ohne akustische Vorwarnung den fern vom Sitz und womöglich gedeckt schnürenden Rotrock nicht rechtzeitig wahr. Daher geht der eine oder andere buchstäblich durch die Lappen. Will der Jäger aber dem vorbeugen, muss er ständig das Fernglas an die Augen führen, dort halten und abschnittsweise die Fläche absuchen. Das strengt nicht nur die Sehmuskeln an und belastet auf Dauer die Arme, sondern erfordert ständige Bewegung von Kopf und Oberkörper. Sie aber hat schon manchen Fuchs beizeiten alarmiert, so dass er seinen Balg noch in Sicherheit bringen konnte.

Wie jeder weiß, ist der Mond ein wechselhafter Helfer des Jägers. Der Waidmann kann sich nur darauf verlassen, dass der Erdtrabant während der Phase grundsätzlich im Osten aufgeht, seinen Zenit im Süden erreicht und im Westen untergeht. Die Aufgangszeiten dagegen verschieben sich bei zunehmenden Mond von Tag zu Tag um etwas mehr als eine Stunde in Richtung Nacht, bei abnehmenden Mond in Richtung Morgen. Aus der Sicht des Büchsenlichtes reichen sich demnach in den Fuchsmonaten November bis einschließlich Februar Sonne und Mond die Hand: Bis einen Tag vor Vollmond gibt es praktisch keinen Zustand völliger Dunkelheit zwischen Sonnenuntergang und Mondaufgang und in den beiden Nächten vor und in der Vollmondnacht ausreichend Licht bis in den frühen Morgen.

Was die wenigsten wissen: Die Lichtausbeute während der Mondphase nimmt nicht linear, sondern progressiv zu. Die Leuchtkraft des Halbmondes empfinden wir demnach nicht halb so stark wie die des Vollmondes, sondern sie wird von unseren Augen nur zu ca 11 Prozent des Vollmondwertes genutzt. Verantwortlich dafür sind u.a. Art und Aufbau der Sinneszellen in der Netzhaut. Der Grad der Verwertung steigert sich in den folgenden Tagen zunächst langsam, zwei Tage vor Vollmond jedoch rapide. In der Phase des abnehmen-

Der zunehmende Mond steht schon in der Dämmerung am Abendhimmel und gibt übergangslos Licht

den Mondes verhält es sich dann umgekehrt. Sie bringt im übrigen auch wesentlich öfter Wetterwechsel.

Allgemein bekannt dürfte sein, dass die Sonne grundsätzlich ihren Zenit am Mittag und der Vollmond seinen um Mitternacht erreicht. Die höchste Bahn beschreibt jener zudem im Dezember und steht dort, wo die Sonne ein halbes Jahr vorher gestanden ist. Der November-Vollmond nimmt demnach den Neigungswinkel der Maisonne und der Januar-Vollmond den der Julisonne ein. Somit finden wir während der Fuchsmonde November, Dezember und Januar auch die beste Ausleuchtung und die kürzesten Schlagschatten vor.

Der Dezember-Vollmond liefert das beste Licht

Für die Praxis ist das von großer Bedeutung: Was nämlich zur Mittagszeit bei Sommersonne im Schatten liegt, tut das auch um Mitternacht beim Wintervollmond und will bei der Anlage eines Luderplatzes beachtet sein . Daher: Augen auf im Sommer!

Ein Weiteres: Mondlicht lässt die beschienenen Flächen silbrig-hell glänzen. Deshalb gilt es die Ansitzplätze so zu wählen, dass wir bei hellem Untergrund – ihn streben wir ja an – den Mond von vorne haben. Dann zeigt sich uns nämlich der Schattenriss des Fuchses und bietet ein sicheres Ziel. Nur bei dunklem Hintergrund wäre der Mond im Rücken von Vorteil, weil er das Objekt heller macht.

Schattenriss anstreben

Ansitzplätze

Im Wald suchen wir unsere Ansitzplätze an weit einsehbaren Wegen. Sie sind nämlich neben Wildwechseln die bevorzugten Pässe und werden meist noch bei Büchsenlicht belaufen. Daneben bieten sich ausreichend große Wildwiesen, Wildäcker und Kahlschläge an, wenn sie für den Fuchs attraktive Nahrung bereithalten.

Auch die Pässe vom Wald in das freie Feld halten Füchse treu ein, doch sichern sie mitunter vor dem Ausschnüren lange an der Waldkante, passieren dann aber die für sie sehr ge-

Wissen über typische Fuchsgewohnheiten bringt den Erfolg: So ziehen z. B. frisch gemähte Getreidefelder die roten Freibeuter fast magisch an

fährliche Zone häufig zügig und reagieren auf die geringsten Geräusche mit rascher Flucht.

Gräben und Fließgewässer mit und ohne Schilfgürtel sind Leitlinien für den Fuchs und ideal, wenn sie die Verbindung zwischen zwei Wäldern darstellen. Desgleichen brauchen wir in Wiesengründen zwischen geschlossenen Waldpartien nicht lange auf das Erscheinen Reinekes zu warten. In der offenen Flur revidiert er des nachts zielstrebig frisch gepflügte oder mit Mist eingestreute Äcker, Misthaufen, Hecken, Strohmieten und Feldgehölze. Dort verhält sich der Rote zudem bei weitem nicht so vorsichtig wie an der Feld-Wald-Kante.

Ansitzeinrichtungen

Freie Sicht des Jägers auf den Pass ist eine wesentliche Voraussetzung für den Erfolg. So kann er sich rechtzeitig fertigmachen und mit schussbereiter Waffe den roten Freibeuter empfangen. Auf Schrotschussentfernung die Waffe aufzunehmen und in Anschlag gehen zu wollen, dürfte dagegen in den meisten Fällen ein sinnloses Unterfangen sein: Bewegung oder das geringste Geräusch alarmieren den hellhörigen Räuber und veranlassen ihn ohne Schrecksekunde zur Flucht.

Rundumsicht – geschlossene Kanzeln im freien Feld einmal ausgenommen – bietet beim Fuchsansitz kaum Vorteile, weil sie den Jäger zu ständiger Drehbewegung animiert. Besser sind Sektoren von weniger als 180 Grad, denn sie lassen sich ohne Veränderung der Kopfhaltung problemlos überwachen.

Was für den Ansitz auf Schalenwild, insbesondere Hochwild gilt, trifft auch für den Fuchsansitz zu, nämlich sorgfältiges Prüfen des Windes. Dieser hat vor allem im Wald, in Schneisen und Blößen seine Tücken: Er küselt, kippt ab, wirbelt und schlägt zurück. Wer sicher gehen will, dass er die Zeit nicht umsonst investiert, bediene ich der Seifenblasen aus dem bei Kindern so beliebten „Pustefix". Sie machen nämlich die Luftströmungen über eine beachtliche Wegstrecke hin transparent.

Leitern und offene Sitze bieten den Vorteil, dass der Jäger am Puls der Natur lauscht: Jedes Geräusch – und sei es noch so gering – dringt an seine Ohren, kann identifiziert und lokalisiert werden. Ein derart vorgewarnter Ansitzjäger weiß sich dann natürlich entsprechend ruhig zu verhalten.

Auf der offenen Leiter sitzt man am Puls der Natur. Auf ausreichende Rückendeckung ist zu achten

Wichtig ist zudem die Rückendeckung. Auf keinen Fall dürfen sich der Jäger oder Teile seines Körpers als Schattenriss gegen den Hintergrund abheben, sonst hat der Bewegungsseher Fuchs die besseren Karten. Desgleichen verzichte man tunlichst auf raschelnde oder knisternde Kleidung – Markenzeichen vieler moderner Textilien. Lederpelz und Loden leisten hier immer noch die besten Dienste.

Überfrorener Schnee und Frost schränken die Ansitztauglichkeit vieler Leitern ein, weil sie bei der geringsten Veränderung der Sitzposition laut knacken und somit das Wild vorwarnen, und letztlich sieht sich der Leiter-Freak im Gegensatz zu seinem Kollegen in der isolierten Kanzel Wind, Nässe und Kälte ausgeliefert.

Die geschlossenen, wintertauglichen Ansitzeinrichtungen sollten unbedingt mit Teppichboden ausgekleidet sein, damit das Gehäuse bei unbeabsichtigtem Anstoßen keinen Resonanzkörper bildet und eine bequeme Auflage bieten. Gerade sie zählt zu den Stiefkindern der meisten Konstruktionen.

Fast überflüssig zu erwähnen, dass sich die Fenster leise öffnen und arretieren lassen und über einen Blendschutz verfügen. Wer bei Minusgraden eine hal-

Kanzeln bieten ohne Zweifel mehr Komfort in langen Winternächten

be Nacht und länger auf den Roten passen will und mit bewusster Abhärtung nichts im Sinn hat, kommt wohl kaum an der geschlossenen Kanzel vorbei.

In Hanglagen erfüllt auch ein geräumiger Erdsitz – offen oder geschlossen – seinen Dienst, und manchmal reichen auch im Feld aufgeschichtete Strohballen vollkommen aus.

Ansitz am Pass

Eine gehörige Portion Sitzfleisch muss der Ansitzjäger schon mitbringen und zwar umso mehr, je weiter er seine Aktivität ins freie Feld verlegt.Im Wald darf mit dem Erscheinen des Fuchses durchaus noch bei Büchsenlicht gerechnet werden, an der Wald-Feld-Kante ist das meist nach Einbruch der Dämmerung der Fall. Die meisten Füchse habe ich hier zwischen 17 und 19 Uhr erlegt. Im Feld dagegen lohnt sich ein Ausharren häufig bis nach Mitternacht.

Die Ausdauer hat sich gelohnt: Der Ansitz in den Morgenstunden bescherte kapitale Beute

Besonders erfolgsträchtig: Morgendlicher Ansitz am Waldrand

Großen Erfolg verspricht zudem in den Morgenstunden der Ansitz am Waldrand in der Nähe des Passes. Oft streben nämlich die Rotröcke erst nach Tagesanbruch wieder der Deckung zu. Der Jäger kann sie dann mit bloßem Auge von weitem ausmachen und sich entsprechend richten. Den Ansitz beziehe man noch bei völliger Dunkelheit gegen 6 Uhr und harre bei windstillem Wetter ca zweieinhalb Stunden aus. Es lohnt sich, wie die Auswertung der Erlegungsdaten von über 100 Füchsen belegt, denn die meisten kamen in der Stunde zwischen 7 und 8 Uhr zur Strecke.

Ansitz am Bau

Auf Rückendeckung achten!

Gute Resultate mit relativ bescheidenem zeitlichem Aufwand verheißt der Ansitz am Bau. Er setzt eine günstig plazierte Ansitzeinrichtung etwa 20 Meter von den einsehbaren Hauptröhren entfernt mit Rückendeckung und gutem Wind voraus. Der Jäger wartet hier das Erscheinen des Fuchses mit der schussbereiten Waffe im Voranschlag ab, denn sobald der Rote auftaucht, bleiben nur Sekunden. Wer jetzt erst auffährt, mit der Waffe hin- und herfummelt, entsichert oder gar einsticht, hat mit Sicherheit das Nachsehen. Es gilt lediglich, den Moment abzupassen, in dem der den Sand aus dem Balg schüttelnde, kurz verweilende Fuchs genügend Trefferfläche für die tödliche Kugel bzw. Schrotgarbe bietet. Nach Möglichkeit sollte Reineke nicht spitz von vorne und auf gar keinen Fall spitz von hinten beschossen werden.

Fuchs nicht spitz beschießen

Der Abendansitz am Bau lohnt natürlich nur, wenn durch Abspüren oder Sichtbeobachtung feststeht, dass der Fuchs wirklich steckt. Mit gebotener Vorsicht beziehen wir dann die Einrichtung nach Möglichkeit vor Sonnenuntergang, denn, von Ausnahmen abgesehen, lässt der Rote nicht lange auf sich warten. Sobald es dämmert, dürfen wir mit ihm rechnen. Streckenaufzeichnungen belegen das eindeutig: Zwischen 17 und 18 Uhr wurden weitaus mehr Füchse erbeutet als davor und danach.

In der Ranzzeit inspizieren Rüden auf der Suche nach Fähen morgens oft mehrere Baue, markieren und schnüren weiter. Das eröffnet dem Jäger gute Chancen. Vielfach kündigt zudem Ranzgebell das Kommen des Freiers an, manchmal warnen Vögel, bei Laub oder gefrorenem Boden verrät die charakteristische Schrittfrequenz den Galan. Pech für den Jäger, wenn der Fuchs seine Spur kreuzt oder in den Wind kommt, denn mit Bestimmtheit lässt es sich nie vorhersagen, welchen Pass er wählt und wann er auftaucht. In der Mehrzahl der Fälle jedoch gegen den Wind und häufiger zwischen 7 und 8 Uhr als zu anderen Zeiten.

Ansitz am Luderplatz

Zweifellos zählt der Ansitz am Luderplatz zu den ergiebigsten Jagdarten auf den Winterfuchs. Sofern Schnee und Mond mitspielen, der Jäger die notwendige Ausdauer mitbringt, der Platz strategisch günstig gewählt, sachgerecht angelegt und regelmäßig beschickt wurde, sind Strecken von mehreren Füchsen in einer Nacht dort keine Seltenheit.

Je weiter der geschlossene Wald entfernt, je besser die Rundumsicht ist, desto sicherer fühlt sich der Fuchs. Das sollte bei der Anlage des Luderplatzes ebenso bedacht werden wie möglichst heller Untergrund (Saatacker oder Wiese), die Hauptwindrichtung und die optimale Ausleuchtung durch den Mond. Von Vorteil, aber keine Bedingung ist ferner ein Fließgewässer kurz vor oder noch

Luderplätze auf hellem Untergrund anlegen

Rechtzeitig vor Beginn des Winters den Luderplatz anlegen und beschicken. Ein Platz mit weiter Rundumsicht im Felde, wie hier an einem Graben, verspricht beste Aussicht auf Erfolg

besser im Rücken des Sitzes, weil es Geräusche überlagert und eine natürliche Barriere darstellt. Der Fuchs soll ja nach Möglichkeit von vorne oder seitlich zur Fraßquelle schnüren.

In guter Schrotschussentfernung (30 Schritt) oder auf 70–80 Schritt, wenn wir die Kugel bevorzugen, graben wir spatentief Teile von Aufbrüchen, Wildbretreste, Fisch, überfahrenes Kleinwild in kleinen Portionen ein und decken

Nicht einen Luderschacht, sondern mehrere Luderlöcher anlegen

sie mit Erde ab. Acht bis zehn solcher Löcher auf eine Fläche von mehreren Quadratmetern verteilt sind besser als ein großes, weil sie den Fuchs länger beschäftigen. Außerdem besteht nicht die Gefahr, dass Fliegenmaden ein ausgegrabenes und zurückgelassenes Luder für den Fuchs unattraktiv machen. Das ist übrigens nur ein Nachteil des oft zitierten Luderschachts mit Zementrohr, ein weiterer, dass sich bei Regen das Rohr mit Wasser füllt und den Inhalt zu stinkender Brühe verflüssigt. Letztendlich benützen Füchse den Schacht dann nicht mehr zur Fraßaufnahme, sondern allenfalls zur Markierung.

Decken, Läufe und Köpfe von Schalenwild haben ebenfalls am Luderplatz nichts verloren. Sie werden nur ausgegraben und herumgezogen, so dass nach kurzer Zeit die ganze Fläche einem Schlachtfeld gleicht und höchstens die Behörde auf den Plan ruft.

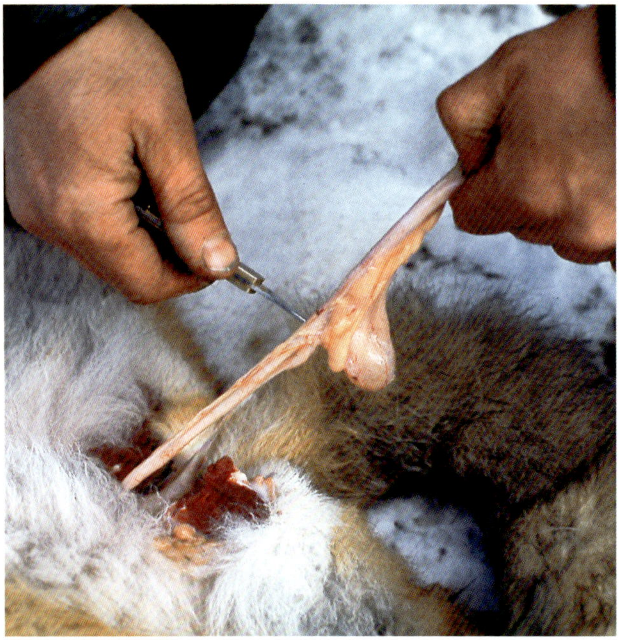

Die Blase einer ranzigen Fähe am Luderplatz verfehlt nicht ihre anziehende Wirkung

Wer mit eingegangenen Haustieren sowie deren Schlachtabfällen den Luderplatz beschickt, macht sich überdies strafbar, denn sie unterliegen der Beseitigungspflicht und gehören in die Tierkörperverwertung.

Damit der Luderplatz auch bei Frost seine Funktion beibehält, heben wir die Löcher einen halben Meter tief aus, stampfen fest Pferdemist ein, legen dort das Luder auf und decken es mit kurzgehäckseltem Stroh, Reisig oder Laub und ganz zum Schluss mit einer dünnen Erdschicht ab.

Es geht aber auch anders: Wir überdecken eine Lage Stroh zunächst mit einer Plane und dann mit Reisig und beschicken das Ganze immer wieder mit Getreide, Rosinen und Backpflaumen. Bald schon stellen sich ganz von selbst Mäuse ein und wirken als Magnet für den Fuchs, und weil er Süßes keineswegs verschmäht, lernt er bald den gedeckten Tisch zu schätzen. Solch aasfreie Kirrplätze besucht übrigens auch der Marder gerne, so dass hier seine Erbeutung nicht dem Zufall überlassen bleibt.

Sorgen, dass Reineke den frisch angelegten Luderplatz nicht finden könnte, sind unberechtigt, vor allem, wenn mit anbrüchigem Schweiß oder Fischbrühe als Wittrung etwas nachgeholfen wurde.

Um das Entfernungsschätzen in der Dunkelheit zu erleichtern, schlagen wir in Schrotschussentfernung einen Pflock in die Erde, ein zweiter markiert uns die angestrebte optimale Kugeldistanz. Damit beugen wir auch versuchten Haltepunktänderungen (Kugel) oder dem Krankschießen (Schrot) verlässlich vor und sorgen zudem dafür, dass Füchse die Stellen zum Markieren anlaufen. Die Blase einer ranzigen Fähe dort aufgehängt, verfehlt auch ohne Schleppe ihre anziehende Wirkung auf Rüden nicht und ersetzt in der Ranz das Luder.

Pro Luderplatz rechnen wir übrigens mit einem Einzugsbereich von 250 bis 400 Hektar. Damit reduziert sich ihre Anzahl in der Regel auf einen bis drei im Revier.

Waffe und Munition für den Fuchsansitz

Die Möglichkeit, bei Bedarf auf Kugel und Schrot zurückgreifen zu können, spricht für eine Kombinierte, vor allem an Bau und Luderplatz. Ob wir für diesen Zweck der Bockbüchsflinte, dem Drilling mit und ohne Einstecklauf oder dem Bockdrilling vertrauen, ist weniger eine Sache des Waffentyps als seiner Schussleistung und seiner optischen Ausrüstung.

Weithin unbekannt scheint immer noch der Umstand zu sein, dass die Treffpunktlage des Schrotlaufes über das Zielfernrohr von der ohne Zielfernrohr differieren kann. 15 Zentimeter und mehr Abweichung des Garbenmittelpunktes sind durchaus nicht ungewöhnlich und oft die Ursache, dass das sorgfältig bezielte Raubwild trotz guten Abkommens und angemessener Schussentfernung nicht am Platz bleibt. Daher ist es ein „Muss“, die Treffpunktlage über das Zielfernrohr zu überprüfen.

Treffpunktlage der Schrotgarbe über Zielfernrohr prüfen

Dazu versehen wir einen ausreichend großen Pappkarton mit einer Zielmarkierung und beschießen ihn aufgelegt und auf abgemessene 30 Meter mit Schrot Nr. 5 = 3 mm einmal von der einen und zur Kontrolle von der anderen Seite (Ein- und Ausrisse zeigen uns später unverwechselbar die jeweilige Zahl der Einschläge). Sofern der Haltepunkt und sein Nahbereich nicht ausreichend gedeckt sind, verbietet sich der Schrotschuss von selbst. Stimmt dagegen die Treffpunktlage, spielt es eine untergeordnete Rolle, ob das Schrotkaliber 12, 16 oder 20 heißt. Wenn wir nämlich auf 3-mm-Schrot zurückgreifen, sorgen bei jedem der drei genannten Kalibern Deckung und Auftreffwucht für schlagartiges Verenden des breitstehenden Raubwildes.

Als Kugelpatronen haben sich alle speziellen Rehwildkaliber, vorrangig jedoch die .222 Remington und die 5,6 x 50 R Magnum oder 5,6 x 52 R aufgrund ihrer guten Wirkung, der gestreckten Flugbahn und der hohen Eigenpräzision

Die Alternativen für den Fuchsansitz: Eine kombinierte Waffe wie ein Bockdrilling (links) bietet neben der kleinen und großen Kugel auch die Möglichkeit des Schrotschusses auf kurze Entfernung. Die Präzisionsbüchse (rechts) mit einer weittragenden Patrone, wie hier im Kaliber .22-250 Remington, bringt von Haus aus größere Feuerkraft mit

bewährt. Mit ihnen kommt Raubwild selbst bei einem schlechteren Treffersitz kaum mehr vom Platz, im Zweifelsfall bleibt dem Schützen meistens Zeit zum Nachschießen. Prinzipiell reicht auch die Hornet, doch liegt sie hinsichtlich der Leistungsreserven deutlich hinter den genannten. Ballistik und Tötungswirkung der ebenfalls erlaubten .22 Magnum genügen dagegen nicht immer den jagdlichen Erfordernissen des Fuchsansitzes.

Vollmantelgeschosse zu verwenden, um den Balg wenig zu entwerten, halte ich für keine sinnvolle Lösung, denn bei Weichschüssen fehlt die Schockwirkung, die Gefährdung des Hintergeländes ist groß, und Knochentreffern entwerten den Balg oftmals nicht weniger als Teilmantelprojektile.

Varmint-Geschosse sind optimal

Beste Erfahrungen sammelte ich hingegen mit sogenannten „Varmint"-Laborierungen – leichten Hohlspitzgeschossen mit extra dünnem Mantel – im Kaliber .22-250 Remington, die sich im Wildkörper normalerweise restlos zerlegen, selten Ausschuss ergeben, somit ihre gesamte Energie abgeben und aufgrund der extremen Schockwirkung auch bei schlechteren Treffersitzen das Raubwild sicher auf den Platz bannen. „Varmint-Projektile" töten demnach nicht nur verlässlicher, sondern sie schonen zudem den Balg und stellen letztlich für das Hintergelände eine geringere Gefährdung als „härtere" Geschosskonstruktionen dar.

Wer von Haus aus auf den Schrotlauf verzichtet, weil er seine Füchse überwiegend auf größere Entfernungen erbeutet, tut mit einem Repetierer keinen schlechten Griff, zumal eine zweite und dritte Patrone im Magazin ruhen und man sich nicht den Kopf über mögliche Treffpunktlageveränderungen aufgrund eines erwärmten Laufbündels zerbrechen muss.

Bei Schnee ohne Mond und umgekehrt entscheidet häufig die Optik über Erfolg oder blanke Läufe. Das Maximum an Lichtverwertung und Bildhelligkeit bieten da nur Markenzielfernrohre mit hoher Vergrößerung und entsprechendem Objektivdurchmesser. Hier zeigt sich ein 8 x 56 oder ein variables Rohr mit entsprechenden Kenndaten allen anderen überlegen.

Falschlicht-Anteil bei variablen Zielfernrohren

Weithin unbekannt scheint in diesem Zusammenhang jedoch die Tatsache zu sein, dass Zielfernrohre mit fester Vergrößerung bei Gegenlicht aufgrund des geringeren Falschlichtanteils ein kontrastreicheres Bild mit geringerem „Milcheffekt" liefern als entsprechend eingestellte variable Gläser gleicher Marke. Verantwortlich für die „Achillesferse" variabler Zielfernrohre sind nämlich ihr integriertes Zoomelement und das zum Gleiten desselben notwendige, eingebrachte Fett. Was nichts anderes bedeutet, als dass ein 8 x 56 einem auf achtfach eingestellten Variablem mit gleichem Objektivdurchmesser hinsichtlich der Abbildungsleistung immer überlegen sein wird.

Kompaktere Bauweise, geringeres Gewicht und niedrigerer Preis sprechen ebenfalls für die starre Vergrößerung, während die Möglichkeit, sich fast allen jagdlichen Situationen flexibel anpassen zu können (Vergrößerung, Gesichtsfeld, Schärfentiefe) die variable Lösung so attraktiv macht.

Reizjagd auf den Fuchs

„Der Jäger, welcher versteht, das Wild durch Nachahmung von Tierstimmen zu überlisten, ist allein berechtigt, diese Jagdart mit der Schußwaffe mit dem Raubwildfang in jagdlicher, idealer und waidgerechter Hinsicht auf eine Stufe zu stellen", urteilte vor 90 Jahren H. Caspaul in „Der waidgerechte Raubwildfang" und weiter: „... bei der Lockjagd an sich ist es ja gleichgültig, ob die Klagelaute des Hasen mit und ohne Hilfsmittel so nachgeahmt werden, daß das Raubwild dadurch getäuscht wird und auf diese Töne zusteht. Die Hauptsache ist, daß die Täuschung soweit gelingt, daß sie praktisch ausgenutzt werden kann.

Man muß sich in erster Linie klar darüber sein, was der Fuchs empfindet, wenn er das Klagen eines Hasen hört: Selbstverständlich das, was ihn seine bisherigen Erfahrungen lehrten. In seiner frühesten Jugend wurde ihm vielleicht von der Mutter ein lebender Lampe gebracht, mit welchem er spielte wie die Katze mit der Maus und den Hasen dadurch zum Klagen brachte. Später hat er vielleicht manches Mal Krähen, Wiesel und Habicht durch Klagetöne angelockt den Braten abgejagt. Noch besser haben sich diese Sphärenklänge durch das selbständige Reißen von Hasen eingeprägt.

Andererseits haben ihn aber auch die gemachten Erfahrungen Vorsicht gelehrt, weil er vielleicht, als er den Klagetönen nachging, als unangenehme Zugabe einen Hund fand, welcher den Hasen würgte oder beim Nachgehen der Hasenklage gar in die bedrohliche Nähe seines schlimmsten Feindes, des Menschen geriet.

Es ist aus diesem Grunde leicht verständlich, wenn er seine bisher gemachten schlechten Erfahrungen in dieser Hinsicht beherzigt und mit außerordentlicher Vorsicht beim Nachgehen der Klagetöne zu Werke geht, womit nicht gesagt sein soll, daß nicht doch in Ausnahmefällen der Fuchs, speziell Jungfüchse, welche noch keine bösen Erfahrungen hinter sich haben, wie aus der Pistole geschossen auf die ersten Klagetöne springen und dem Quäker vor die Füße laufen.

Da der Fuchs in erster Linie Nasentier ist, liegt es in der Natur der Sache, dass er die Gegend, aus welcher er die Klagetöne vernommen hat, umschlägt, um unter Wind an den Ort des Geschehens zu schnüren. Daß er hierbei auch die Seher auf das äußerste gebraucht, um den vermeintlichen Hasen zu eräugen, ist selbstverständlich.Daher muß der Jäger mehr als bei jeder anderen Jagdart unter allen Umständen vollkommen gegen Sicht gedeckt sein, denn bei der Jagd mit Lockinstrumenten wird doch das betreffende Raubwild durch die Töne auf ihren Ursprungsort direkt aufmerksam gemacht.

Beim Reizen ist Deckung besonders wichtig

Windrichtung, Deckung und Platzwahl bestimmen bei der Reizjagd den Erfolg

Weil der Fuchs beim Ausmachen des Wildes fast ausschließlich seine Nase gebraucht, muß beim Waidwerken mit der Hasenklage besonders auf den Wind Rücksicht genommen werden, desgleichen darf er nicht die warme Spur des Jägers kreuzen."

Diese Überlegungen eines versierten Praktikers, der vor über einem Menschenalter erfolgreich sein Handwerk ausübte, finden sich auch heute noch einums andere Mal bestätigt und wurden deshalb auszugsweise wiedergegeben.

Natürlich spielen für das Zustehen noch andere Faktoren eine Rolle: Ob der Fuchs sich vollgeschlagen an einem ruhigen Ort zur Ruhe begeben hat, ob er dort mit hungrigem Magen die Dämmerung abwartet, ob er unterwegs auf seinem Beutezug bereits erfolgreich war oder noch nicht. Dass ein gesättigter Fuchs kaum noch Interesse an beuteverheißenden Klängen hat, leuchtet demnach ein. Andererseits fördert der knurrende Magen die Bereitschaft, dorthin zu schnüren. Ort und Zeitpunkt des Reizens kommen damit aus der Sicht des Erfolges ebenfalls überragende Bedeutung zu.

Die Möglichkeit, dass tagsüber ein Fuchs zusteht, ist zwar immer gegeben, doch von Haus aus geringer als nach Einbruch der Dämmerung oder in der (hellen) Nacht. Ausnahmen bilden windstille Tage mit leichtem Schneefall. Sie sehen den Rotrock schon beizeiten auf den Läufen.

Der Fuchs vernimmt die Klagelaute des Hasen auf große Distanzen und weiß sie mit verblüffender Präzision zu orten. Schon deshalb und weil er jede sich bietende Deckung auzunützen versucht, will ausreichender Abstand zu seinem vermuteten Standort (Kultur, Dickung, Schilfgürtel) beachtet sein. 200 Meter und mehr sind besser als weniger. Im Wald suche man seinen Platz nicht an der Dickung oder im Kahlschlag, sondern im raumen Altholz: Sehen und nicht gesehen werden! Den denkbar ungünstigsten Standort für das Reizen stellt demnach der Waldrand dar.

Sehen, aber nicht gesehen werden

Nachts beziehen wir unseren Platz vom Wald abgesetzt in der Flur: gedeckt an einem Feldrain, einem Feldgehölz, einer Strohmiete, einem Heuschober und zwar so, dass wir den Fuchs beizeiten kommen sehen. Das kann im einen Fall vom Boden, im anderen von hoher Warte aus sein.

Etwa 15 Minuten, nachdem wir Kanzel, Leiter oder Schirm besetzt haben, starten wir die erste Serie der Klagelaute. Doch Achtung: Man muss sie einmal in natura gehört haben, um zu wissen, wie sie klingen bzw. klingen sollten, damit man in der Lage ist, sie jederzeit naturgetreu zu reproduzieren. Dann bleibt es der Fertigkeit des einzelnen überlassen, ob er eine Faust macht, die Lippen an den von Daumen und Zeigefinger gebildeten Trichter ansetzt, die Luft wie beim Jagdhornblasen hinpresst und die letzten drei Finger rhythmisch öffnet bzw. schließt oder auf ein Lockinstrument zurückgreift. Hier leisten sowohl der handgefertigte Reitmayr-Universalblatter aus Eibenholz als auch die handliche Hasenquäke wegen ihrer leichten Bedienbarkeit und des unübertroffen weichen Klanges beste Dienste.

Günter Reitmayr moduliert den Ton der Hasenquäke mit beiden Händen, die Öffnung befindet sich dabei in der Mitte der Hand

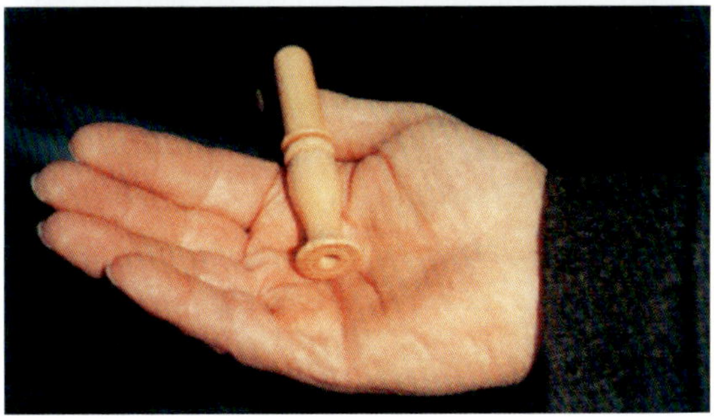

Zu Hause üben und nicht im Revier

Freilich nützt das filigranste Instrument nichts, wenn der Benützer damit nicht umzugehen weiß, daher ist vorheriges Üben bis zum perfekten Beherrschen im stillen Kämmerlein absolute Pflicht. Bereits die ersten Töne draußen entscheiden nämlich über den möglichen Erfolg.

Zum Quäken ruht das Instrument mit dem hinteren Ende in der Mitte der Handfläche. Sodann wird die Faust lose geschlossen und das Mundstück zu den Lippen geführt. Durch gefühlvolles Einpressen des Luftstroms – eher hineingehaucht als hineingestoßen – bei gleichzeitigem Öffnen und Schließen der (zwecks besserer Dämpfung behandschuhten) Faust über der Tonaustrittsöffnung lassen sich die Laute naturgetreu an- und abschwellend modulieren. Währenddessen dreht sich der Jäger im Halbkreis, das kommt der natürlichen Situation näher und sorgt für eine bessere Ausbreitung des Schalls.

Danach folgt eine Viertelstunde der absoluten Ruhe und erhöhten Aufmerksamkeit. Hat sich in dieser Phase nichts ereignet, starten wir einen weiteren Versuch und nach angemessener Pause vielleicht noch einen dritten. Mehr nicht! Lieber das Ganze am anderen Ort wiederholen.

Als Blatt- und Reizjagdvirtuose weiß Reitmayr, wovon er spricht, wenn er empfiehlt, im Verlaufe einer Saison nicht öfter als zwei-, höchstens dreimal vom

Die verlockenden Laute haben diesen Rotrock in die Schussdistanz der Schrotgarbe und damit zur Strecke gebracht

selben Stand aus den Erfolg zu suchen. Der Rekord des Forstamtsrates (und Spross einer alten Försterfamilie) aus Oberried im Bayerischen Wald beläuft sich übrigens auf 14 in einer Nacht herangereizte Füchse.

Nicht selten passiert es, dass sich der zustehende Fuchs weit außerhalb der Reichweite der Kugel auf die Keulen setzt, wartet oder gar seitlich abdreht. In solchen Momenten wäre es falsch, mit Klage oder Mäusepfiff zu operieren. Wir würden nämlich gerade das Gegenteil von dem bewirken, was wir anstreben. Deshalb: Ruhe und Nerven bewahren! Wiederholt habe ich es in solchen Situationen erlebt, dass der Rote einen weiten Bogen schlägt und sich aus anderer Richtung nähert. Befindet er sich aber in Reichweite von Kugel oder gar Schrot und macht keine Anstalten zu verhoffen, lasse man ihn nicht mehr aus dem Zielfernrohr, spitze die Lippen und mäusle. Er wird augenblicklich zusammenzucken und für einen Moment stehenbleiben. Der muss allerdings für eine Schussabgabe reichen.

Es erstaunt immer wieder, welche Faszination die Kaninchenklage auf alles Raubwild und Raubzeug ausübt, selbst dort, wo es gar keine Grauen Flitzer gibt. Sie ist das bewährte Hilfsmittel, den Marder, die verwilderte Katze oder den nicht „vorgewarnten" Fuchs zum Zustehen zu bewegen. Das „Pfiiih, Pfiih" lässt sich verhältnismäßig einfach erzeugen, indem man mit den Lippen am schräg gehaltenen Handrücken saugt.

Verhofft der Fuchs, nicht weiter locken

Auch das Mäuseln sollte zum Repertoire jedes Raubwildjägers gehören. Wir greifen dann darauf zurück, wenn Raubwild in Anblick kommt, sich aber noch nicht innerhalb der Schussdistanz befindet und vor allem nicht schon vorher durch Geräusche auf den Standort des Jägers aufmerksam geworden ist. Einfach stoßweise die Luft durch die zusammengepressten Lippen anziehen. Wenn's zu intensiv ausfällt, gleicht es dem Vogel-Angstgezwitscher und erfüllt den gleichen Zweck. Doch aufgepasst: Ein zweiter Versuch kann einer zuviel gewesen sein! Dieselben täuschenden Laute lassen sich übrigens auch erzeugen, wenn man mit einem feuchten Korken über Glas reibt. Allerdings sind dann die Hände nicht mehr frei.

Fuchsdrücken

Das klassische Fuchsdrücken zählt zur hohen Schule der Fuchsjagd und wird im Zweierteam praktiziert: Jäger und Treiber. Sein Gelingen setzt voraus, dass durch weiträumiges Abspüren sichergestellt ist, dass ein Fuchs in einer Dickung oder Schilfpartie steckt und sein Pass bekannt ist. Während sich der Schütze mit gutem Wind seitlich davon und gedeckt postiert, beginnt der ortskundige Treiber nach der Uhr und drückt mit dem Wind, langsam und leise den Schlupfwinkel des Roten durch. Ab und zu räuspert er sich, hier und da knackt ein Ästchen, streift der Ärmel an den Zweigen. Mehr nicht. Das reicht, um den Fuchs auf die Läufe zu bringen. In aller Regel versucht dieser, sich so lange wie möglich gedeckt davonzustehlen. Dabei verhofft er immer wieder und sichert zu dem vermeintlichen Verfolger zurück. Den vorstehenden Jäger schnürt er ohne Arg und Eile an.

Ein Treiber und ein Schütze reichen

Der darf nur den einen Fehler nicht begehen, nämlich sich zu rühren. Ist das der Fall, kennt der Fuchs keine Schrecksekunde: Im Wegducken ein seitlicher Satz – und er ward nicht mehr gesehen.

Mit dem Anschlag warte man entweder, bis der Fuchs wegsichert oder den

Der Vorteil des gekonnten Drückens: Der Fuchs versucht sich heimlich davonzustehlen und gibt die Chance zur gezielten Schussabgabe

Augenblick ab, wenn ein Hindernis die Sicht versperrt. Ferner heißt es für die Schussabgabe: Warten, bis der Fuchs nah genug heran ist. Auf 15 Schritt wirkt auch die Garbe spitz von vorne tödlich.

Die drei verstehen ihr Handwerk

Fuchsriegeln

Beschränkt sich das Drücken immer auf Einzelaktionen, wird das Riegeln großräumiger, oft auch revierübergreifend durchgeführt: möglichst geschlossene Waldkomplexe mit mehreren Dickungen, große Schilfpartien oder ausgedehnte Auwälder.

Ein halbes Dutzend Schützen besetzt unter Wind und selbstverständlich gedeckt die Pässe. Ins Freie schnürt der Fuchs ohne Not sowieso nicht. Drei bis vier Treiber drücken nach der Uhr leise mit dem Wind durch. Geredet wird während solcher Aktionen nicht, auch nicht beim Anstellen. Ein kurzer Wink, damit der Nachbar weiß, wo er nicht hinschießen darf, dann ist jeder mit seinen Sinnen allein. Bis die Treiber kommen, vergeht nicht selten eine Stunde und mehr. Wem langes Stehen schwerfällt, der nehme sich einen Sitzstock oder Rucksackstuhl mit. Bewegung, Scharren mit den Füßen, Rauchen, Husten oder Schneuzen nützen nur einem: dem Fuchs.

Standruhe bringt beim Fuchsdrücken den gewünschten Erfolg

Windstille, sonnige Wintertage lohnen eigentlich immer den Aufwand – selbst ohne Spürschnee. Wenn alles zusammenpasst, sind auch bei „grünen“ Jagden mehrere Füchse pro Halbtag „drin“. Disziplin angesichts des Fuchses tut selbstverständlich auch hier not. Wer beispielsweise den Nachbarn durch Winken oder Zurufe auf den roten Freibeuter aufmerksam machen will, alarmiert nur den Fuchs und bringt den Mitjäger um den Erfolg. Läuft dagegen alles nach Plan, kommen der oder die Rote(n) auch zur Strecke. Erstaunlicherweise haben meist dieselben (wenigen) Stände das Waidmannsheil gepachtet und sind entsprechend begehrt. Wer also eine Einladung zum Riegeln annimmt, muss auch eine gewisse Portion „Frustrationstoleranz“ mitbringen.

Treibjagd auf den Fuchs

In Schilfpartien sammeln sich zeitweise viele Füchse

In bestimmten Revierteilen konzentriert sich zu gewissen Zeiten häufig eine Vielzahl von roten Freibeutern, so dass sich durchaus speziell auf diese Wildart ausgerichtete Treiben lohnen. So beherbergen große Schilfgürtel zur Ranzzeit oft erstaunlich viele Füchse. Ihnen kommt man aber mit Drücken oft nicht bei, vor allem, wenn die Wasserflächen zugefroren sind. In solchen Fällen wird der ganze Komplex umstellt, Treiber kämmen und Hunde stöbern ihn durch. Diese Jagdart hat insbesondere auf den Inseln oder in küstennahen Revieren Tradition.

Natürlich wittern die Füchse Unrat und drücken sich oft bis zum letzten Moment, schlagen um, erscheinen auf dem Rückwechsel oder brechen seitlich aus. Doch sind die Jäger durch Treiberruf und Hundegeläut vorgewarnt. Einen getriebenen Fuchs in voller Fahrt auf den Kopf zu stellen, erfordert freilich einiges mehr an Schießfertigkeit als den vertraut schnürenden gedrückten auf den Platz zu bannen.

Das Treiben hat begonnen. Der Schütze steht vorbildlich ruhig auf seinem Stand und harrt der Dinge...

... die dann in Form eines Fuches überraschend und in voller Fahrt aus der Dickung über die Schneise prescht...

... aber auf einer Lücke im angrenzenden Bestand erwischt ihn schließlich doch noch die Schrotgarbe

Fuchspassen

Die Kunst des Passens besteht darin, den richtigen Ansitzplatz zur richtigen Zeit und am richtigen Ort zu finden. Bekanntlich sind Füchse bei Schneetreiben gerne unterwegs. Es lohnt sich demnach, im Turnus die Wege abzufahren, um frische Spuren zu sichern.

Erst spüren, dann passen

Bestätigen Parallelwege, dass der Fuchs einen bestimmten Pass eingeschlagen hat, greifen wir mit dem Auto entsprechend weit vor und erwarten ihn dort, wo er nach aller Erfahrung in der nächsten Viertelstunde auftauchen müsste. Klappt es nicht, hat man wenigstens für etwas Spannung gesorgt und nicht viel Zeit verloren.

Bei Schneetreiben sind die Füchse häufig auch über Tage unterwegs

Im Feldteil kann es am Morgen sinnvoll sein, von übersichtlichem Standort aus die Fläche weiträumig nach Füchsen abzuglasen. Ist einer entdeckt und im Begriff, einen der bekannten Pässe anzunehmen, umschlagen wir auch hier das Terrain weiträumig und empfangen ihn nahe dem vermuteten Tagesversteck: Durchlass, Hecke, Feldgehölz, Wald. Diese Methode ist nicht selten effektiver als sich nach Gutdünken irgendwo am Waldrand anzusetzen.

Die Bodenjagd

Wenn unter Jägern über die spannendste, bisweilen höchsten Einsatz erfordernde und zugleich auch erfolgsträchtigste Jagdart auf den Fuchs gesprochen wird, dann ist mit Sicherheit von der Baujagd die Rede. Nichts beschleunigt doch den Puls mehr als der ohne Zögern einschliefende Hund, sein Laut unter der Erde, der Bewegung signalisiert, die Erwartung, dass der Fuchs jeden Moment springen muss und die Ungewissheit, aus welcher (von mehreren) Röhre(n) er das tut.

Baujagd ist die Königsdisziplin

Stecken Füchse, sind die Aussichten für den einzelnen, zu Schuss zu kommen und damit die Vorfreuden besonders hoch, und häufig zieren sogar mehrere Rotröcke nach Abschluss der Aktion die Strecke.

Die Hauptlast trägt jedoch der Hund. Ihm verlangt die Arbeit unter Tage viel, manchmal alles, mitunter auch zuviel ab. Damit wächst die Gefahr, dass die un-

Erfolgreiches Fuchssprengen setzt ein eingespieltes Team voraus

terhaltsame Jagd zur harten Arbeit mit Spaten und Schaufel ausartet und sich zur Plackerei steigert, wenn der Boden von Wurzeln durchsetzt, gefroren oder steinig ist und die Umstände tiefe oder mehrere Einschläge notwendig machen.

Für den Bodenjäger stellt der Winterbalg des Fuchses den höchsten Lohn dar. Weil die Bälge erst ab Mitte November voll im Haar und weißledrig sind, beginnen wir mit der Baujagd tunlichst nicht vorher.

Füchse stecken nicht bei jedem Wetter

Wie schon mehrmals angesprochen, sind Füchse keine ausgesprochenen Baubewohner. Sie stecken sporadisch, unter bestimmten Voraussetzungen mit einiger Wahrscheinlichkeit unter der Erde: Im Wald bei Laubfall, wenn's stürmt, dass die Kronen krachen, wenn es in den Morgenstunden zu regnen beginnt, bei nass-kaltem Wind. Im Feld zusätzlich bei beißendem Frostwind, Nassschnee, geringem Deckungsangebot und Publikumsdruck.

Anders zur Ranzzeit: Da sind es einzelne Baue, Röhren und Durchlässe, die von Wind und Wetter unabhängig, oft mehrere Füchse gleichzeitig beherbergen. Die Kunst besteht nun darin, sie zu kennen und den richtigen Zeitpunkt zu erwischen. Liegt Schnee, gibt es kein Rätselraten. Führen nämlich mehr Spuren hin als weg, ist der Sachverhalt eindeutig.

Dunstwolken aus den Röhren dagegen liefern bei strengem Frost – auch wenn es noch so eindrucksvoll aussieht – keinen untrüglichen Beweis für einen

Während der Ranzzeit an einem Durchlass: Zwei Füchse liegen bereits. Springt eventuell noch ein dritter?

Die Gehörspitzen signalisieren das Ausfahren des Fuchses. Geschossen wird natürlich erst, wenn er sich weit genug von der Röhre entfernt hat

Wittrung ist kein sicheres Indiz

besetzten Bau, denn sie treten überall dort auf, wo Wärme in die kalte Umgebung entweicht. Wie jeder weiß, „rauchen" dann auch Fließgewässer, Kanaldeckel usw. Blanke Einfahrten in Kombination mit feucht-warmem, charakteristischem Fuchsgeruch freilich verraten der kundigen Nase unmissverständlich den oder die augenblicklichen Bewohner. Zu Fehlschlüssen aber gibt manches Mal die Fuchswittrung Anlass, die durch das Urinieren entsteht und bei Tauwetter die ganze Umgebung von Bauanlagen einnebelt. Das Verhalten des Hundes belehrt uns dann im Zweifelsfall schnell eines Besseren.

Wer das Revier mit seinen Bauen kennt, einen eigenen Erdhund besitzt und selbständig handeln darf, weiß aus Erfahrung, was er tun und lassen muss. Er kann spontan entscheiden, wann und wo er startet bzw. ob er noch Mitjäger braucht. Baue, deren Röhren in eine Richtung weisen, lassen sich gut alleine bejagen. Einröhrenbaue dagegen „riechen" stark nach Graben und bleiben am besten ausgespart.

In den meisten Fällen erzwingen jedoch schon die äußeren Umstände das Mitwirken einer zweiten beziehungsweise weiteren Person: Sei es, dass ein Hundeführer benötigt wird oder ein anderer die Jagdhoheit ausübt. Leider ist es so, dass längst nicht jeder Jäger den Erfordernissen der Bodenjagd gerecht wird:

Nur der Hundeführer betritt den Bau zum Verhören oder zum Abnehmen des Hundes

Fehlende Ruhe bzw. Beharrungsvermögen, mangelnde Selbstdisziplin, Schusshitze und geringe Schießfertigkeit gefährden den Erfolg, den Hund und im schlimmsten Fall die Mitjäger.

Ähnliches gilt für den Hund: Appell, Charakter und gemachte Erfahrungen befinden neben Rasse und Schlag über seine Tauglichkeit. Wesensschwache Baukläffer wie auch rabiat scharfe Würger, die keinem Kampf ausweichen, kennt jede Rasse. Beide repräsentieren den Typ von Bauhund, den wir nicht wollen. Der eine, weil er stundenlang vorliegt und mangels Schärfe den Fuchs nicht auf die Läufe bringt, der andere, weil er sich in den gestellten Gegner – egal, ob Fuchs oder Dachs – verbeißt, nicht mehr erscheint, gegraben und ständig zum Tierarzt gebracht werden muss.

Erwünscht ist die goldene Mitte: Beweglichkeit, gepaart mit gesunder Schärfe und notwendiger Intelligenz – der scharfe Flieger oder Sprenger. Er wechselt ständig die Position, attackiert mutig den Fuchs aus verschiedenen Richtungen, lässt sich aber nicht auf langwierige Beißereien ein. Leider wird diese Anlage bei der Ausbildung und späteren Bauprüfungen im Gegensatz zur Schärfe deutlich unterbewertet.

Frühe Erfahrungen formen den Bauhundtyp

Neben dem angewölften Charakter prägen auch in frühester Jugend gemachte Erfahrungen das Wesen des Hundes. Viele, die beizeiten schwer geschlagen worden sind, kneifen eher vor ihrem Gegner als diejenigen, die frühe Erfolgserlebnisse verzeichnen durften. Allerdings neigen auch einige Hundecharaktäre dazu, solche Niederlagen durch übermäßigen Einsatz bei nächster Gelegenheit zu kompensieren. Wer gelernt hat, dass er sich beim Dachs nur Schmisse holt, lässt sich normalerweise auf keine langen Scharmützel mit dem wehrhaften Schmalzmann mehr ein, wer ihn dagegen einmal durch glückliche Umstände als bezwingbaren Gegner kennengelernt hat, sucht eher eine Wiederholung des Erfolgs. Jeder Jäger sollte sich deshalb gründlich überlegen, ob es Sinn macht, Meister Grimbart vor seinem Hund zu erlegen, was aufgrund

Aufgrund der langen Läufe sind Terrier fast allen Situationen der Bodenjagd gewachsen

der zur Zeit geltenden Schonzeiten sowieso meistens nicht zulässig sein wird.

Schließlich gehorcht der eine Hund auf Pfiff und Wink, lässt sich sogar vom Bau abrufen, der andere entzieht sich dort des Einflusses seines Herrn und bleibt solange ungehorsam, wie es seine Passion befiehlt, und der dritte nützt einen Moment der Unachtsamkeit seines Herrn, um sich selbständig zu machen und Privatjagden auf Rehe zu veranstalten.

Sofern der Jagdleiter nicht zugleich der Hundeführer ist, sollten alle Modalitäten des Ablaufs vor Beginn der Jagd detailliert geklärt werden. Insbesondere Anzahl, Art und Reihenfolge der Baue, ob der Hund eventuell an einen Dachs geraten kann (tiefe Rinnen in der Einfahrt und der typische Auswurf weisen darauf hin) und wie es um die Wahrscheinlichkeit bzw. Möglichkeit des Grabens bestellt ist.

Selbstverständlich werden die einfachen Aufgaben zuerst gelöst. Bei den problematischeren wiederum behalte sich der Hundeführer nach Inspektion des Baues den Einsatz des vierläufigen Helfers vor. Schließlich trägt er allein das Risiko für dessen Unversehrtheit und sogar Leben. Doch nicht jeder Sandbau muss eine Routineangelegenheit und nicht jeder Felsenbau gleich eine Todesfalle sein. Signalisiert der Rüdemann jedoch Zustimmung, gehört ihm allein das Sagen – und zwar solange, wie sich der Hund im und am Bau aufhält.

Der schneidige Flieger veranlasst den Fuchs eher zum Springen

Grundsätzlich wird bereits während des Angehens nicht mehr gesprochen, desgleichen nähere man sich dem Bau nach Möglichkeit gegen den Wind. Wichtiger ist jedoch, dass der Fuchs von der Röhre aus den Jäger nicht eräugt. Erzwingen also die Umstände die Wahl zwischen dem einen oder dem anderen Übel, dann dürfte das erste das geringere sein.

Auf Zeichen beziehen die Schützen ihre Stände nach den sich bietenden Möglichkeiten (Schussfeld) 15 bis 20 Meter von den Röhren entfernt. Dabei überwacht jeder einen Sektor. Von Doppelbesetzungen halte ich dagegen nicht viel: Keiner reagiert gleich, und einer reißt den anderen mit. Ferner fördert eine solche Konstellation zumindest unterschwellig das

Achtung Hundeführer! Die tiefe Rinne verrät die Anwesenheit des Dachses

Konkurrenzdenken mit dem Resultat, dass meist schneller geschossen wird, als es die Situation gebietet.

Hügelbaue mit allseitigen Röhren und bescheidenem Schussfeld machen es manchmal notwendig, die Schützen auf dem Bau zu postieren. In diesem Fall: Rücken an Rücken!

Liegt die Anlage aber inmitten einer Kultur, heißt es weiträumig abstellen mit Schussrichtung nach außen. Der einzige, der sich dann „im Treiben“ befindet, ist der Hundeführer. Er warnt die Schützen mittels Zuruf vor, nachdem der Fuchs gesprungen ist.

Die Baujagd braucht keine Weitschussflinten. Solche mit offener Bohrung und 3-mm-Schrot sind allemal wirkungsvoller und als Selbstladeflinte mit einer Reservepatrone im Magazin noch effektiver.

Sobald die Schützen fertig sind, streift der Führer die Halsung ab und schickt den Hund los. Der sucht sich die passende Röhre schon allein. In der Regel brauchen wir auf das Erscheinen des Fuchses nicht lange zu warten: Die meis-

Der erfahrene Bauhund braucht nicht direkt am Bau angesetzt zu werden, er sucht sich selbständig die passende Röhre

ten springen innerhalb der ersten Viertelstunde. Manchmal verraten die Gehörspitzen den vorsichtig ausschliefenden Roten, ein anderes Mal steht er wie hingezaubert auf dem Auswurf und sichert – oder er springt wie ein geölter Blitz. Nerven behalten, sich nicht durch eine Bewegung verraten und nicht schießen, solange der Fuchs sich noch in der Einfahrt aufhält – schon des Hundes wegen.

Der Fuchs erscheint am Bauausgang, der Schütze bleibt ruhig …

… und geht erst in Anschlag, als der Fuchs reichlich Abstand von der Röhre gewonnen hat und streckt den Roten

Hin und wieder flüchtet der Rote nicht gleich vom Bau weg, sondern entschwindet wieder in dessen Tiefen. Hat er keinen Verdacht geschöpft, lässt er sich meist nicht lange bitten – wenngleich häufig an anderer Stelle. Wiederholt sich dieses Spiel, zehrt es ganz schön an den Nerven der Schützen.

Füchse vertragen mitunter eine Menge Schrote. Deshalb sollte beherzt nachgeschossen werden, wenn sich einer krank davonmachen will. Aber Achtung im unübersichtlichen Gelände: Es kann sich auch ein Hund auf der Verfolgung befinden! Liegt der Rotrock jedoch in der Garbe, überwache man ihn solange, wie er sich noch bewegt, mit der Flinte im Anschlag. Es soll ja schon vorgekommen sein, dass ein scheinbar „toter" Fuchs doch auf Nimmerwiedersehen entschwunden ist.

Dann aber sollte alle Aufmerksamkeit wieder dem Bau gelten. Es können ja – vor allem in der Ranz – schließlich noch weitere Mitglieder der ro-

Ist die Stelle des Einschlages lokalisiert (oben), tritt der Spaten in Aktion. Im Moorboden sind die Aussichten auf raschen Erfolg günstig …

ten Sippe stecken und springen. Wenn sie's tun, dann meist in Eile. Taucht der Hund auf und trifft keine Anstalten, nochmals einzuschliefen, darf er angeleint werden. Der Weg zur begehrten Beute ist dann frei.

Freilich geht's nicht immer so glatt: Der Hund steckt, und nichts rührt sich. Dann heißt es: geduldig warten. 15 Minuten, 30 und länger. Lässt er sich endlich blicken, wäre es verkehrt, ihn anzurüden. Im Gegenteil: So der Hund gehorcht, trage man ihn ab und warte eine angemessene Frist, ob nicht doch der Fuchs den Bau verlässt. Bleibt jedoch der Hund aus, ist es alleine Sache seines Herrn, einen zweiten hineinzuschicken – die beiden müssen aufeinander eingespielt sein – oder die Bauanlage zum Verhören zu betreten.

Tut sich nach einer weiteren Stunde immer noch nichts, reagiert der Vierbeiner weder auf Ruf noch auf Klopfzeichen und bestehen Gewissheit oder der berechtigte Verdacht, dass er unsere Hil-

... Rolf Kröger, Deutschlandes erfolgreichster Bodenjäger, fasst den Fuchs an der Lunte (oben) und befördert ihn vor die Flinten der Jäger

Wenn der Jäger zum „Bauarbeiter“ wird: Das Graben sollte bei der Bodenjagd nach Möglichkeit die Ausnahme bleiben

fe braucht, treibe man nach angemessener Wartezeit mit dem Vorschlaghammer ein zwei Meter langes Leitungsrohr von 25 mm Durchmesser von oben oder vom Hang her in den Bau. Es hilft, den Hund zu aktivieren oder zu orten. Hat er sich verklüftet oder wurde er verklüftet, bleibt nurmehr das Graben – sofern es die Bodenbeschaffenheit überhaupt zulässt; ansonsten warten, hoffen und eine Decke oder ein Kleidungsstück am Bau deponieren...

Tiefe Einschläge absichern

Was ein rechter Hundeführer ist, der hat sein Schanzzeug im Wagen: Spaten, Schaufel, Wiedehopfhaue, Spitzhacke, Beil und Taschenlampe. Entscheidet er sich für den Einschlag, sollte immer über, besser noch vor dem Hund gegraben werden. Dabei lege man den Öffnungsdurchmesser groß genug an, damit in größeren Tiefen noch genügend Bewegungsfreiheit verbleibt. Im übrigen besteht die Verpflichtung, Einschläge, die tiefer als 1,25 Meter in den Boden führen, abzuböschen und sachgerecht abzusteifen.

In solchen Situationen liegt es im Ermessen des Hundeführers, ob er Fuchs oder Dachs (Schonzeit!) und Hund oder nur den Hund will. Im einen Fall überwachen abwechselnd Schützen die Röhren, im anderen packen sie tatkräftig mit an. Es hat auch schon Baggereinsätze zur Hunderettung gegeben. Doch verpflichtet kann dazu niemand werden und schon gar nicht, wenn dadurch Menschenleben in Gefahr geraten – so wenig trostreich das für den Hundebesitzer klingen mag.

Manche Hunde sind aber auch wahre Teufel: Sie kühlen ihr Mütchen halbtagelang an Fuchs oder Dachs, halten die Jäger in Angst und erscheinen irgendwann wieder, als sei nichts gewesen – oder lassen sich graben.

Nicht wenige erfahrene Hundeführer stellen sich auf den Standpunkt, gegraben wird wirklich nur in Notfällen. Ihre Argumentation: Nur so arbeiten die vierläufigen Helfer selbständiger und mehr „mit Kopf", verlassen sich nicht ständig auf die „Hilfe von oben", meiden deshalb den grantigen Dachs und werden keine Stammkunden beim Veterinär. Der Hund ist zu häufigerem Stellungswechsel gezwungen, lässt sich dabei eventuell abnehmen und – nicht unwichtig – letztendlich bleibt der Bau unbeschädigt. Diese Einstellung bedingt jedoch sowohl flexible Hunde (weder reine Vorlieger noch rabiate Würger werden viel ans Tageslicht befördern) als auch Besitzer. Jene müssen nämlich ebenfalls einen offensichtlich befahrenen Bau, aus dem nichts springt, in Ruhe lassen können – selbst wenn der Hund sich darin länger als gewünscht aufhält.

Ein eingespieltes Hundeteam ist vor allem in großen Bauen häufig von Vorteil

Baue nicht ständig abklappern

Übung im Sinne der Wiederholung macht in vielen Bereichen den Meister, nicht aber bei der Baujagd. Wer nämlich die Röhren auf Verdacht allwöchentlich mit dem Hund abklappert, bezweckt nur eines: Dass die Füchse diese Orte meiden. Darum aus dem Blickwinkel des Erfolges: Nicht regelmäßig, sondern mäßig!

Die Variationsbreite in der äußeren Erscheinungsform ist bei den Füchsen sehr groß: Links Birk- und Kohlfuchs aus einem Bau. Nicht immer ist allerdings der Größenunterschied zwischen den Geschlechtern so deutlich wie bei dem Pärchen unten aus einem Ranzbau

An der Frage, welche nun die ideale Bauhundrasse sei, entzündeten sich seit jeher die Gemüter: Teckel oder Terrier?

Wie lauten die Idealmaße für den Bauhund?

Sehen wir uns doch einfach mal den gestreiften Fuchs an. Er ist als Produkt eines Evolutionsprozesses hochläufig, von geringem Brustumfang und damit in idealer Weise seinem Lebensraum angepasst. Die langen Läufe befähigen ihn, weite Strecken zurückzulegen, Hindernisse zu überwinden, auf Absätze zu springen und steile Kamine hoch- bzw. hinabzuklettern, der Brustumfang wiederum behindert ihn selbst in engsten Röhren nicht.

Und unsere Hunde? Ihnen wurden systematisch nach Zielvorgaben, oft genug Schönheitsidealen, rassetypische Merkmale angezüchtet. Das sind beim Teckel nun mal kurze Läufe, langer Rumpf – und im Vergleich zur Körpergröße – erstaunlich starke Brustkörbe. Zwergteckel weisen letzteres Manko zwar nicht auf und sind im Sand- und Lehmbau wahre Wunder an Flinkheit, doch im Felsenbau mit seinen Kaminen, in Durchlässen mit wassersammelnden Schächten fehlen ihnen wie allen Dackeln die langen Extremitäten, mit denen sie sich abstoßen können.

Die Terrier haben sie, aber häufig noch größere Oberweiten als die Teckel. Allerdings gibt es weder bei den einen noch den anderen ein Standardmaß, wie leichte und schwere Schläge beweisen. Darum die salomonische Antwort: Jede Rasse ist aus der Sicht der Eignung so gut, wie es der Einsatzbereich zulässt und dort zu empfehlen, wo die Schwächen keine Rolle spielen. Somit sind herausragende Leistungen nicht an eine bestimmte Rasse gekoppelt. Allerdings: Wenn der Brustumfang zu stark gerät, bleiben nur noch wenige Baue dem Hund zugänglich.

Mehrere Hunde gleichzeitig unter der Erde

Ein Wort noch zu der häufig diskutierten Frage, ob mehrere Hunde gleichzeitig „unter Tage" eingesetzt werden sollten. Zunächst ist das immer eine Entscheidung der Hundeführer. Wer mit mehreren Hunden anrückt, wird wissen, wann, wo und wie ein Teameinsatz sinnvoll ist. Häufig bringt ein nachgesetzter zweiter Hund bei großen Bauten Bewegung in die Sache. Allerdings – wer nicht aufs Graben scharf ist – sollte Reineke genügend Fluchtmöglichkeiten belassen. Regel: Je kleiner der Bau, umso weniger Hund.

Keinesfalls darf aber ohne Absprache ein fremder

Terrier (bzw. ihre Besitzer) müssen häufig für ihre große Schärfe bezahlen

Hund dazugelassen werden. Das hat schon zu ganz üblen Kämpfen geführt – meistens jedoch nicht mit dem Fuchs.

Wenn's so gut geklappt hat, wird's den Baujägern auch im Winter warm

Effektiv und unproblematisch: der Kunstbau

Als Wohnungsopportunist greift Meister Reineke lieber auf vorhandene unterirdische Behausungen zurück, als sich selbst welche zu graben.

Weil es aber gerade im Feldrevier häufig an Naturbauen mangelt, verfehlen Kunstbaue ihre Anziehungskraft nicht, sofern sie ruhig gelegen, trocken und zugfrei sind. Vom Standort her eignen sich dafür grundsätzlich trockene Lagen: Böschungen, Wälle, Raine, Hecken, Feldgehölze, aber auch aufgelassene Steinbrüche und Sandgruben.

Wenig Deckung – mehr Kunstbau

Je geringer das Deckungsangebot, je weiter die Wege zum Wald, desto wahrscheinlicher wird der Kunstbau auch angenommen. Existieren aber lange und wenigstens abschnittsweise trockene Durchlässe mit Schächten, dienen sie als Unterschlupf und machen unsere Bemühungen überflüssig.

Trifft das jedoch nicht zu und „passt" der Platz, ist der Kunstbau immer für Überraschungen gut, denn neben dem Fuchs quartiert sich gerne auch anderes Raubwild ein. Mancher Steinmarder, Iltis oder Waschbär sprang hier schon als willkommene Zugabe vor dem Hund und in die Garbe.

In der Regel erfordert die Anlage umfangreiche Grabarbeiten und eine Menge an Material. Daher empfiehlt es sich, die Genehmigung des Grundstückeigentümers einzuholen und – um den Flurschaden möglichst gering zu halten – die vegetationsarme Jahreszeit zu wählen.

Anlage eines Kunstbaus in einer Feldhecke mit Sechseck-Hohlsteinen. Die handlichen Elemente erlauben viele Verlegemuster

Wird der Kunstbau „händisch“ in die Erde eingebracht, sind Helfer sehr willkommen

Für den Kunstbau gibt es kein Patentrezept und keine Einheitsform, wohl aber ein Grundschema mit Kessel und zwei Röhren, um dem Raubwild einen Fluchtweg offenzuhalten. Sie müssen nicht unbedingt beide ins Freie führen, sondern können sich ebenso gut innerhalb des Erdreiches wieder vereinigen.

Es gibt kein Patentrezept, aber unumstößliche Regeln

Ein- und Ausfahrt plazieren wir vorzugsweise so, dass sie nach Südosten oder Süden zeigen und möglichst nebeneinander liegen. Das erleichtert die Bejagung wesentlich, weil man sich nur auf eine Stelle konzentrieren muss (damit kann auch ein Einzeljäger hier seinen Hund mit guten Aussichten auf Erfolg schliefen lassen), und der Kessel ist zugfrcicr. Ob man dessen Form rund oder viereckig wählt, bleibt Geschmackssache und beeinflusst den Erfolg nicht. Mit der Größe dagegen gilt es hauszuhalten: 60 cm im Durchmesser oder 50 cm im Quadrat stillen den Platzbedarf und fördern das Wohlbefinden des Fuchses, weil sich die abgegebene Körperwärme besser speichert. Daneben muss der Kessel völlig trocken sein: von unten wie von oben. Folglich soll er gewöhnlich den höchsten Punkt der Anlage darstellen und will ebenso gut isoliert wie abgedichtet sein. Keinesfalls sollte die Abdeckung 50 cm unterschreiten; besser sind 80 cm und mehr.

Haben sich die Schützen leise genähert und ist der Kunstbau befahren (links die zweite Röhre), kann alles weitere sehr schnell gehen

Röhrenlängen von 6 m und darüber gelten als akzeptabel. Ihr Querschnitt darf sowohl rund, als auch vier- und sechseckig sein, je nach Beschaffenheit der Bauteile. Die wenigsten fügen heute noch Platten zu einem Tunnel mit den Maßen 18 cm x 24 cm. Größerer Beliebtheit erfreuen sich schon 20er bzw. 25er Betonrohre, wobei letztere zwar deutlich schwerer sind, aber dem Hund mehr Spielraum belassen. In idealer Weise eignen sich jedoch die speziell für Kunstbaue entwickelten Sechseck-Hohlsteine mit 22 cm Höhe, 17 cm mittlerer und 11 cm Boden- und Deckenbreite, weil sie sich einfach und nach verschiedenen Grundmustern zusammenfügen lassen und vom Dachs weniger gern angenommen werden.

Das Verlegen geschieht vom Kessel aus. Dabei will auf den letzten beiden Metern zum Freien hin ein stärkeres Gefälle beachtet sein. Das „Knie“ im Profil beugt nämlich zum einen der Zugluft vor und verhindert zum anderen, dass Kaninchen die Einfahrten zuscharren und verengen. Sind die Elemente aneinandergefügt, werden sie mindestens zu 50 cm mit Erdreich abgedeckt. Sofern eine Rohrhülse in die Kesselabdeckung integriert wurde, genügt allein schon das Poltern mit einer Stange, um den Fuchs zum Springen zu veranlassen.

Kunstbau beschert schnellen Erfolg

Reizvoller gestaltet sich natürlich die Sache mit dem Hund. Im Kunstbau hat er zudem schnelle Erfolgserlebnisse und wird für die Baujagd entsprechend motiviert, weil sich der Fuchs hier seltener stellt und meist sofort den Rückzug ins Freie antritt. Tut er's ausnahmsweise nicht oder steckt ein Dachs, ist ein Einschlag rasch und ohne große Mühe vollzogen und auch umgehend wieder repariert. Damit bleibt die langlebige Anlage auch weiterhin gebrauchsfähig und wird bald wieder frequentiert.

Ist der neu angelegte Kunstbau ortsüblich verblendet, kann der Blaseninhalt eines erlegten Fuchses an die Einfahrten gespritzt seine Attraktivität erhöhen. Zumindest wird er schnell zum Anlaufpunkt jedes Rüden, der das Gebiet durchstreift. Man rechnet übrigens mit einem Einzugsbereich von ca 200 ha pro Kunstbau.

Am richtigen Fleck und womöglich mit der Betonrohrfalle kombiniert, beschert er uns pro Saison mehrmals und nachhaltig Strecke, so dass sich die anfangs nicht geringe Investition nach wenigen Jahren amortisiert hat.

Bauspezialist Dachs

Biologie und Lebensweise

Es gibt kaum ein Revier in unseren Breiten, in dem Meles meles, der Europäische Dachs nicht vorkommt. Wir finden ihn flächendeckend von der Nordsee bis zu den Alpen, im Tiefland ebenso wie in den Mittelgebirgen. Selbst aus Regionen an der Baumgrenze der Hochgebirge liegen gesicherte Beobachtungen vor. Obwohl man ihn tagsüber selten zu Gesicht kriegt und nächtliche Begegnungen eher sporadisch stattfinden, verraten doch regelmäßige, umfangreiche Grabarbeiten in Wald und Flur seine Anwesenheit. Grimbart und Schmalzmann, wie ihn der Volksmund gerne nennt, zählt zur Familie der Marder (Mustelidae) und repräsentiert in Mitteleuropa zugleich ihren größten Vertreter.

Unverwechselbar: die markante Gesichtszeichnung des Dachses

Spitz von vorne oder seitlich betrachtet, sticht sofort sein keilförmiger Kopf mit den drei breiten weißen und den beiden schwarzen Längsstreifen, die allesamt bis in den Halsbereich reichen, ins Auge. Sie heben sich deutlich vom tiefschwarz gefärbten Brustkorb und den schwarzen Vorderläufen ab. Die schwarz-weiße Vorderpartie bildet einen starken Kontrast zur grau-braunen bis silbriggrauen Rumpfbehaarung und erlaubt so sicheres Ansprechen. Von hinten betrachtet sehen Dachse dagegen kugelig aus, ähneln einem jungen Wildschwein und werden auf den ersten Blick manchmal sogar mit einem solchen verwechselt.

Bei einem ausgewachsenen Dachs beträgt die Kopf-Rumpflänge bis zu 80 Zentimeter, hinzu kommt der ca. 20 cm lange Pürzel. Starke Rüden können

Im Gegensatz zum Fuchs sucht Meister Grimbart über Tage fast immer seine unterirdische Behausung auf

18 kg und mehr wiegen, die etwas kleineren Fähen selten mehr als 14 kg. Ansonsten unterscheiden sich die Geschlechter nicht signifikant, was das Zuordnen solitärer Stücke erschwert. Aufgrund der sehr kurzen Läufe erreicht der Dachs nur bis zu 30 cm Schulterhöhe. Daher wirkt er unproportioniert, walzenförmig, breitläufig und plump und somit alles andere als beweglich. Fühlt er sich bei seinen Streifzügen bedroht, sucht er im typischen Schweinsgalopp mit kurzen Sprüngen das Weite. An Schnelligkeit ist ihm dabei jeder Hund überlegen.

Riechen und Hören sehr gut, Sehen eher mangelhaft

Auf der Fraßsuche dagegen watschelt Schmalzmann förmlich daher, wobei er mit seinem Kopf unentwegt pendelt und mit seinem breiten Windfang Witterung erschnüffelt. Dachse verfügen über einen hervorragenden Geruchssinn. Desgleichen vernehmen sie sehr gut. Dagegen äugen sie ausgesprochen schlecht. An allen Branten sitzen fünf Zehen mit Krallen. Dabei messen die Grabkrallen der Vorderbranten gut zwei Zentimeter und drücken sich in den Trittsiegeln immer sichtbar ab. Der Dachs nagelt also. Die vorderen Ballenabdrücke erscheinen rund und nahezu so groß wie ein Weinglasfuß, die hinteren oval, in der Summe immer leicht geschränkt.

Dachse sind typische Allesfresser mit abgeflachten Backenzähnen, die auf ihren Streifzügen systematisch und bedächtig die Flur absuchen. An tierischer Kost stehen Regenwürmer ganz oben auf dem Speisezettel, gefolgt von Schnecken, Insekten, Käfern und ihren Larven, Amphibien, aber auch Kleinsäugern einschließlich junger Hasen und Wildkaninchen, Eiern und Jungvögeln. Gelegentlich nehmen sie auch Aas. Gelege von Bodenbrütern, wie Rebhuhn, Fasan, Wachtel, Ente, Schnepfe oder Raufußhühnern, sind durch das zielgerichtet suchende Schwergewicht besonders gefährdet. Lokale Besätze können also von Grimbart erheblich zur Ader gelassen werden.

Zur Zeit der Kirschenreife sucht er den Boden nach Fallobst ab. Ebenso frisst er Getreide und hinterlässt in Weizenfeldern und Maisäckern typische Schadbilder mit Gassen und umgeknickten Halmen bzw. Stängeln. Diese werden von Jagdgenossen allzu schnell als Sauschäden diagnostiziert und in Rechnung gestellt. Daher: Auf Trittsiegel achten! Waldbeeren verschmäht der Dachs ebenso wenig wie Pilze. Im Spätsommer und Frühherbst ziehen Obstgärten und -plantagen Schmalzmanns Sippe geradezu magisch an. Solange Äpfel, Birnen, Mirabellen und Zwetschgen auf dem Boden liegen, bilden sie einen wesentlichen Nahrungsbestandteil. Dachse fressen sich jetzt nämlich Feist an.

Ab Ende November spüren sie sich dagegen in der Flur immer seltener. Mit sinkenden Temperaturen setzt nämlich bei den Großmardern eine Winterlethargie ein. Sie bleiben im Bau und halten im Kessel, der mit Stroh, trockenem Gras und Laub ausgepolstert wurde, zusammen mit den Familienangehörigen Winterruhe. Dabei sinkt die Herzschlagfrequenz merklich, die Körpertemperatur jedoch nur marginal. Auf diese Weise reduzieren Dachse ihren Energiebedarf und zehren von ihren Fettpolstern. In unregelmäßigen Abständen, zumeist bei Wärmeeinbrüchen, verlassen sie für kurze Zeit ihre Behausung, um sich zu lösen, Schmutz aus der Schwarte zu schütteln und Haarpflege zu betreiben. Dann schliefen sie wieder ein und setzen die Winterruhe für unbestimmte Zeit fort.

Dachsspur: links vertraut trabend, rechts flüchtig

Zwar sind Dachse Einzelgänger, doch teilt sich die Familie eine Bauanlage. Dachsburgen können imposante Ausmaße annehmen. Sie weisen mehrere Stockwerke auf und eine Vielzahl an Röhren, die alle miteinander verbunden sind. In meinem Pachtrevier Mindorf beispielsweise befindet sich seit Menschengedenken ein Hangbau, der sich inzwischen auf eine Breite von 80 Meter und vom Hangfuß bis zu dem um 15 Meter höheren Scheitel erstreckt. Nicht alle Röhren sind befahren. Vielmehr verlegen die Dachse ihre Grabaktivitäten von Jahr zu Jahr in andere Bereiche. Frischer Auswurf, Sand und die markanten Schleifrinnen signalisieren dann untrüglich die aktuell von den Grabkünstlern bearbeiteten und genutzten Etagen. In einigem Abstand finden sich dann auch die dachs-typischen Aborte. Schmalzmanns Sippe löst sich nämlich stets außerhalb der Behausung an ausgewählten Latrinenplätzen.

Die Rinne zeigt es deutlich an: Hier hat sich Schmalzmann eingeschoben

Wie viele Dachsburgen beherbergt auch die Mindorfer Anlage – übrigens die einzige dauernd bewohnte im 320 ha großen Revier – alljährlich einen Wurfkessel. Die nächste ständig besiedelte Großburg befindet sich im Nachbarrevier Pyras, Luftlinie 700 Meter entfernt, ebenfalls in Hanglage und eine dritte als Flachbau im angrenzenden Revier Jahrsdorf. Da Dachse territorial leben, Rüden ihr Revier durch Duftmarken abgrenzen und gegen Eindringlinge verteidigen, darf von drei Dachssippen ausgegangen werden, deren Territorien jeweils deutlich größer als 100 ha sind. Das liegt durchaus im Normbereich. Wie durch Telemetrie ermittelt wurde, bewegen sich üblicherweise die Territoriumsgrößen abhängig vom Fraßangebot zwischen 80 und 300 ha.

Dachsfähen werden mit einem Jahr geschlechtsreif und ranzen überwiegend im Juli/August, während ältere Fähen zwischen Februar und Oktober in die

Hitze kommen können. Die Rollzeit der Dachse geht nicht geräuschlos vonstatten. Vielmehr künden markerschütternde Laute, die an Kindergeschrei erinnern, von Auseinandersetzungen der Rüden. Sind die Fähen belegt, tritt erst einmal eine Keimruhe ein. Das embryonale Wachstum setzt erst im November/ Dezember ein. Gewölft werden die Welpen überwiegend Februar/ März, in Einzelfällen aber auch schon Ende Januar.

Dachsburgen sind in vielen Revieren seit Jahrzehnten bekannt

Gut konditionierte Fähen bringen dann bis zu fünf Welpen zur Welt, schwächere oft nur zwei. Bei der Geburt sind diese ca. 15 cm lang, wiegen zwischen 100 und 130 g, tragen ein spärliches grau-weißes Haarkleid und haben ihre Seher sowie Gehöre noch geschlossen. Mit fünf Wochen beginnen die Welpen zu äugen, mit acht bis zehn Wochen zeigen sie sich auch außerhalb der Röhren. Gesäugt werden sie dreieinhalb Monate ausschließlich im Bau.

Ab Juni folgen die Jungdachse der Fähe regelmäßig bei der Nahrungssuche, im August streifen sie bereits allein umher und lassen sich oft noch bei Tageslicht auf abgeernteten Getreideschlägen oder gemähten Wiesen beobachten. Ihren ersten Winter verbringen sie jedoch stets zusammen mit den Elterntieren im Bau. Erst im darauffolgenden Frühjahr gehen sie eigene Wege. Auf der Suche nach neuem Lebensraumkommen dabei nicht wenige von ihnen unter die Räder. Einzelne bleiben aber auch im elterlichen Streifgebiet als vom Rüden tolerierte Mitglieder des Familienclans.

Bejagung

Oktobermond: Ein Bekannter möchte seinen ersten Dachs erlegen. Möglichst groß und männlich soll er sein, ausgereift und silbrig hell seine Schwarte. Seit geraumer Zeit schon hatte einer, der den Wünschen entsprechen konnte, seine untrüglichen Spuren am Bau unter der Lindenhecke hinterlassen. Regelmäßig finden sich die genagelten Tritte in den beiden Pässen, Auswurf und Geschleif an den drei mächtigen Hauptröhren lassen keine Zweifel zu: Hier steckt Schmalzmann, und hier sollten wir ihn auch kriegen.

Eine Stunde vor Sonnenuntergang beziehen wir leise mit gutem Wind die offene, im Rücken gedeckte Leiter. Zwanzig Meter trennen uns von der Burg. Von nun ab verbieten sich Flüstern, gedämpfte Geräusche und der Griff zur geliebten Zigarette. Dafür liegt die Bockbüchsflinte mit der 6,5x57R und der 16er Schrotpatrone, Korngröße 3,5 mm, in den Patronenlagern entsichert und griffbereit über dem Auflageneck. So ist sie beim Erscheinen des Dachses mit geringstem Weg und hoffentlich auch geräuschlos angebackt.

Auf der Waffe thront ein lichtstarkes Zielfernrohr. Es erlaubt ein punktgenaues Erfassen des Ziels auch bei schlechteren Lichtverhältnissen und geringem Kontrast. Allerdings muss sichergestellt sein, dass die Schrotgarbe auf 30 bis 35 Meter Haltepunkt Mitte sitzt. Das trifft längst nicht für jede Kombinierte zu. Daher ist vorheriges Anschießen Pflicht. Überdies muss sich der Schütze mit dem für den geziel-

Der Abendansitz am Bau hat sich gelohnt: Ein feister Grimbart kam zur Strecke

Was Sauen mögen, gefällt auch den Dachsen. Deshalb sind sie im Sommer an den Schadensschwerpunkten im Feld ebenso anzutreffen

ten Schuss ungewohnt hohem Widerstand des hinteren Abzuges vertraut machen, damit er die Garbe nicht verreißt. Das passiert übrigens schneller als man denkt und zählt zu den Hauptursachen von Fehlschüssen bzw. schlechten Treffern. Als weitere wäre nicht vollzogene Haltepunktkompensation zu nennen.

Stimmen Haltepunkt und Treffpunktlage beim Fernrohrschuss nicht überein, müsste der Haltepunkt entsprechend korrigiert werden. Beim Schießen auf die Scheibe mag das funktionieren. Schließlich hat man ja alle Zeit der Welt sich darauf zu konzentrieren, weil der Karton geduldig steht und nicht wegläuft. Unter jagdlichen Bedingungen dagegen sieht die Sache ganz anders aus. Schneller als gedacht, stellen sich Anspannung und Eile ein. Alle Aufmerksamkeit richtet sich auf das Objekt, man geht ins Ziel, reißt Funken, wundert sich, wenn nichts liegt und besinnt sich erst im Nachhinein. Es unterschätze eben keiner die Macht der Gewohnheit.

Schrotgarbe mit begrenzter Wirkung

Bei schusshartem Wild, wie es der gewichtige Dachs nun mal ist, reduziert sich die wirksame Reichweite der Schrotgarbe um einige Meter. Bis dreißig Meter darf sich der Schütze der tödlichen Wirkung sicher sein, wohlgemerkt, sofern Schmalzmann auch breit verhofft. Schüsse spitz von vorne oder gar von hinten verbieten sich dagegen. Im ersten Fall federn die starken, dazu keilförmig verlaufenden Schädelknochen viel von der Auftreffwucht ab und verschlagen die Schrote, im zweiten wirkt die Muskel-Feistmasse wie ein Kissen, mit dem Ergebnis, dass der angebleite Dachs den Bau annimmt und dort elendig verludert. So also nicht! Geschosse, die den Fuchs sicher töten, leisten auch beim Dachs ganze Arbeit. .22 Win. Mag. und .22 Hornet aus dem Einstecklauf gelten unter Raubwildjägern als grenzwertig, ab .222 Rem. befindet man sich auf der sicheren Seite. Es kommt immer darauf an, welcher Verwertung der Dachs zugeführt werden soll und wie weit Schusslöcher eine Rolle spielen. Vollmantelgeschosse wiederum gewährleisten keine Augenblickswirkung und sind deshalb abzulehnen.

Niemals spitz auf den Dachs schießen!

Unmerklich erhellt der aufgehende Mond das Dämmerlicht. Plötzlich elektrisiert ein charakteristisches Poltern aus Richtung Bau alle Sinne. Der Dachs schüttelt sich in der Ausfahrt. Mit dem Doppelgas vor den Augen überwache ich die Röhren, während sich mein Begleiter auf das verabredete Zeichen hin schussfertig macht. Mit einem Mal erscheint die schwarz-weiße Maske. Lange sichert der Schwartenträger und prüft mit seinem Windfang, ob die Luft rein ist. Dann schlieft er aus. Als er den als Entfernungsmarkierung in die Erde gesteckten Zweig passiert, mäusele ich, der Schuss kracht und wirft Grimbart auf seinen Pass. Jetzt darf sich der glückliche Erleger zur Beruhigung eine Zigarette anstecken. Am Wild dann Waidmannsheil, ein Bruch und ein kräftiger Händedruck. Einen kapitalen Rüden mit 16, 4 kg Gewicht erbeutet man schließlich nicht alle Tage, schon gar nicht auf Anhieb und auch nicht, wenn man seinen Bau hat.

Dachse nehmen Kirrungen gut an

Wie Schwarzwild auch, lässt sich Schmalzmann recht sicher ankirren und zwar mit Getreide, Mais und Obst. Bei der Anlage einer Dachskirrung achte man auf ausreichendes Schussfeld, Lichteinfall, Hauptwindrichtung und möglichst hellen Untergrund. Im Prinzip gelten die gleichen Regeln wie für eine Saukirrung mit einem Unterschied: Deckung spielt keine so große Rolle, und helles Mondlicht hält den Allesfresser auch nicht von seinem nächtlichen Besuch ab. Saukirrungen wiederum nimmt der Dachs nicht selten schon vor den Schwarzkitteln an und räumt sie ab. Doch bleibt hier seine Schwarte meist heil, weil das Hochwild in der Regel einen höheren Stellenwert genießt und es nach Möglichkeit nicht vergrämt werden soll.

Baunahe, abgeerntete Getreidefelder lohnen im August den Abendansitz, wenn sich die Jungdachse auf Nahrungssuche begeben und noch bei gutem Büchsenlicht die Flächen revidieren. Dann aber beschert die präzise schießende Büchse eher Waidmannsheil als der Schrotlauf. Und wen die Sauenplage

Maisschläge ziehen auch die Sippe Grimbart magisch an

nicht in Beschlag nimmt, der mag in mondheller Nacht Schmalzmann nicht ohne Erfolgsausichten am Obstgarten erwarten. Gute Erfolgschancen verspricht der Morgenansitz am zum Bau führenden Pass. In der Dämmerung, manchmal auch etwas später, zieht es den Dachs unweigerlich zu seiner Behausung. In der Regel hat er es eilig und erscheint normalerweise in beschleunigter Gangart. Jetzt heißt es flink zu sein und den Großmarder für die sichere Kugel zum Verhoffen zu bringen. Mäuseln, Hüsteln, ein Zungenschnalzer oder Schrecken zeigen in jedem Fall Wirkung – manchmal aber nicht die erhoffte.

Viele Verwertungsmöglichkeiten

Bei den Altvorderen stand der Dachs als Beute sehr hoch im Kurs. Er lieferte nämlich begehrtes Wildbret, Feist für Aufstrich, Lederpflege und Basis für Heilsalben, Borsten für Maler- und Rasierpinsel und eine Schwarte, aus der Jagdtaschen sowie Tornisterdeckel gefertigt wurden. Als Trophäen blieben noch die Haken, der Bart und der Penisknochen des Rüden (letzterer diente auch zum Pfeifenstopfen). Als effektivste Jagdart galt dabei das Dachsgraben. In den befahrenen Bau wurden Erdhunde geschickt, wenn sie vorlagen, lokalisiert, und dann erfolgte ein Einschlag. Unter Zuhilfenahme von Dachszangen, Dachsgabeln und „Dachskrätzer" genannten Haken bzw. Spiralen beförderten die Jagdgehilfen ihre Beute zutage. Das Verfahren war so sicher, dass es den Spruch prägte: „Wer den Bau hat, hat den Dachs".

Für Bodenjäger, die Reineke an den Balg wollen, verkörpert die Anwesenheit des Dachses eher den Alptraum. Stundenlanges Warten, die Angst, dass sich der Hund verklüftet, er schwer geschlagen wird, Schanzarbeit und ein verschwendeter Jagdtag heißen die Parameter. Im Allgemeinen springt nämlich der Dachs nicht. Wenn überhaupt, dann aus einem Durchlass oder einem Kunstbau. Leider verraten nicht immer Pirschzeichen seine Anwesenheit, und mitunter teilen sich Fuchs und Dachs die von Menschenhand erstellte Behausung. Hinzu kommt, dass die Jagdzeit auf den Dachs nach dem BJG am 31. Oktober endet, die Baujagd aber im Winter Hochsaison hat. Diese unglückliche Gesetzgebung hat schon viele Baujäger um der Mühe Lohn gebracht und noch mehr Dachsen die Schwarte gerettet. Schade. Als erster hat Sachsen-Anhalt mit seinem neuen Jagdgesetz endlich eine Jagdzeit bis zum 31. Januar eingeräumt. Dem schlossen sich mittlerweile mehrere Bundesländer an.

Populationsanstieg rechtfertigt lange Jagdzeiten

Der Dachs ist nämlich längst nicht mehr so selten, dass seine Besätze eine nur dreimonatige Jagdzeit (August bis Oktober) rechtfertigen. Deshalb haben viele Bundesländer reagiert und dem Jäger mehr Spielraum für die Bejagung verschafft (siehe Kasten). Die Jahresstrecken befinden sich im stetigen Aufwind. 79.900 Exemplare weist die neueste Statistik aus. Wie viele davon auf das Konto des Straßenverkehrs gehen, verrät sie nicht. Doch die daraus resultierenden

Abweichende Länder-Jagdzeiten auf den Dachs*

Baden-Württemberg: 01.08.–31.12., Jungdachse ab 01.06.
Brandenburg: 01.08.–31.01.
Mecklenburg-Vorpommern: ganzjährig
Niedersachsen: 01.09–31.01.
Nordrhein-Westfalen; 01.09–30.11.
Rheinland-Pfalz: 01.08.–31.12, Jungdachse ganzjährig
Sachsen: ganzjährig
Sachsen-Anhalt: 01.08.–31.01.
Schleswig-Holstein: 01.08.–31.01.
Thüringen: 01.08.–15.01.
Die Stadtstaaten fallen wie so oft aus der Rolle: Berlin und Bremen erlauben überhaupt keine Jagd auf den Dachs, Hamburg nur vom 16.09.–31.01.
Alle anderen Länder haben es bisher bei der Jagdzeitenregelung des Bundes (01.08.–31.10.) belassen.

*Stand November 2020

Immer häufiger sieht man überfahrene Dachse an den Straßen. Ein Zeichen für die stark angewachsene Population

Schäden müssen von allen Autoversicherungsnehmern über steigende Prämien beglichen werden.

Auch den Fallenjägern käme eine Angleichung der Jagdzeiten an die des übrigen Raubwildes gelegen, denn sie könnten gezielter agieren und müssten den in der großen Kastenfalle oder Rohrfalle lebend gefangenen Dachs nicht in die Freiheit entlassen. Außer Frage steht nämlich, dass diese Fallensysteme gerade im November sehr effektiv, erfolgsträchtig und gefahrlos die Dachsbejagung unterstützen würden.

Verwertung des Dachses

Wildbret vom Wildschwein gilt gemeinhin als schmackhaft und erfreut sich regen Kundenzuspruchs. Dachs als Wildbret erntet dagegen bei der breiten Kundschaft mit Sicherheit Skepsis und Ablehnung bis hin zu Ekel. Einbildung und Geschmackstraditionen spielen hier wie bei vielen Speisen eine große Rolle. Doch eignet sich Allesfresser Dachs ebenso zum Verzehr wie die Sau. Nachdem sich sein Nahrungsspektrum weitgehend mit dem des Wildschweins deckt, sind die Geschmacksunterschiede auch nicht signifikant. Doch vor dem Genuss muss Dachswildbret ebenso wie das vom Wildschwein einer Trichinenprobe unterzogen werden. Außerdem sind die Organe auf krankhafte Veränderungen hin zu überprüfen.

Soll der Dachs in die Küche wandern, empfiehlt es sich, ihn umgehend abzuschwarten. Warm geht das am besten. Ansonsten gehört er sofort aufgebrochen. Auf keinen Fall darf dabei die Schmalzröhre, eine zwischen dem Waidloch und dem Pürzel in einer Hauttasche ruhende Drüse verletzt werden bzw. ihr Sekret mit dem Wildbret in Berührung kommen. Als nächstes gilt es alles anhaftende Fett von Wildbret und Schwarte zu lösen. Die Schwarte wird sodann wie eine vom Schwarzwild behandelt, in der Regel kräftig eingesalzen und eingeschlagen. Wer auf Nummer sicher gehen will, setzt sich am besten vorher mit der Gerberei des Vertrauens in Verbindung und

Es wäre eine Schande, solch eine Strecke nicht zu verwerten

verfährt nach deren Anweisung. Dann macht er aus Sicht des Verarbeiters nichts falsch.

Danach wird das Wildbret in seine Hauptbestandteile Hals, Rücken, Blätter und Keulen zerlegt. Jetzt darf es in die Kühlung. Um Dachsfett zu gewinnen, schneide man das Weiß in kleine Stücke und lasse es bei niedriger Temperatur aus. Am besten dort, wo auch die Trophäen ausgekocht werden. Anschließend wird die Flüssigkeit durch ein Sieb passiert in Schraubgläser abgefüllt und zum Erstarren beiseitegestellt. Als klassisches Behältnis für den Eigenverbrauch gilt immer noch der Steinguttopf.

Es ist lohnenswert, Dachsschmalz auszulassen

Abnehmer für Dachsfett sind Apotheker, die selbst Heilsalben herstellen und auch Murmeltieröl ankaufen. In einigen alteingesessenen Münchner Apotheken sowie solchen in den Touristikzentren Oberbayerns herrscht eigentlich immer Nachfrage. Für das Wildbret vom Dachs gibt es die verschiedensten Rezepte. In der 1908 überarbeiteten Auflage von Hernriette Davidis berühmtem Kochbuch (1844), schreibt Rudolf Zech, Chefkoch am württembergischen Königshof, zum Dachs: „Das Fleisch eines jungen Tieres ist im Geschmack dem Schweinsfilet ähnlich, ja, es soll seinen Liebhabern sogar wohlschmeckender wie dieses sein. Es wird enthäutet und gewaschen, zwei bis drei Tage mit Zwiebeln, gelben Wurzeln, Salbei und allerlei Küchenkräutern, Lorbeerblättern, Pfeffer, Salz und Nelken in kochenden Essig gelegt. Hierauf wird der Dachs wie ein Hase gespickt und wie dieser, doch seines zarteren Fleisches wegen, kürzere Zeit, gebraten. Das Fleisch von älteren Tieren lässt sich milder machen, wenn man es vor dem Marinieren einen Tag in Salzwasser wässert." Zum Dachspfeffer lesen wir: „Alles Fleisch, welches man nicht als Braten gebraucht, wird in Stücke gehauen und wie Hasenpfeffer zubereitet. Um nötigenfalls die Portion zu vergrößern, kann etwas Schweinefleisch hinzugetan werden."

Dachskeule in Rotwein

Keule entbeinen, salzen, pfeffern, in eine Schüssel geben. Einen Beutel Wildgewürz (Ostmann) ganz darüber streuen und mit Rotwein (Tafelwein aus dem Tetrapack tut's) so aufgießen, dass das Wildbret überdeckt ist. Zwei Tage ziehen lassen. Fleisch in ausgelassenem Speck anbraten, zusammen mit vier halben Zwiebeln und einer halben Knoblauchzehe in einen Bräter geben, eine halbe Dose Bratensaftpulver (Knorr oder Maggi) hinzufügen und mit heißem Wasser aufgießen. Beize passieren, Feststoffe in den Bräter, dazu eine große Tasse (1/4 l) von der Beize. Überdies schaden ein paar zerdrückte Wacholderbeeren zusätzlich nicht. Bräter mit Deckel in die vorgeheizte Röhre schieben und Fleisch

2 Stunden bei 175° Ober- und Unterhitze schmoren. Soßenfond abseihen, entfetten, eindicken, je nach Geschmack mit etwas Beize anreichern, mit einer Prise Zucker abrunden und 1⁄4 l saure Sahne einrühren. Als Beilage passen rohe Klöße, Spätzle oder Nudeln, Preiselbeeren und Apfelrotkohl.

Dachsschinken

Entbeinte, gewaschene und abgetrocknete Dachskeule mit Würzmischung einreiben: Pro Kilogramm Wildbret 60 g Pökelsalz, dazu Wacholderbeeren, Pfeffer, eine Prise Knoblauch, Gewürznelken. Vakumieren und vier Wochen bei ca. 7° C. reifen lassen. Abwaschen, abtrocknen. Je nach gewünschter Farbe bis zu einer Woche mit Buchenholz räuchern.

Kochsalami vom Dachs

Sorgfältig entfettetes Dachswildbret mittels 6er oder 8er Scheibe durchwolfen und 30 % Rinderbrät (vom Metzger) untermischen. Würzmischung gut untermengen (20 g Pökelsalz pro kg Wildbret, Koriander, Piment, Pfeffer, Knoblauch). In 60er Faserpack oder 28/32 Schweinsdarm abfüllen. Ca. 1,5 Stunden räuchern, dann bis zur Kerntemperatur von 72° C.bei 75° C (ca. 1,5 Stunden) brühen.

Steinmarder: gelöste Rätsel?

Es besteht nicht der geringste Zweifel, dass der Steinmarder zu den Wildarten gehört, deren Strecke in den letzten Jahren nachhaltig angestiegen ist. Und das trotz intensivierter Land- und Forstwirtschaft und zunehmenden Landverbrauch durch Siedlungen. Das beweist, wie flexibel Weißkehlchen auf sich wandelnde Lebensbedingungen reagiert und belegt eine zweifelsfrei hohe Populationsdichte.

Früher suchte und fand der Steinmarder sein Domizil in bäuerlichen Gehöften und in von der Landwirtschaft geprägten Siedlungen mit Kleintier- und Geflügelhaltung. Kein Hof ohne Hühner und Tauben, Scharen von Sperlingen, Goldammern, Ratten, Mäusen, keiner ohne Obstgärten. Ein ganzjährig reich gedeckter Tisch für den Marder also, ein Paradies, aber auch ein gefährliches Zuhause. Als Schädling eingestuft, gab es für ihn trotz gesetzlicher Schonzeit das

Was sonst meistens nur durch Geräusche feststellbar ist, offenbart der Schnee eindeutig: der Steinmarder sucht die Nähe von Behausungen

ganze Jahr über kein Pardon, weil die Fallen zu damaligen Zeiten immer Saison hatten. Niemand hängte jedoch den Erfolg an die große Glocke. Der Frühjahrs- und Sommermarder verschwand einfach im Misthaufen, und man ging schnell wieder zur Tagesordnung über. Demzufolge tauchten sie auch in keiner Streckenstatistik auf.

Die Jäger wiederum prangerten zwar die Praktiken der Landwirte an, stellten aber den übriggebliebenen Edelpelzträgern in der kurzen Jagdzeit wegen der wertvollen Bälge nicht minder intensiv nach. Dabei korrellierten Balgpreise und Intensität der Bejagung. Solange ein Marderbalg ebensoviel einbrachte wie ein Monat Arbeit, ließ man verständlicherweise nichts unversucht, seiner habhaft zu werden.

Steinmarder sind Kulturfolger

Ganz anders der Edelmarder, dessen Lebensraum sich seit jeher auf die geschlossenen Wälder mit hohem Altholzanteil beschränkte. Dort wurde er nur während der kurzen Saison von Förstern und Jägern bejagt, in den Handel gebracht und statistisch ordnungsgemäß verbucht. Beides, geringerer Jagddruck und reale Aufschreibungen, liefern den Grund für die über lange Jahre gleichgebliebenen und nie sehr hohen Strecken.

Worin aber liegt nun die Ursache für den sprunghaften Anstieg der Steinmarderstrecken?

Sie fundiert primär im Wohlstand des Menschen. Der ist seit dem Kriege permanent gestiegen und drückt sich in vielfacher Hinsicht aus. Die Landwirtschaft wurde zunehmend rationalisiert und im Gefolge die Selbstversorgung drastisch eingeschränkt. Es gibt kaum noch Anwesen mit Kleintierhaltung, verschwunden sind vielerorts Gänse, Enten, Hühner und Tauben. So reduzierte sich im selben Maße, wie der Marder nicht mehr zu Schaden gehen konnte, bei Landwirten auch das Interesse an seiner Kurzhaltung per Selbsthilfe. Dadurch erholte sich fraglos die Population.

Optimale Lebensbedingungen in Siedlungen

Vergrößert hat sie sich aber durch einen anderen Umstand. Als Folge des Wohlstandes wandelte sich auch der Lebensraum Stadt entscheidend. Dort pulst heute nämlich das Kleintierleben: In Innenbezirken sind es Tauben, die sich – von vielen gefüttert und niemanden reduziert – ungehemmt vermehren, halbzahme Enten, denen Passanten Brotreste zuwerfen, in den Parkanlagen zahlreiche Singvögel, die direkt oder indirekt vom Menschen profitieren, und am Standrand gedeihen Schrebergärten mit Obstbäumen und Gemüse ohne chemische Keule. Dicht an dicht reihen sich die Gärten der Siedlungshäuschen mit den Attributen Komposthaufen (Essensreste), Laub- oder Reisighaufen, Futterhäuschen am Zierbaum, abgrenzende Hecken, schattenspendende Bäume mit Nistgelegenheiten und Ruhe.

Ein eindeutiger Beleg für das Ansteigen der Marderpopulation ist auch die Zunahme der überfahrenen Exemplare

In Neubaugebieten – wo gibt es sie nicht? – bieten zu allem anderen Garagenabdeckungen aus Eternit und isolierte Hausdächer, an die von innen keiner mehr herankommt, Unterschlupf. Eben alles, was der Steinmarder zum Wohlbefinden braucht. Niemand stellt ihm dort nach und hindert seine Vermehrung sowie Ausbreitung. Deshalb finden wir auch in Siedlungen die höchsten Populationsdichten – und Ressourcen für die Jagd.

Die notwendige und von geplagten Autobesitzern händeringend geforderte Bejagung des Steinmarders obliegt heute allein den Jägern. Deren Streckenmeldungen wiederum legen Zeugnis für den Erfolg ab und erlauben Rückschlüsse auf die Population.

Für weitere Erkenntnisse hat die Telemetrie im Dienste der Marderforschung gesorgt. So ist die Reproduktionsrate der Marder weitaus geringer als angenommen: zwei bis vier Junge pro Fähe und Jahr. Und sie werden erst nach eineinhalb Jahren geschlechtsreif. Die Fähe wirft also erstmalig mit vollendetem zweiten Lebensjahr.

Das Elternpaar lebt den Untersuchungen zufolge territorial und teilt sich ein Streifgebiet. Dessen Größe variiert nach Nahrungsangebot zwischen 20 und 100 Hektar und verschiebt sich offenbar auch im Laufe des Jahres. Zu Zeiten der Obstreife hielten sich nämlich die telemetrierten Marder in Gärten und Plantagen auf, die vorher außerhalb ihres Streifgebietes lagen. Obst und Beeren spielen ganz offensichtlich bei der Ernährung eine wichtige Rolle.

Ansonsten sind Steinmarder nicht wählerisch: Angefangen von Regenwurm und Schnecke über Insekten, Gelege, Vögel, Mäuse und Ratten erbeuten sie auch Junghasen und Kaninchen. Eben das, was gerade verfügbar ist. So fand ich beispielsweise in einem Strohstock im Feld, der einem Steinmarder als Wohnraum diente, u.a. die Überreste von neun Rebhühnern. Sie hatten hier bei hohem Schnee immer wieder Deckung gesucht. Steinmarder verschmähen jedoch auch ausgelegtes Katzenfutter, Küchenabfälle und Aas nicht.

Die Jungmarder verbleiben wenigstens ein Jahr im Territorium der Fähe. Mitunter teilen sie sich sogar solange den Wohnraum mit ihr. Erst wenn sie erneut wirft, was ab Februar der Fall ist, müssen sie von dort weichen und spätestens mit Eintreten der Geschlechtsreife auch aus dem Streifgebiet.

Während der Aufzuchtszeit lassen sich Marder auch tagsüber beobachten. Richtig aktiv werden sie sonst erst ab dem Einbruch der Dunkelheit, doch auch in der Nacht legen sie Ruhepausen ein.

Streifgebiete überlappen sich

Ungelöste Fragen wirft jedoch immer noch die Territorialität auf. Ganz offensichtlich gibt es keine lebenslange Bindung an ein Streifgebiet, denn sonst müsste ein einmal leergefangenes über einen langen Zeitraum leer bleiben. Meine Fangpraxis hat mich jedoch das Gegenteil gelehrt. Dabei waren die nach einem Altmarder an einem Platz gefangenen Exemplare nicht immer Jungtiere.

In der Saison 1983/84 erbeutete ich (neben 13 Rüden) beispielsweise 27 Fähen, davon acht alte. Dennoch blieb der von mir erwartete gravierende Streckeneinbruch im folgenden Winter aus, brachte ich doch wiederum 22 Marder aufs Brett. Im Jahr darauf kamen erneut 29 zur Strecke, es folgten 21, 35, 28... Solche Schwankungen sind normal. Jeder Fänger kennt und hat sie.

Eine andere Feststellung musste ich jedoch machen: Über sieben Jahre bescherte mir mein bester Fangplatz im Schnitt zehn Marder, und ein weiterer im betreffenden Revierteil noch zwei dazu. Dann stockte ein Mitjäger die Zahl der Fangplätze um fünf auf, mit dem Ergebnis, dass sich an der Gesamtstrecke nichts änderte, ich mich aber an meinem Top-Platz fortan mit zwei Weißkehlchen bescheiden musste.

Die zusätzlichen Fangplätze waren übrigens zwischen 300 Meter und einem Kilometer vom zentralen Fangplatz in der Ortsmitte entfernt in Hecken und Windschutzstreifen angelegt worden und umschlossen den Ort gleichsam ringförmig. In ihnen fingen sich fortan die ein- und auslaufenden Marder. Dieser Umstand ist in dreifacher Hinsicht aufschlussreich. Zum einen zeigt er auf, dass die Hauptpässe in Richtung der benachbarten Ortschaften (zwischen einem und drei Kilometer entfernt) führten, es also Verbindungen gab, die niemand in dieser Ausprägung und Frequentierung vermutet hätte, und somit einen großen Einzugsbereich; zum anderen, dass man durch Erhöhen der Fangplätze die Strecke nicht beliebig steigern kann und schließlich, dass es sich mit wenigen Fangplätzen sehr ökonomisch und effektiv arbeiten lässt, wenn es gelingt, die optimalen herauszufinden. Für die Höhe der Fangstrecke ist demnach nicht allein die absolute Reviergröße entscheidend, sondern auch der Einzugsbereich des betreffenden Fangplatzes.

Somit steht außer Frage, dass erfolgreiche Fänger auch von Zuwanderern profitieren, doch bis heute vermag niemand zu sagen, woher sie im einzelnen stammen und welche Strecken sie zurückgelegt haben.

Erfolgreiche Fänger profitieren von Zuwanderung

In diesem Zusammenhang an die von einigen Wissenschaftlern aufgestellte Behauptung zu glauben, dass Steinmarder ganzjährig territorial seien und in vergleichsweise geringer Dichte siedeln würden, fällt mir angesichts der nachhaltig hohen Fangstrecken schwer. Vielleicht ist diesbezüglich doch noch nicht der Weisheit letzter Schluss gefunden.

Marderbejagung mit der Flinte

Das Ausneuen

Wenn von der Marderjagd mit der Flinte die Rede ist, denkt jeder gleich an das Ausneuen. Die vielen Berichte in Jagdzeitungen erwecken ja leicht den Eindruck, dass es sich dabei um eine ebenso reizvolle wie erfolgsträchtige Jagdart handelt. Schließlich kennt man den charakteristische Paarsprung, und im Schnee eine Spur halten...

Das mit dem „reizvoll“ stimmt, denn der Faszination einer Winterlandschaft wird sich keiner so schnell entziehen, das mit dem „erfolgsträchtig“ steht jedoch in einem anderen Kapitel. Zwei Versuche sind für mich dabei unvergesslich in Erinnerung geblieben:

Das Schneetreiben hatte gegen Mitternacht aufgehört, und ich befand gerade mich auf dem Heimweg vom Wirtshaus, als ein Steinmarder durch die Scheinwerfer huschte und unbeholfen über den weißen Acker einem Feldgehölz entgegenhüpfte. Am anderen Morgen nahm ich mit der Gewissheit, Weißkehlchen zu kriegen, seine Spur auf. Sie ließ sich im tiefen Neuschnee ausgezeichnet halten, führte mich durch Hecken, drei Wäldchen, an mehrere Durchlässe und weiter geradewegs in eine Feldscheune. Das Hoffnungsbarometer stieg – und fiel nach Umschlagen derselben.

Weiter ging die Verfolgung und endete schließlich im Dorf unweit der Kneipe, in der wir so lange getagt hatten. Wohl vier Kilometer war ich ihm erwartungsfroh gefolgt und stand schließlich doch außer Atem, mit leeren Händen und um eine Erfahrung reicher da.

Verfolgung im Schnee – ein mühsames Geschäft

Ein anderes Mal führte eine Spur geradewegs in einen Strohstock hinein, eine weitere von ihm weg. Welche die frischere war, ließ sich nicht mehr feststellen. Also Hund geholt und einen zweiten Schützen. Der Terrier umrundete mehrmals die zu vielen Stockwerken aufgeschichteten Strohballen und schliefte nach wiederholtem Anrüden in einen Spalt ein. Wir warteten und lauschten. Vom Hund kein Laut. Nach einer Weile wurde es mir zu dumm. Ich wollte mich vergewissern, was der Hund treibt, steuerte ein Loch in Augenhöhe der Stirnseite an – und blickte geradewegs dem Marder in die Seher!

Um es vorwegzunehmen: Er sprang nicht. Auch nicht, nachdem der halbe Strohstock abgetragen war und nicht, als ich schon fast den Boden sehen konnte. Mehr zufällig entdeckte ich schließlich eine Bewegung im nahen Straßengraben, erkannte die Spur, die dorthin führte. Er hatte sich also in einem kleinen Augenblick der Unachtsamkeit davongestohlen. Seinem Schicksal entging er so wenig wie ich dem meinen, denn er sollte Stunden dauern, bis ich das Stroh bei schneidendem Wind und minus 10 Grad Celsius wieder ordnungsgemäß aufgeschichtet hatte und eine Woche, bis die Bronchitis als Folge dieser Aktion endlich auskuriert war.

Der charakteristische Paarsprung im Neuschnee verrät den Marder

Ich habe es öfter probiert, das Ausneuen und drei weitere Marder auf diese Weise erbeutet, ganz zu schweigen von den vielen, deren Spur sich an der Reviergrenze oder in dichten Kronen der Fichten verlor und den wenigen, vor deren Schlupfwinkel ich stand und nichts ausrichten konnte.

Es braucht einfach eine gehörige Portion Glück, Schnee und den passenden dazu. Der erste taugt dafür nicht, weil der Marder nicht läuft und der Neuschnee bis in der frühen Morgen ebenfalls nicht, weil er die Spuren zudeckt, und wenn ich an die „schneereichen" Winter der letzten Jahre denke...

Marderburgen

Was die wenigsten wissen: Marder nehmen durchaus dankbar künstliche Burgen an, vor allem in Hecken, in Feldgehölzen und im geschlossenen Wald. Ihre Errichtung ist denkbar einfach: Wir nehmen drei bis vier Paletten, stapeln sie kreuzweise aufeinander und decken die oberste mit einer Plane ab. In die mittlere stecken wir einen oder zwei kräftige Rundhölzer. Sie dienen später als Hebel und werden bei der winterlichen Jagd entgegen der Schussrichtung bedient.

Anschließend tarnen wir die Anlage als Reisighaufen mit ortsüblichem Material eher überreich als zu sparsam, aber nur so hoch, dass wir sie noch übersehen können. Natürlich nicht ohne vorher das Einverständnis des Grundstückseigentümers eingeholt zu haben.

Marderburg immer neben einem Pass

Die Marderburg sollte immer neben einem Pass stehen, aber niemals am Waldrand oder an belaufenen Wegen. Ebenso ist auf ausreichendes Schussfeld zu achten. Es nützt nämlich nichts, wenn der springende Marder mit wenigen Sätzen die nächste Deckung erreicht. Eine Handvoll Getreide, oder in Honig getauchtes Dörrobst sorgen dafür, dass der Marder die Burg bald inspiziert.

Drei Paletten dienen als Kern für die Marderburg. Sie werden mit Reisig verblendet

Ich weiß sogar von einem Fall, wo eine Edelmarderfähe die künstliche Wohnung nicht nur angenommen, sondern dort sogar ihr Geheck aufgezogen hat.

Schnee erleichtert natürlich die Kontrolle, an-

Der Hund zeigt an, ob der Marder in seine Burg eingefahren ist

sonsten zeigt uns die Hundenase untrüglich an, ob die Burg befahren ist. Fehlt beides, rütteln wir die Anlage einfach mehrmals mit den Hebeln durch. Das reicht, um den steckenden Marder zum Springen zu veranlassen.

Ein halbes Dutzend solcher Burgen im Revier verteilt, kann gerade dem Wochenendjäger und dem, der – aus welchen Gründen auch immer – auf die Fangjagd verzichtet, mit geringem Zeit- und Arbeitsaufwand reizvolles Waidmannsheil bescheren.

Das Ausklopfen

Wer sein Revier kennt, weiß auch über die potentiellen Tagesunterschlüpfe der Marder einigermaßen Bescheid. Sofern Schnee liegt, stellen wir durch Umschlagen fest, ob der Marder steckt. Meistens trifft das in Scheunen, Heuschobern und überdachten Holzlagerplätzen inmitten von Dörfern oder Höfen zu.

Nun sind aber Siedlungen aller Art befriedete Bezirke, in denen die Jagd ruht und nur mit Ausnahmegenehmigung praktiziert werden darf. Sie setzt auch immer das Einverständnis des Eigentümers voraus. Feldscheunen zählen zwar nicht zu den befriedeten Bezirke im Sinne des Gesetzes, dennoch dürfen wir auch sie nicht ohne Erlaubnis des Besitzers bejagen.

Von Schrotgarben gelöcherte Bretter, aufgesplitterte Balken und geborstene

Feldscheunen üben eine hohe Anziehungskraft auf Weißkehlchen aus. Die Bejagung mit der Flinte bedarf der Zustimmung des Eigentümers

Ziegel erfordern überdies ein gehöriges Maß an Akzeptanz seitens des Eigentümers. All das bleibt nicht aus, wenn wir im Inneren der Gebäude waidwerken. Dort aber ist das Jagen vielfach effektiver als außerhalb, weil der Marder ohne Not das Freie solange wie irgend möglich meidet.

Krach ist kontraproduktiv

Ausklopfen verbindet der Nichteingeweihte immer mit Krach. Doch genau der sollte bei der Aktion unterbleiben. Ohne ein eingespieltes Team aus Jägern und einem Helfer läuft dabei nichts, und ohne Hund – nach Möglichkeit Teckel oder Terrier – bleibt der Erfolg des Unterfangens fragwürdig, denn er bringt den Marder auf die Läufe oder zeigt dem Helfer an, wo Weißkehlchen steckt. Manchmal springt der Marder rasch, oft aber erst nach stundenlangem Umschichten von Holz, Stroh- oder Heuballen, vor allem, wenn er Lunte gerochen hat.

Turnt er daher erst einmal im Gebälk des Dachstuhls herum und lässt sich die Gefährdung von Hund und Mensch ausschließen, sollte mit dem Schießen nicht lange gefackelt werden, denn gute Gelegenheiten sind meistens rar. In Zwischenböden veranlassen ihn nicht selten einige gezielte Schläge auf die Bretter zum sofortigen Springen. Daher der Begriff „Ausklopfen“. Gleiche Wirkung erzielte übrigens einmal bei einem Eternitdach das Rasseln einiger hin- und hergezogenen Ketten.

Selbstverständlich müssen um die Scheune herum ebenfalls bewaffnete Posten aufpassen und mitunter entschlossen handeln. Allein aus Gründen der Sicherheit sind hierbei äußerste Disziplin und feines Schrot angezeigt.

Wie alles Raubwild sucht auch der Marder nach Möglichkeit den gedeckten Fluchtweg zum nächsten Unterschlupf, daher erhöht der betreffende Stand auch die Aussicht, zu Schuss zu kommen, fordert jedoch auch besondere Schießfertigkeit.

Desgleichen ist Ruhe auch beim „Ausklopfen“ die erste Jägerpflicht. Wenn die Rahmenbedingungen stimmen und die Mitwirkenden ihr Handwerk verstehen, lassen sich so erstaunliche Strecken erzielen. Heinrich Sindel – als Initiator des Feuchtwanger Rebhuhnprogramms „Artenreiche Flur“ weithin bekannt – hat es oft genug bewiesen.

Ansitz an Pass und Luderplatz

Die Marderbejagung mit der Flinte wäre nicht vollständig ohne den Hinweis auf die beiden Jagdmethoden.

Beim Verlassen des Unterschlupfes hält der Marder seinen Pass außerordentlich treu ein und zwar derart, dass versierte Fänger in früheren Zeiten mit Sand und Grashalmen den Ab- bzw. Aufsprung zentimetergenau markierten, um dort das Tellereisen einzubetten. Das Wissen um denselben wurde auch in den Zeiten hoher Balgpreise sorgsam gehütet und als Geheimnis von Vater auf Sohn weitervererbt.

In mondhellen Nächten kann sich also vom Einbruch der Dämmerung ab der Ansitz am Versteck lohnen, Ausdauer, sowie höchste Aufmerksamkeit vorausgesetzt.

Süßes am Wegesrand erhöht die Chancen

Weil der Marder in Siedlungen beim Aufbruch zu seinen nächtlichen Streifzügen gerne Wege an Hecken und Wasserläufen benützt, verspricht hier das Passen einen gewissen Erfolg und noch mehr, wenn regelmäßige Gaben von Rosinen, Pflaumen, Birnenschnitzel, Dörrobst und Honig auf ihn warten und somit den Ausflug „versüßen“.

Wie schon bei der Fuchsbejagung vom Luderplatz aus erwähnt, ziehen süße Beilagen den Marder ebenfalls dorthin. Sofern der Ort strategisch günstig liegt, bleibt deshalb die Erbeutung des weiß- bzw. gelbkehligen Jägers keine zufällige Angelegenheit.

Vor dem Waschbär ist nichts sicher

Biologie und Lebensweise

Procyon lotor, der Waschbär, zählt zu den sogenannten Neozoen (durch bzw. mit Hilfe des Menschen angesiedelte Neubürger). Er stammt aus Nordamerika und wurde zwecks Pelzgewinnung im Jahre 1934 im hessischen Forstamt Vöhl am Edersee ausgewildert. Von dort aus breitete sich die Population nach Jahren der Stagnation zuerst zögernd aus, dann zunehmend progressiv. Nunmehr dürfte der maskengesichtige Balgträger flächendeckend in der Bundesrepublik Deutschland verbreitet sein, doch beherbergen Hessen sowie Brandenburg wohl die größten Besätze.

Auf der Suche nach Fressbarem deckeln Waschbären auch Mülltonen ab, plündern Gärten und Obstbäume ebenso wie Nistkästen und Geflügelställe, stibitzen Gelege, fischen hervorragend und greifen sich zielsicher junge Kaninchen bzw. Junghasen, Rebhuhn- und Fasanenküken, verschmähen aber auch Würmer, Insekten, Amphibien, Früchte, Beeren und Getreide nicht. Kurzum, sie sind perfekte Nahrungsopportunisten und zwar nachtaktive.

Spurbilder des Waschbären: Passgang, Dreitritt und Flucht (von links nach rechts)

Den Tag verschlafen sie vorrangig in luftigen Höhen, also Baumhöhlen, Astgabeln und Greifvogelhorsten. Dabei bevorzugen sie als Wirtsbäume eher grobborkige wie die Eiche und wechseln täglich ihren Schlafplatz. Doch weichen sie auch in Höhlen, Holzpolter, Erdbaue und, wo vorhanden, ebenfalls in Schilfgürtel aus. In Siedlungsgebieten begnügt sich der Kleinbär nicht allein mit Lagerschuppen oder Scheunen, sondern deckt auf der Suche nach Unterschlupf sogar Dachziegel ab oder mietet sich in Dachböden bzw. Kaminen ein. Er zählt zu den ausgesprochenen Kletterkünstlern, passt sich hervorragend jedem Lebensraum an und ist in urbanen Gefilden zur wahren Plage geworden. Bei Gefahr versucht er nach Möglichkeit aufzubaumen.

Ihre Streifzüge starten Waschbären in den

Nett anzuschauen, aber für jedes Niederwildrevier eine unerwünschte „Bereicherung": der Waschbär

späten Abendstunden und beenden sie in aller Regel vor Sonnenaufgang. Dabei legen sie Wegstrecken bis zu zehn Kilometer zurück. Begegnet man dagegen im ausgehenden Frühjahr bzw. beginnenden Sommer tagsüber welchen, dann handelt es sich in aller Regel um säugende Fähen.

Die Kleinbären erreichen eine Körperlänge von 50 bis 70 Zentimeter. Rüden können bis zu 10 kg und Fähen bis zu 7 Kilo schwer und dabei bis zu 15 Jahre alt werden. Die Paarungszeit fällt in die Monate Februar bis April und die Wurfzeit in die Monate April/Mai. Normalerweise wirft die Fähe nur einmal im Jahr 2 bis 4 Welpen, doch kann es bei Verlust zu einer Zweitranz mit Wurftermin im Juli kommen. Während der drei- bis viermonatigen Aufzuchtszeit versorgt dann die Fähe die Jungen allein. Diese bleiben noch den ersten Winter über im mütterlichen Wohngebiet und verlassen es erst in der darauffolgenden Ranzzeit.

Junge bleiben im ersten Winter im Mutterrevier

Waschbären leben nicht streng territorial. Ihre Streifgebiete überschneiden sich vielmehr und variieren geschlechtsspezifisch von 25 bis 700 ha (Fähen) und 50 bis 5 000 ha (Rüden). Die niedrigen Werte gelten dabei jeweils für Städte. Ebenso schwankt die Populationsdichte zwischen von 2–6 Individuen/ 100 ha

Der dichte Pelz lässt den Waschbär mit unseren winterlichen Witterungsbedingungen gut zurechtkommen

Wald und bis hin zu 150/100 ha Stadt. Dass bei einer derartigen Massierung Ärger mit dem Raubwild nicht ausbleibt, versteht sich von selbst.

Der Waschbär verkörpert zwar nicht die einzige Spezies mit einer gestreiften Gesichtszeichnung, doch finden wir bei ihm eine kontrastreiche Färbung mit einer scharf abgegrenzten über die gesamte Gesichtsbreite reichenden schwarzen Querbinde vor, die oberhalb und unterhalb einen weißen Saum trägt. Unverwechselbar machen ihn auch die intensiv schwarz-bräunlich gebänderte ca. 25 Zentimeter lange Rute sowie die hüpfende Fortbewegung. Sie erinnert sehr an den Marder.

Im Spätherbst ist der Balg des Waschbären reif. Sein dichtes, langes, silbrig eingefärbtes Haar sowie das strapazierfähige Leder verleihen ihm einen konstanten Wert.

Seine Handfertigkeit macht ihn so gefährlich

Bei den Sinnesleistungen dominiert der Geruchssinn. Hör- und Sehsinn sind allenfalls durchschnittlich ausgeprägt. Doch von allen Raubwildarten verfügt der Waschbär wohl über den ausgeprägtesten Tastsinn. Vor allem die Vorderbranten sind dafür hervorragend ausgestattet. Der Waschbär weiß sie überaus geschickt einzusetzen und erinnert mit seiner „Handfertigkeit", aber auch mit seiner Neugier, alles zu untersuchen, sehr an Affen. Sie befähigen bzw. animieren ihn, z. B. Hebel umzulegen sowie Riegel zu öffnen. Außerdem sind Waschbären überaus lernfähig und besitzen ein überdurchschnittliches Gedächtnis. Kein Wunder, dass sie zu den intelligentesten Säugetieren zählen. Die Handform der Vorderbranten charakterisiert und individualisiert die Waschbärenspur. Sie „nagelt" auch nicht so stark wie die breitere und insgesamt wuchtigere des Dachses. Wir finden sie am ehesten auf verschlammten Waldwegen sowie im Uferbereich von Gewässern. Bei tiefen Minusgraden und/oder hoher Schneelage legt der Waschbär dagegen Ruhephasen ein und zehrt in dieser Zeit von den im Herbst angelegten Fettreserven.

Bejagung

In seiner nordamerkanischen Heimat wird dem Waschbären u.a. nachts erfolgreich mit Hundemeuten und Scheinwerfer nachgestellt. Bei uns ist das verboten und es wäre auch undenkbar. Ausklopfen, Ausneuen und Sprengen mit dem Bauhund scheiden aus, weil der Waschbär bei Schnee ruht und in der Regel weder auf Geräusch noch vor dem Hund springt. Vielmehr verschanzt er sich in seinem Versteck und wehrt sich erfolgreich mit Krallen und Zähnen.

Dagegen verheißt der Ansitz am Luderplatz dann Erfolg, wenn regel-

Drahtfallen verführen Waschbären dazu, an Drähten und Mechanismen „rumzufummeln"

mäßig gekirrt wurde. Hat der Waschbär nämlich erst einmal den gedeckten Tisch gefunden, stellt er sich zuverlässig ein. Dabei ziehen neben Obst und Mais auch ausgestreute Rosinen oder in Honig getauchte bzw. mit Schokoladencreme bestrichene (Hart)-Brotstücke und Räucherfisch-Reste den Maskenträger an. Wollen wir uns nicht allein auf den Mond verlassen, müssen wir für einen hellen Unter- bzw. Hintergrund sorgen. Das kann weißer Sand sein, Sägemehl, Stroh oder eine Barriere aus übereinander geschichteten Birkenstämmen. Aber auch eine künstlich angelegte, regelmäßig nachgefüllte Pfütze liefert bei entsprechendem Lichteinfall den notwendigen Kontrast für den Schrotschuss. Mehr als 25 Meter sollte jedoch die Entfernung nicht betragen, denn auch breit stehende Waschbären sind ausgesprochen schusshart. Als Schrotstärke empfiehlt sich Nr. 3 = 3,5 mm.

Effektive Jagd mit der Falle

Effektiver bejagen wir den Waschbären jedoch mit der Falle. Für den Lebendfang haben sich neben der Beton-Rohrfalle große Kastenfallen bewährt, die entweder auf dem Zwangspass (z. B. steile Uferböschung) oder auf einer Gewässerüberbrückung (Waschbärbrücke) stehen.

Wichtig dabei ist, dass der Fangraum der geschlossenen Falle kein Licht durch Ritzen oder Spalten einfallen lässt, und der Waschbär keine Möglichkeit hat, die Klappen-Arretierung mit seinen Vorderbranten aufzuheben. Drahtkastenfallen mit Gittergrößen über 1 cm führen in aller Regel zu Verletzungen der Vorderbranten, weil der Waschbär durchzugreifen versucht. Sie müssen entweder so abgedeckt werden, dass kein Licht eindringt oder sie scheiden für den tierschutzgerechten Fang aus.

Tierschutzgerecht, weil sofort tötend, arbeiten die entsprechend beköderte und beschwerte Rasenfalle (Ländergesetze beachten!) oder ihre hochgestellte Schlagbaum-Variante.

Weil der Waschbär den Köder (Hühnerei, in Honig getauchtes Hartbrot, Maiskolben, Fisch) mit den Vorderbranten abzieht, müssen Abzugseisen größere Abmessungen als das Eiabzugseisen aufweisen. Hier bietet sich z. B. der kleine doppelfedrige Schwanenhals im Fangbunker an. Dabei ist das Fanggerät so aufzustellen, dass der Fang über die Federachse (angestrebter Herzfang) erfolgt, weil der Waschbär aufgrund der ovalen Bügelform und des daraus resultierenden größeren Abstandes zum Köders sicherer von den Bügeln erfasst wird als beim Fang über den losen Bügel (angestrebter Genickfang).

Enok: Ein Sibirier erobert unsere Reviere

Biologie und Lebensweise

Obwohl er von Größe und Färbung her an Dachs und Waschbär erinnert, zählt der Enok genannte Marderhund (*Nyctereutes procyonoides*) zu der Familie der Caniden (Hundeartigen) und ist demnach mit Fuchs und Wolf verwandt.

Sein natürliches Verbreitungsgebiet finden wir in Ostasien. Im Zuge der Pelzgewinnung wurde er gegen 1930 und dann noch einmal zwischen 1948 und 1955 in den westlichen Teilen der damaligen Sowjetunion ausgewildert. Vom Baltikum aus besiedelte der Neubürger sukzessive die Nachbarländer, hat heute nahezu alle verfügbaren Lebensräume in den Ländern Mecklenburg-Vorpommern sowie Brandenburg erschlossen und breitet sich nunmehr rasant auch in den alten Bundesländern aus. Beeindruckend und beängstigend zugleich ist seine Besatzzunahme, die wir am ehesten von der Streckenentwicklung ableiten können. Anfang 1990 wurde nur hin und wieder ein Enok erbeutet. 2001/02 kamen bereits 11659 Marderhunde zur Strecke, nur vier Jahre später hat sich diese mit 30016 Exemplaren fast verdreifacht! Sollte dieser

Wasser und Sumpf gehören zu Enoks bevorzugten Elementen

Trend anhalten – und es spricht einiges dafür –, dann steht uns bzw. unseren Revieren Ungemach bevor.

Marderhund ist ein Nahrungsopportunist

Wie der Waschbär auch, ist nämlich der Enok ein Nahrungsopportunist, der Fallobst, Früchte, Mais, Zuckerrüben und Insekten ebenso wenig verschmäht wie Lurche, Fische, Aas, Jungwild und Hausgeflügel. Unsere regional ohnehin nicht mehr üppigen Niederwildbesätze werden demnach von einem weiteren Fressfeind gezehntet, und zwar von einem, der offensichtlich keinen Gegner zu fürchten hat. Sein natürlicher Regulator, der Wolf, hält sich derzeit jedenfalls in seinen Streifgebieten zwischen Elbe und Oder überwiegend an Schalenwild und Schafen schadlos. Und zu hoffen bzw. darauf zu warten, dass eine möglicherweise anwachsende Population der Grauhunde die ungeliebten Verwandten kurz halten würde, hieße damit zu kalkulieren, dass der Teufel den Beelzebub austreibt.

Bei einer Schulterhöhe von 25 bis 30 cm und einer Körperlänge von 50 bis 75 cm werden Marderhunde 5 bis 10 Kilo schwer und erreichen ein Höchstalter von 8 Jahren. Die langen Grannenhaare des grau-braunen Balges tragen auf und lassen den Rumpf des Enoks walzenförmig erscheinen. Dagegen wirken die kurz behaarten Läufe geradezu dünn. Auf den ersten Blick erinnert seine lebhaft gezeichnete Gesichtsmaske an den Waschbär, doch wird das schwarze Querband über Seher und Wangen durch einen hellen Nasenrücken geteilt. Der kurzen Rute fehlt auch die für den Waschbär so typische Ringelung. Von hinten ähnelt daher der Marderhund mehr dem Dachs, in seiner Fortbewegung jedoch dem Fuchs. Als Zehenspitzengänger bewegt er sich nämlich mit federnden Schritten, allerdings nicht schnürend, sondern im Passgang und trabt wie ein Hund.

Spur eines schnürenden Marderhundes

Seine Spur mit den vier gespreizten Zehen hebt sich deutlich von der Reinekes ab. Sie ist wesentlich breiter und wirkt dadurch im Vergleich zur ovalen Fuchsspur rund. Desgleichen schränkt sie deutlich. Die Sinnesleistungen der Marderhunde sind wenig ausgeprägt. Auf Bewegungen, Geräusche und Witterung reagieren sie bei weitem nicht so sensibel wie anderes Raubwild. Das erleichtert die Bejagung vom Ansitz aus.

Der Enok bevorzugt reich strukturierte Argarlandschaften mit Feuchtgebieten. Gerne steckt er sich in Dickungen, hohlen Bäumen, Holzpoltern, im Schilf und in Maisschlägen. Im Winter und zur Welpenaufzucht sucht er Baue von Fuchs und Dachs auf. Eigene gräbt er nur in Ausnahmefällen. Befahrene Fuchsbaue meidet er, doch kann er gleichzeitig mit dem Dachs stecken.

Marderhunde leben monogam. Es besteht demnach eine enge Paarbildung. Sie werden am Ende des ersten Lebensjahres geschlechtsreif und, ranzen zwi-

Rückt aus Osteuropa immer weiter nach Westen vor: der Marderhund

schen Ende Februar und Anfang April. Mitte April bis Mitte Mai wirft die Fähe durchschnittlich 10 (!) Welpen. Diese werden von beiden Elternteilen versorgt. Ende August/Anfang September sind die jungen Enoks selbstständig, verlassen das elterliche Streifgebiet und suchen ein unbewohntes. Dessen Größe variiert zwischen 250 und 700 ha, so dass es zu Siedlungsdichten von 4 bis 5 Marderhunden / 1000 ha kommen kann.

Enorm hohe Vermehrungsquote

Als sammelnde Allesfresser sind die Enoks täglich 12 bis 13 Stunden auf den Läufen; in der Aufzuchtzeit noch einige Stunden mehr. Doch bevorzugen sie bei der Nahrungssuche vegetationsreiches Terrain und meiden deckungsarmes (abgeerntete Felder, abgemähte Wiesen). Daher kommen sie auch nur sporadisch in Anblick.

An ausgelegten Aufbrüchen machen sie sich gerne genossen, auch schneiden sie erlegtes Schalenwild an. Wo Marderhunde bestätigt sind, lohnt es sich mitunter auf ihr Erscheinen zu warten, wenn ein Reh oder ein Stück Hochwild erlegt wurde und in Sichtweite des Hochsitzes verendet ist. Meistens kommen sie dann zu zweit und gewähren so aufgrund ihrer relativen Dickfelligkeit die Chance auf eine Dublette.

Bejagung

Marderhunde lassen sich verhältnismäßig einfach an eine Kirrung binden und nehmen sie schnell, regelmäßig und beizeiten an. Daher bietet sich der Ansitz geradezu an. Weil Sauen vom Enok frequentierte Kirrplätze meiden, können wir diese und unsere Ansitzeinrichtungen ganz auf das Raubwild abstimmen. Gekirrt wird mit Zuckerrüben, Obst, Mais und Maiskolben. Letztere, an Blechbüchsen befestigt, signalisieren bei schlechtem Licht die Anwesenheit des Caniden. Gute Erfolge erzielen wir auch mit Fisch bzw. Fischresten, Gescheide und Aufbrüchen. Wichtig ist ein heller Hinter- oder Untergrund: Schilf oder übereinander gestapelte Birkenstämmchen, ein Salzleckstein, der verschmutzt, zudem Enoks Besuche verrät, daneben Sägespäne, Sand, Stroh oder eine Wasserpfütze.

Die Ansitzeinrichtung darf ebenerdig sein und sollte für den Schrotschuss nicht mehr als 25 Meter vom Kirrplatz entfernt stehen. Wie bei allem Raubwild der Fuchsgröße wählen wir Schrotkorndurchmesser von 3,5 mm und schießen nur, wenn es breit steht. Immer wieder wird übrigens bezeugt, dass sich

Kommt immer häufiger in deutschen Revieren in Anblick: der Marderhund

ein beschossener und nicht verendeter Marderhund bei Annäherung des Schützen tot stellt. Das zu wissen, erspart einem böse Überraschungen. Frisch abgelassene Fischteiche ziehen den Marderhund magisch an, daher lohnt sich dort der Bau eines einfachen Schirms. Soll die Kugel zum Einsatz kommen, will selbstverständlich ein entsprechender Kugelfang beachtet sein. Im Erfolgsfall passen wir den Partner oder die Wurfgeschwister ab. In der Regel lassen sie sich nicht lange bitten.

Die finnische KaNu-Falle (200x150x 60 cm) ist für den Enok-Fang optimal

Bei Frost und Schnee lassen die Aktivitäten des Marderhundes stark nach. In seinem angestammten Lebensraum ist er nämlich Winterruher. Wir finden ihn dann im Bau. Um seiner habhaft zu werden, benötigen wir aber neben einem raubwildscharfen Hund auch Schanzzeug, denn der Enok springt so gut wie nie, wehrt sich nur halbherzig, lässt sich aber auch nach Möglichkeit nicht von seinem Gegner in Sackröhren oder Endkessel drängen.

Weiß er bei Treib- Riegel- oder Drückjagden sein Versteck umstellt, drückt er sich hartnäckig und stellt sich dem zupackenden großen Hund gegenüber rasch tot, um sich bei passender Gelegenheit davonzustehlen.

Schwierig gestaltet sich auch die Fangjagd. Erwachsene Marderhunde nehmen nämlich die große Kastenfalle, auch wenn sie beködert ist, im Gegensatz zur Betonrohrfalle nur ungern an. Welpen bis zum dritten Lebensmonat lassen sich dagegen mit einer reichlich dimensionierten (Fuchsgröße!) und mit Fisch beköderten Kastenfalle überlisten. Pro Geheck setzen wir dann mehrere Fanggeräte gut gedeckt in der Nähe des Wurfbaues ein.

Von den sofort tötenden Fallen verheißt die Rasenfalle die besten Resultate. Abzugseisen versprechen nur im Fanggarten bescheidenen Erfolg, nicht aber im Fangbunker, weil der Enok dort nur ungern einschlieft.

Bei entsprechendem Vorkommen stellt demnach der Ansitz die erfolgsträchtigste Methode dar. Hohe zweistellige Ergebnisse pro Saison, wie sie aus Revieren in den neuen Bundesländern vielfach gemeldet werden, sind dann keine Ausnahme.

Wer stoppt Meister Bockert?

Biologie und Lebensweise des Europäischen Bibers

Der Biber findet in der 10. Auflage dieses Buches erstmalig Berücksichtigung, da bereits reichlich von den großen Nagern „entnommen werden", wie es so schön in der Naturschützer-Sprache heißt. Seine Vermehrungsquote wird über kurz oder lang eine richtige, sprich offizielle Bejagung notwendig machen. Entscheidend dürfte sein, wann die politischen Vertreter des Naturschutzes einsehen, dass die enorm gewachsenen Besätze vernünftig reguliert werden müssen. Die dafür notwendigen Methoden mit Büchse, Flinte und Falle ähneln denen des Raubwildes. Deshalb können vor allem erfahrene Fallensteller bei dieser Aufgabe erfolgreich ihre Kenntnisse einbringen.

Die Biberbesätze in Deutschland entwickeln sich rasant. Mit zwei Jahren verlassen Jungtiere das elterliche Revier

Als größtes einheimisches Nagetier kann der Europäische Biber (*Castor fiber*) bis zu 140 Zentimeter lang und gut 30 Kilogramm schwer werden. Nahezu 40

Körperform und Verhalten belegen es: Wasser ist das bevorzugte Element des Bibers

Zentimeter seiner Gesamtlänge entfallen auf den „Kelle" genannten, unbehaarten, flachen Schwanz. Dieser dient dem ausgezeichneten Schwimmer und Taucher als Antriebsruder. Zusammen mit den Schwimmhäuten zwischen den Zehen der Hinterfüße, dem dichtbehaarten Fell (bis zu 23 000 Haare pro Quadratzentimeter – vierzigmal mehr als der Mensch) und der Möglichkeit, dieses mit Drüsensekret (Bibergeil) permanent einzufetten, ist er perfekt dem Lebensraum Wasser angepasst.

Tauchgänge bis zu 20 Minuten

Die Vorderextremitäten benützt er wie Hände, während er mit der Doppelkralle an der zweiten Zehe des Hinterfußes sein Fell bürstet und pflegt. Unter Wasser schützt der Biber seine Augen mit einer durchsichtigen Nickhaut. Außerdem verschließt er Ohren und Nasenlöcher vor dem Abtauchen. In der Regel bleibt er bis zu fünf Minuten unter Wasser. Unter Umständen dehnt er seine Tauchgänge jedoch bis zu 20 Minuten aus, ohne Luft zu holen. Charakteristisch für ihn sind die vier mächtigen, orangeroten Frontzähne. Sie weisen den Biber als Nager aus, wachsen ständig nach und sind mit einer eisenhaltigen Schmelzschicht überzogen. Die Großnager wittern und vernehmen ausgezeichnet, während der Sehsinn weniger gut ausgeprägt ist.

Männliche und weibliche Biber unterscheiden sich hinsichtlich Aussehen, Größe und Gewicht nicht. Säugende Weibchen lassen sich jedoch auf kurze

Distanz anhand der Striche identifizieren.

Biber erreichen in freier Wildbahn ein Alter von zehn Jahren und paaren sich im Winter. Einmal im Jahr, in der Regel im Mai, wirft das Weibchen im Biberbau zwei bis vier Junge. Diese kommen behaart und sehend auf die Welt. Nach einem Monat macht sie das Muttertier mit dem Wasser vertraut und säugt sie zwei Monate lang. Innerhalb der beiden nächsten Jahre lernen die Jungen alles, was sie fürs Biberleben brauchen: Nahrungsauswahl, Holzbearbeitung, Wasserbau, Hochbau, Gewässerkunde, Burg- und Vorratsbewirtschaftung sowie Revierverteidigung. Solange bleiben sie in Wohnraum und Revier. Demnach besteht eine Biberfamilie aus adulten Exemplaren und zwei Generationen an Nachwuchs.

Die Baumauswahl ist recht willkürlich und macht auch nicht vor dicken Harthölzern halt

Sie alle kommunizieren mittels Lautäußerungen und warnen, indem sie weithin hörbar mit der Kelle auf das Wasser platschen.

Ab einem Alter von zwei Jahren tritt die Geschlechtsreife ein. Spätestens jetzt müssen die Jungbiber weichen und sich ein eigenes Revier erschließen. Auf dem Weg dorthin und auch später gibt es so gut wie keine tierischen Feinde, von freilaufenden Hunden mal abgesehen. Auch gelegentliche Verkehrsopfer lassen die Population nicht merklich zur Ader. Daher wächst sie rasant und mit ihr das Konfliktpotenzial.

Biber verteidigen ihre Reviere gegen Artgenossen

Geeigneten Lebensraum finden die Wanderer in nicht von Artgenossen besiedelten Seen und Fließgewässern vom schiffbaren Fluss hin bis zum knöcheltiefen Rinnsal. Dabei beanspruchen sie bis zu fünf Kilometer Uferlänge, markieren mit Bibergeil und verteidigen ihr besetztes Revier gegen Artgenossen aggressiv mit Klauen und Zähnen.

Den Bau als trockene Behausung graben sie mit mehreren Röhren in Uferböschungen. Die Röhren sind vernetzt und dienen auch der Flucht, dem Spielen und der Vorratshaltung. Ihre Einlässe liegen stets unter der Wasseroberfläche. Wo Flachufer keine Grabbaue zulassen, schichtet der Biber reichlich Baumaterial zu einer Burg mit allen genannten Elementen.

Biber leben monogam. Fällt ein Partner aus, kann auch ein Mitglied des eigenen Nachwuchses den Ehepart übernehmen.

Als Pflanzenfresser greifen die Großnager auf ein breites Nahrungsspektrum zurück. Auf ihrem Speiseplan stehen Sumpf- und Wasserpflanzen, Blätter, Triebe und Zweige, Baumrinde, Obst, Mais und Zuckerrüben. Sie legen Wintervorräte in Form von Ästen an und ruhen nur, wenn die Gewässer komplett zufrieren.

Den Schwerpunkt ihrer Aktivitäten legen sie in die Nachtstunden. Dann begeben sie sich auf Nahrungssuche und beschaffen Material für Burg und Stauwerk Um den Pegel auf gleicher Höhe zu halten, errichten sie Dämme. Geschickt verstehen sie es, in kurzer Zeit Wasser zu stauen und Baumaterial so zu verankern und abzudichten, dass der Damm auch hohem Wasserdruck widersteht. Eventuelle Schäden bessern sie umgehend aus.

Die Kopfpräparation macht die mächtigen Nagezähne deutlich

In der Holzbearbeitung sind sie die unangefochtenen Meister in der Tierwelt. Innerhalb einer Nacht fällen sie mühelos oberschenkelstarke Bäume. Für solche bis zu einem Meter Durchmesser reichen ihnen zwei bis drei Nächte. Mit erstaunlicher Kraft transportieren sie armdickes Baumaterial oft 50 Meter bis hin zum Wasser und von dort zur Baustelle. Zu dicke Stämme lassen sie liegen und entrinden sie sukzessive. Ebenso verblüfft, wie Biber es schaffen, Steine bis zu einem Gewicht von acht Kilo zu befördern und als Baumaterial zu verwenden.

Kein Tier verrät seine Anwesenheit sichtbarer als der Biber. Kegelförmig abgebissene Stümpfe und nach dem Prinzip der Sanduhr benagte Bäume verraten den Neusiedler vom ersten Tag an.

Gefahr für Mensch und Tier durch angenagte Bäume

Bedauerlicherweise fällen Biber nicht jeden Baum umgehend. Manchmal werden mehrere bearbeitet, bleiben eine Zeitlang stehen, stürzen unvorsehbar und unberechenbar und bergen damit für den Menschen ein Gefahrenpotenzial. Auch hinsichtlich Wert und Nutzen der Stämme unterscheiden sich die Ansprüche des Nagers von denen der Menschen. Schäden durch Staunässe bleiben ebenfalls nicht aus, und wo der Biber gräbt, kann es unangenehm bis gefährlich werden. Unterminierte Brücken, Eisenbahn- und Autobahnböschungen und Schutzdeiche sind nämlich alles andere als ein Kavaliersdelikt.

Geliebt und gehasst

Als Kuscheltiere in Plüsch entzücken sie Kleinkinder, in Trickfilmen begeistern sie ganze Familien und erobern die Herzen im Sturm. So wundert es nicht, dass Bibern von einer breiten Bevölkerungsschicht, insbesondere in Städten, Sympathie entgegenschlägt, ihre Anwesenheit mit Wohlwollen registriert wird und sich Wanderungen auf Biber-Lehrpfaden zum festen Bestandteil der Freizeitgestaltung von Familien etabliert haben. Von langer Hand vorbereitet und geschickt initiiert, geht hier eine Saat auf. Wir haben ihn wieder und er ist für jedermann präsent.

Einst bereicherte sein Fleisch die kargen Küchenzettel, findige Kirchenvertreter funktionierten den Biber kurzerhand zur Fastenspeise um, sein Fell lieferte haltbare sowie hochnotierte Pelze. Bibergeil wurde für Duft- und Lockstoffe sowie als Inhaltsstoff von Heilmitteln aller Art verwendet. Desgleichen standen seine Lebensgewohnheiten den Ansprüchen einer sprunghaft wachsenden Bevölkerung sowie deren Land- und Gewässernutzung im Wege. Aufgrund intensivster Nachstellungen aller Art war *Castor fiber* in Deutschland so gut wie ausgerottet. Das sollte sich zur Jahrtausendwende hin grundsätzlich ändern.

Mit 120 ausgewilderten Bibern in Bayern fing es an

Zwischen 1966 und 1980 wilderten nämlich Mitglieder des Bund Naturschutz (BN) mit höchstem behördlichen Segen offiziell 120 Biber aus Nord- und Osteuropa in Bayern aus. Die Wiederansiedlung avancierte zum Volltreffer, denn die Großnager erwiesen sich als ebenso fruchtbar wie anpassungsfähig. Bald hatten sie ehemalige Lebensräume zurückerobert. Derzeit wird ihre Po-

Der Biber ist in der Lage, sein Biotop selbst zu gestalten. Das gefällt den Menschen nicht immer

pulation allein in Bayern auf über 20 000 Exemplare geschätzt – Tendenz steigend.

Doch Meister Bockert blieb nicht da, wo man ihn gerne gesehen hätte, sondern machte sich auch dort breit, wo man ihn partout nicht haben will: nämlich im unmittelbaren Siedlungsbereich des Menschen. Wer freut sich schon über einen Stromausfall, der durch einen vom Biber gefällten Baum verursacht wurde, über verstopfte Zu- und Abflüsse von Kläranlagen, unterhöhlte oder gebrochene Schutzdeiche bzw. -dämme, ausgespülte Wege, eingebrochene Felder im Uferbereich von Gewässern oder umgelegte Obstbäume, die zwei Generationen von Menschen gehegt und gepflegt hatten? Allenfalls welche, die keinen Schaden haben oder für ihn aufkommen müssen.

Nur Unbeteiligte stören sich nicht an den Schäden

Und so schaukeln sich Konflikte auf. Auf der einen Seite fordern fundamentalistische „Gutmenschen“, man möge bitteschön tolerieren bzw. sich freuen, dass die Biber Gewässer regulieren, Sünden der Landwirtschaft bereinigen und die Uferbepflanzung von Bächen umgestalten, also Teile der Kulturlandschaft renaturieren, auf der anderen Seite stehen „Wutbürger“, die für die Schäden aufkommen müssen, weil Eigentum verpflichtet oder der Gemeinnutz gefährdet ist. Diese verlangen in letzter Konsequenz die Beseitigung der Schadensverursacher, sogenannter Problemtiere.

Jagd auf den Biber

In der Richtlinie zum Bibermanagement, Stand 1. Oktober 2013, herausgegeben vom Bayerischen Staatsministerium für Umwelt und Verbraucherschutz heißt es:

„Der Biber ist im Anhang IV der Richtlinie 92/43/EWG (FFH-Richtlinie) aufgeführt. Nach § 7 Abs. 2 Nr.13 Buchst. b Doppelbuchst. aa, Nr. 14 Buchst. b Bundesnaturschutzgesetz (BNatSchG) ist der Biber besonders streng geschützt.

In Bayern können unter den Voraussetzungen des § 45 Abs. 7 BNatSchG im Einzelfall oder durch Verordnung von den Verboten Ausnahmen erlassen und unter den Voraussetzungen des § 67 Abs. 2 BNatSchG auf Antrag Befreiung erteilt werden." Und weiter: „Für den Vollzug der artenschutzrechtlichen Ausnahme- und Befreiungsregelung ist beim Biber die Kreisverwaltungsbehörde als untere Naturschutzbehörde (KVB) zuständig.

Bejagung in Bayern mit artenschutzrechtlicher Ausnahmegenehmigung

Nach § 2 Abs.5 Satz 1 Nr. 2 AAV sind zu Fang und Abschuss Personen berechtigt, die von der unteren Naturschutzbehörde förmlich bestellt sind. Sie müssen die erforderlichen Kenntnisse nachweisen und damit ein ordnungsgemäßes Betreiben und Beaufsichtigen der Fallen und Töten (*Anmerkung:* der gefangenen Biber) gewährleisten. Die notwendigen Kenntnisse für den Fallenfang können nach § 8 der Jäger- und Falknerprüfungsverordnung vom 20. Juni 2007 (GVBI S. 59) durch Prüfungszeugnis oder durch Besuch eines entsprechenden Fallenlehrganges nachgewiesen werden."

Auch Nichtjäger können sich durch Absolvieren eines speziellen mehrtägigen Lehrganges für den Lebendfang des Bibers und dessen Abfangen mittels Schusswaffen qualifizieren. Dabei ist die Erlaubnis für Besitz und zweckgebundene Verwendung von Feuerwaffen bei der zuständigen Behörde einzuholen.

Aneignung: „Biber, die rechtmäßig der Natur entnommen sind, sind gemäß § 45 Abs. 1 Nr. 1 Buchst. a BNatSchG vom Besitzverbot ausgenommen". Sie dürfen demnach verwertet werden. Somit ist erlaubt, den Biber oder Teile von ihm zu präparieren oder präparieren zu lassen, seinen Balg zu gerben oder gerben zu lassen und diesen weiter zu verarbeiten oder verarbeiten zu lassen. Desgleichen steht dem Verzehr des Wildbrets nichts im Wege. Verboten dagegen ist das Vermarkten des Bibers oder seiner Teile. Verschenken derselben ist wiederum erlaubt." (Quelle: Bayerisches Staatsministerium für Umwelt und Verbraucherschutz- Richtlinie zum Bibermanagement. Stand: 1. Oktober 2013).

Falle oder Schusswaffe?

Wenn es sich um einen einzelnen Biber handelt, ist der Abschuss mit Sicherheit die schnellere und effektivere Methode. Gut gedeckt im Schirm oder getarnt auf hoher Warte, erwartet der Jäger das „Problemtier" am Ausstieg oder am Pass. Dabei will der Wind beachtet sein. Bewegungen sind kontraproduktiv, desgleichen wäre es fatal, auch nur geringste Geräusche zu verursachen. Einmal vergrämt, meidet nämlich Meister Bockert in derselben Nacht die Gefahrenquelle. Mondlicht, Schnee oder zumindest heller Untergrund bieten gute Voraussetzungen für den Erfolg, entsprechendes Sitzfleisch vorausgesetzt.

Gilt das Trachten jedoch einer Biberfamilie, sieht die Sache anders aus. Schussknall und das Ausbleiben von Familienmitgliedern verknüpfen die Biber schnell und werden ausgesprochen scheu. Dort, wo Biberjagd zum Alltag gehört (wie z. B. in Schweden oder den baltischen Staaten), gilt sie deswegen als sehr anspruchsvoll.

Der Schuss auf den rinnenden Biber sollte unterbleiben. Normalerweise ragt nämlich nur der Kopf aus dem Wasser. Das unterscheidet Meister Bockert auch von Bisam, Nutria oder Otter, die ebenfalls in Biberhabitaten leben können.

Die Fallenjagd auf den Großnager verspricht den besten Erfolg. Sie müssen allerdings entsprechend stabil sein, wie z. B. diese von L. Karpfinger

Desgleichen raten erfahrene Biberjäger vom rauen Schuss ins Wasser ab, denn von der Garbe kommt zu wenig im wirksamen Bereich an, der getroffene Biber rollt über die Längsachse ab, taucht weg und verludert womöglich. An Land wiederum wirkt nur die aus kurzer Distanz auf den breit verhoffenden Nager abgefeuerte Garbe sofort tödlich. Besser soll hier Berichten zufolge Postenschrot sein.

Sicheren Erfolg verheißt dagegen das sauber im Kammerbereich angetragene und bei uns für den genehmigten Abschuss vorgeschriebene Teilmantelgeschoss im Reh- oder Hochwildkaliber. Doch ist der Jäger gut beraten, den aussteigenden Biber weit genug vom Wasser wegzulassen. Schafft es nämlich jener selbst nach einem guten Treffer noch dorthin, dann ist er im stehenden Gewässer zunächst einmal für gut eine Stunde verschwunden, im fließenden mit entsprechender Tiefe auf Nimmerwiedersehen abgetrieben.

Kanadische Trapper stellen dem Biber unter anderem erfolgreich mit der großen Conibear-Falle nach. Deren Effektivität und Tötungskraft ist unbestritten. In Bayern ist sie jedoch als Fanggerät nicht zugelassen. Überdies wäre ihr Einsatz in besiedelten Räumen nicht unbedenklich, weil sich nicht mit Sicherheit ausschließen lässt, dass auch ein Hund zwischen die Bügel gerät – mit fatalen Folgen für Vierbeiner und Fallensteller.

Biberfallen aus Metall für Lebendfang haben sich bewährt

Den Biber mit der Kastenfalle zu fangen ist weder eine Kunst noch eine Wissenschaft. Man muss jedoch seine Gewohnheiten kennen und über gute Ortskenntnisse verfügen. Dass bei dem Großnager eine Kastenfalle aus Holz wenig Sinn macht, liegt auf der Hand. Mittlerweile gibt es speziell für Meister Bockert entwickelte Lebendfallen aus Stahlblech und Aluminium. Sie messen 160x60x60 Zentimeter und wiegen bis 40kg.

Gestellt werden sie zwischen Oktober und Februar nach dem Prinzip „glatter Gang – glatter Fang“ ebenerdig und ohne Neigung auf den Pass. Biberpässe sind an sich unübersehbar. Wir wählen einen, der über einen Damm zwischen zwei Gewässern führt bzw. einen vom vielbelaufenen Ausstieg weg oder zur zur aktuellen Futterquelle hin. In Gräben mit konstant wenig Wasser kann die Falle auch auf der Sohle platziert werden, doch muss das Trittbrett frei sein. Nach dem Einbau darf sie sich bei Berühren weder bewegen noch irgendwelche Geräusche verursachen. Sie zu verwittern ist übrigens nicht zwingend erforderlich. Dagegen forcieren wir den Erfolg, wenn wir mit Hilfe von feinem Maschendraht oder Baustahlgewebe einen trichterförmigen Zwangswechsel anlegen.

Als Köder haben sich Äpfel bestens bewährt. Sie nimmt der Biber gern an. Wichtig ist, dass er mit ihren Geruch und Geschmack vertraut gemacht, also

Die spezielle Biberfalle von Metallbau Müller in aussichtsreicher Position zwischen zwei Teichen

gekirrt wurde. Beim Biberfang ist Klotzen besser als Kleckern: Mehrere Fallen gleichzeitig aufgestellt, erhöhen die Fangchancen und lassen die Quote in die Höhe schnellen. Eine ganze Biberfamilie in wenigen Tagen zu fangen, ist dann nicht illusorisch.

Anders als der nicht-jagende Fänger benötigt der Jäger im eigenen Revier weder einen Abfangkasten noch eine Transportbox. In den meisten Fällen jedoch einen Anhänger zum Fallentransport und einen Helfer beim Aufstellen. Zweimaliges Kontrollieren am Tag ist Pflicht. Es sei denn, man würde einen zuverlässigen Fangmelder installieren, der einen von überflüssigen Fahrten entbindet.

Übrigens werden Fanggenehmigungen nach aller Erfahrung bereitwilliger erteilt als der Abschuss. Die Notwendigkeit wird indes selbst von BN-Funktionären nicht mehr in Frage gestellt. Der BN-Landesbeauftragte Richard Mergner wird in den Nürnberger Nachrichten am 25. Februar 2016 so zitiert: „Aber wir akzeptieren ja, dass in Bayern pro Jahr mehr als 1 000 Biber getötet werden, um die Population zu begrenzen".

Meister Bockert konnte den angebotenen Leckerbissen nicht widerstehen und ist in die Falle gegangen

Bemerkungen zum Fang des Raubwildes

Die Statistiken weisen es eindeutig aus: Es gibt heute mehr Raubwild denn je, und es kommt vor allem mehr zur Strecke. Das mag sicherlich daher rühren, dass sich das Interesse vieler Jäger mangels Alternativen nun den Pelzträgern widmet, andererseits darf die sprunghafte Zunahme z.B. des **Steinmarders** nicht übersehen werden. Er, dessen nächtliche Lebensweise das wirkliche Vorkommen und die Bestandsdichte verschleiert, stellt heute neben dem Fuchs das Hauptkontingent des zu fangenden Raubwildes,obwohl sein Balg zur Zeit nicht mehr hoch im Kurs steht.

Es gibt mehr Raubwild denn je

Bejagen lässt er sich primär nur mit Hilfe der Falle. Die paar ausgeneuten, ausgeklopften oder gesprengten bzw. gezielt oder zufällig am Ansitz erbeuteten Weißkehlchen fallen nämlich bei der Gesamtstrecke kaum ins Gewicht. Den Steinmarder zu fangen, setzt mit den geeigneten Geräten unter Verwendung der passenden Köder keine übergroße Kunstfertigkeit voraus. Wir spüren ihn heute praktisch in jedem Revier, und seine Losung verrät die Anwesenheit selbst in sehr dicht besiedelten Gebieten. Seine Vertrautheit mit menschlicher Wittrung erleichtert zudem unser Vorhaben sehr.

Wesentlich seltener geht dagegen der **Baummarder** in die Falle. Einmal deswegen, weil seine Populationsentwicklung nicht mit der des Steinmarders Schritt hält, aber auch, weil sein Domizil in erster Linie die Wälder sind, selbst wenn ihn seine Streifzüge manchmal bis ins Feld führen. Sofern sich sein Territorium in den Forsten oder großen Waldinseln befindet, die Hochwild beherbergen, darf sich der früher wegen seines hoch dotierten Balges auch „Förstersbrot“ genannte Edelmarder heute ziemlich ungestört fühlen, denn nur wenige Revierinhaber dulden des Rotwildes wegen eine zusätzliche Beunruhigung der potentiellen Einstände durch den Fallenjäger. Wo aber nicht gefangen wird, fallen auch keine Strecken an. Auch das wirkt sich auf Statistiken aus und verleitet zu voreiligen Rückschlüssen.

Streckenstatistiken verleiten zu voreiligen Rückschlüssen

Der Edelmarder legt auch mehr Misstrauen gegenüber menschlicher Anwesenheit an den Tag und reagiert entsprechend vorsichtig. Bejagt wird er aber im Prinzip wie der Steinmarder. Für viele Nicht-Fallenjäger zählt er zu dem begehrenswertesten Raubwild überhaupt.

Mit dem **Iltis** verhält es sich umgekehrt wie mit dem Steinmarder: Er, einst überall in großer Anzahl heimisch, verschwand aus vielen Revieren, und zwar dort, wo die Flurbereinigung ihm die Existenzgrundlage entzogen hat. Daher

Ein Teil des Reviers aus der „Adlerperspektive". Die eingekreisten Ziffern kennzeichnen ab Seite 170 abgebildete Fangplätze

gehört seine Erbeutung längst nicht mehr für jeden Fänger zum Alltag. Doch greifen mittlerweile auch hier Renaturierungsprogramme mit dem Erfolg, dass der „Stänker“ wieder alte Lebensräume besiedelt und sich besatzmäßig eindeutig auf dem Vormarsch befindet.

Effektive Marderbejagung ist nur mit der Falle möglich. Hier eine Dezemberstrecke von 21 Steinmardern

Dem **Hermelin** wird weniger des Pelzes wegen nachgestellt, denn seine Hauptfangzeit liegt lange vor dem Haarwechsel. Aufgrund seiner Anpassungsfähigkeit und Vermehrungsfreudigkeit sollte ihm der Niederwildjäger im Dienste der Hasen-, Fasanen- und Rebhuhnhege Aufmerksamkeit schenken. In manchen Revieren sind Strecken bis zu 100 Wiesel und mehr keine Seltenheit. Das erlaubt Rückschlüsse auf die Population sowie deren Dynamik und beweist, dass der Wieselfang kein Kunststück sein muss.

Jedes Raubwild verlangt eine spezielle Jagdstrategie

Dort, wo der **Waschbär** zur Geißel des Niederwildes geworden ist, kommt seiner Bejagung mit der Falle besondere Bedeutung zu, denn auf andere Art dürfte er kaum zu kriegen sein. Allein sein herrlicher Balg sollte schon Anreiz genug zum Fang bieten.

Den **Marderhund** wiederum erbeuten wir am sichersten vom Ansitz am Kirrplatz aus.

Den **Fuchs** dagegen nur mit der Falle kurzhalten zu wollen, grenzt meines Erachtens an Utopie. Er fängt sich nämlich trotz reichlichen Vorkommens schwerer als alles andere Raubwild. Oft führt seine Spur zur Falle – und fast ebenso oft nach Umkreisen derselben wieder weiter. Als einziges Raubwild kommen wir ihm auch anderweitig wirksam bei: mit Kugel, Schrot und Bauhund. Ein Dutzend gefangener Winterfüchse pro Saison ist schon viel und ein imponierendes Aushängeschild für den Fänger, ungeachtet der Tatsache, dass es einige wenige Spezialisten auf bis zu 50 Füchse pro Saison bringen. Trotzdem: Gegen das, was ein tüchtiger Hund vor die Flinte des Baujägers sprengt, nimmt sich die erstgenannte Zahl bescheiden aus. Der Anfänger sollte also seine Erwartungen bezüglich Reineke nicht zu hoch schrauben.

Katzen sind der häufigste Feind des Niederwildes

Katzen – auch verwilderte – laufen in gar nicht wenigen Revieren mehr als genug herum. Sie mit Hilfe der Falle lautlos und damit unauffällig zu beseitigen, entlastet angeschlagene Niederwildbesätze spürbar und leistet einen wichtigen Beitrag zur Hege. Zu erwischen sind Katzen leicht – einfacher jedenfalls als alles Raubwild.

Die rechtliche Seite der Fangjagd

Für die Fallenjagd bildet § 1 Abs. 4 BJagdG die Rechtsgrundlage. Danach ist der Fallenfang eine dem Erlegen gleichgestellte Form der Jagdausübung.

Diese erstreckt sich auf das Aufsuchen, Nachstellen, Erlegen und Fangen von Wild und zwar nur für die nach § 2 BJagdG dem Jagdrecht unterliegenden Tierarten, einschließlich der nach Landesrecht für jagbar erklärten Tierarten.

Das Aufstellen von Totfangfallen begründet generell eine Gefahr für Mensch und Tier, weswegen der Betreiber verpflichtet ist, alles ihm Zumutbare zu tun, um diese Gefahren geringstmöglich zu halten, damit weder Mensch, noch Haustiere bzw. nach dem Naturschutzrecht geschützte freilebende Arten verletzt oder getötet werden.

Weil die Anforderungen an die Sicherheit mit der Gefährlichkeit des Fanggerätes wachsen, gelten für Fangeisen auch besondere Sicherheitsanforderungen:

Eine Auswahl an Totschlag- und Lebendfallen. Über ihre Zulassung befinden die Ländergesetze

Wehe, wenn es zu Unfällen mit Fanggeräten kommt (hier nachgestellt!) und dem Fallensteller grobe oder auch nur einfache Fahrlässigkeit nachgewiesen wird

- Fangplätze müssen entlegen sowie abgeschirmt sein
- Warnschilder dürfen nicht fehlen
- Eine Sichtverblendung nach außen ist notwendig
- Das Fanggerät muss durch Bunker, Fanggarten oder geschlossenen Raum abgeschirmt sein
- Der Fangbunker selbst muss abgeschlossen sowie mit einer Eingriffssicherung versehen sein, ferner darf eine Selbstauslösung des Eisens nicht fehlen, sobald der Deckel unbefugt geöffnet wird.
- Ein Warnschild unter der Verblendung macht unmissverständlich auf die Gefahr aufmerksam, ruft jedoch Neugierige nicht schon von weitem auf den Plan.

Bundesweit gilt:

1. Fallenjagd ist Jagdausübung und bedarf eines Jagdscheins. Bloße Kontrolle und Abtransport tot gefangenen Wildes sind dagegen als Hilfsdienste nicht jagdscheinpflichtig.(Der Abtransport lebend gefangenen Wildes durch einen Nicht-Jagdscheininhaber dagegen würde gegen das Tierschutzgesetz verstoßen).
2. Zugelassen sind nur Fallen, die entweder sofort töten oder unversehrt lebend und dazu selektiv fangen (s. Landesrecht!). Tellereisen sind verboten.
3. Totfangfallen dürfen nur gestellt werden, wenn alles Wild, dass sich darin fan-

gen kann, an diesem Tag auch Jagdzeit hat (selektiver Fang!). Ansonsten würde der Tatbestand eines fahrlässigen Schonzeitvergehens vorliegen. In der Setz- und Aufzuchtzeit (1. März bis 15. Juni) darf keine Fallenjagd ausgeübt werden.

Hohe Sicherheitsanforderungen für Fallenjagd

4. Totfangfallen sind publikumssicher abzuschirmen, zu verblenden, und mit einem Warnschild zu versehen.
5. Alle Fallen sind morgens, Wiesel-Wippbrettfallen zusätzlich nachmittags zu kontrollieren; lebendes Wild ist entweder sofort tierschutzgerecht zu töten oder unversehrt freizulassen.
6. Gefangenes Wild ist Eigentum des Jagdausübungsberechtigten/ Revierinhabers. Wegnahme wäre daher Diebstahl (nicht Wilderei!).
7. Totfangfallen dürfen nicht innerhalb der Schutzzonen von (200 m / 300 m / 500 m – je nach Landesrecht!) aufgestellt werden, wenn sich darin Katzen fangen können. Fangen sich Katzen außerhalb der Schutzzonen lebend (unversehrt!) dürfen sie in Baden-Württemberg nicht getötet, in Bayern nur getötet werden, wenn sich der Besitzer nicht eindeutig und in zumutbarer Weise feststellen lässt, in Hessen dann, wenn der Eigentümer unbekannt ist und in Nordrhein-Westfalen nur dann,wenn dies aus tierschutzrechtlichen Gründen notwendig ist. In den übrigen Bundesländern dürfen Katzen außerhalb der Schutzzonen getötet werden. Hunde sind grundsätzlich als Fundsachen abzuliefern. In Hessen dürfen sie getötet werden, wenn der Eigentümer unbekannt ist, in Nordrhein-Westfalen, wenn dies aus tierschutzrechtlichen Gründen notwendig ist.
8. Fangeisen müssen folgende Mindestklemmkräfte mit einer Toleranz von ± 10 Prozent aufweisen:

Bügelweiten 37 cm = 150 N(ewton)
Bügelweiten 46 cm = 175 N
Bügelweiten 56 bis 60 cm = 200 N
Bügelweiten 70 cm = 300 N

Vorgeschriebene Klemmkräfte für Fangeisen

Für Conibearfallen gilt:
C 120 = 120 N
C 220 = 200 N
C 280 = 230 N
C 330 = 350 N
C 120 Mag. = 250 N.

Ohne Schloss oder wenigstens Selbstauslösung bietet auch der Bunker Risiken. In solchen Fällen haftet der Fallensteller.

Weil es den einzelnen Ländern vorbehalten ist, die Regelungen des Bundesjagdgesetzes zu präzisieren bzw. sie einzuschränken, finden wir auch sehr voneinander abweichende Ländervorschriften vor.

Baden-Württemberg erlaubt beispielsweise nur Abzugseisen zum Totfang und fordert folgende Mindestmaße für Kastenfallen:
Fuchs und größer:
L = 130 cm, B = 25 cm, H = 15 cm
Kleiner als Fuchs: L = 100 cm, B = 15 cm, H = 15 cm, Einschlupf 13 x 15 cm
Wieselwippbrett-Kastenfalle: L = 50 cm, B = 8 cm, H = 8 cm vorn und 13 cm hinten
Röhrenfallen für alle Wildarten: L = 200 cm, Durchmesser = 25 cm.
Drahtgitter sind nur bei Kontrollöffnungen zulässig. In geschlossenem Zustand muss der Fangraum abgedunkelt sein.

Wiesel-Wippbrettfallen sind mittags und abends zu kontrollieren, spätestens jedoch 12 Stunden nach dem Fängischstellen.

Alle Fallen sind vom Eigentümer zu kennzeichnen und innerhalb von drei Monaten bei der Unteren Jagdbehörde anzumelden. Zur Kennzeichnung vergibt diese Schilder mit Nummern. Im befriedeten Bezirk darf der Eigentümer/Nutzungsberechtigte die Fangjagd auf Füchse, Wildkaninchen und Steinmarder ausüben, wenn er einen Fallensachkundenachweis besitzt und die Untere Jagdbehörde die Fangjagd gestattet hat.

Jedes Bundesland hat seine eigenen Vorschriften

In **Bayern** muss der Fallensteller einen Fallenlehrgang absolviert haben. Erlaubt ist die Fangjagd auf Raubwild und Wildkaninchen mit Fallen, die entweder sofortiges Töten oder unversehrten Lebendfang gewährleisten.

Fangeisen müssen a) zusätzlich auf ihre Betriebssicherheit überprüft werden b) so gekennzeichnet sein, dass sich der Besitzer feststellen lässt c) wie alle anderen Schlagfallen bei Verwendung der Unteren Jagdbehörde angezeigt werden

Im befriedeten Bezirk benötigt der Fallensteller, sofern er keinen Jagdschein besitzt, zum Sachkundenachweis per Fallenlehrgang auch die behördliche Fanggenehmigung.

In **Hessen** ist die Fangjagd zulässig, soweit sie zur Reduzierung des Raubwildbesatzes erforderlich ist. Über die Notwendigkeit der Fangjagd in ihrem Gebiet befindet die Hegegemeinschaft. Der Jagdausübungsberechtigte hat die zu fangenden Wildarten und die Art der Fanggeräte der Hegegemeinschaft mitzuteilen, damit diese ihre Festlegungen treffen kann.

Es dürfen nur durch das Ministerium bauartzugelassene Fallen verwendet werden.

Mindestmaße für Lebendfang-Fallen in Hessen

Für den Totfang sind nur Schwanenhals und Eiabzugseisen (Mindestklemmkräfte s. BJG!) zugelassen. Lebendfangfallen müssen folgende Mindestmaße aufweisen:

<u>Kasten- und Röhrenfallen</u>

- für Fuchs, Dachs, Waschbär, Marderhund und Nutria: L = 130 cm, B = 25 cm, H = 25 cm (oder 25 cm im Durchmesser);
- für Marder, Iltis, Wildkaninchen: L = 100 cm, B = 15 cm, H = 15 cm (oder 15 cm im Durchmesser)
- Wippbrettfallen für Hermeline: L = 80 cm, B = 10 cm, H = 10 cm vorne und 15 cm hinten, zusätzlich ist eine Gewichtsarretierung notwendig, damit sich keine kleineren Tiere (Mauswiesel!) fangen können.

Jeder Fangjäger muss an einem anerkannten Ausbildungslehrgang (Landesjagdschule oder vergleichbar) zum Nachweis seiner Sachkunde teilgenommen haben.

Der Eigentümer eines befriedeten Bezirkes darf darin Wildkaninchen und Raubwild mit Jagdzeit außerhalb der Schon- und Setzzeit (1.3. bis 15.6.) erbeuten, sofern er an einem Fallenlehrgang (s.o!) teilgenommen hat.

Wer Katzen innerhalb der Schutzzonen tödlich fängt, handelt gesetzeswidrig

Desweiteren wurde durch Verwaltungsvorschrift zusätzlich geregelt (aktuelle Verwaltungsvorschriften beachten!), dass die jeweilige Hegegemeinschaft auch die zur Fangjagd berechtigten Personen festlegt die Fangjagd mit Totfangfallen in Siedlungsnähe oder in Bereichen, die von Menschen regelmäßig begangen werden(u.a.Wege, Sport-, Spiel-, Parkplätze) nur in der Zeit von zwei Stunden vor Sonnenuntergang bis zwei Stunden nach Sonnenaufgang ausgeübt werden soll;

- Totfanggeräte mindestens einmal innerhalb dieser Frist kontrolliert werden müssen
- Lebendfanggeräte für Hermeline täglich innerhalb der zwei Stunden nach Sonnenaufgang und zudem alle sechs Stunden zu kontrollieren sind
- Totfanggeräte dauerhaft so zu kennzeichnen sind, dass ihr Eigentümer feststellbar ist
- Totfangfallen vor Beginn der Fangsaison von Beauftragten der Hegegemeinschaften auf ihre Mindestklemmkräfte zu überprüfen sind
- zur Fangjagd nur Berufsjäger, bestätigte Jagdaufseher, Forstleute und Absolventen eines Ausbildungslehrganges des LJV berechtigt sind.

In NRW ist der Totfang verboten

Nordrhein-Westfalen verbietet den Totfang. Lebendfangfallen müssen für den Einzelfang bestimmt sein,vermeidbare Verletzungen ausschließen und ausreichend großen Freiraum bieten;

Wippbrettfallen müssen folgende Innenmaße aufweisen: 80 cm / 10 cm / 15 cm und zudem über ein rundes Fluchtloch von 2 cm Durchmesser (Mauswiesel, Mäuse) verfügen;

Bei Abzugseisen mit Bügelweiten zwischen 37 cm und 60 cm soll über den losen Bügel gefangen werden;

Lebendfangfallen dürfen dem gefangenen Wild keine Sicht nach außen gestatten;

Lebendfangfallen müssen morgens und abends kontrolliert werden

Die Köder von Tot- und Lebendfangfallen müssen so verblendet sein, dass Beutegreifer, die auf Sicht jagen, diese nicht eräugen und sich somit auch nicht fangen können;

Marderabzugseisen dürfen nur in Fangbunkern gestellt werden.

Totfangfallen müssen morgens, Lebendfangfallen morgens und abends kontrolliert werden;

Der Eigentümer/Nutzungsberechtigte des befriedeten Bezirks und dessen Beauftragter darf jederzeit Wildkaninchen erbeuten. Dabei sind die jagd- und tierschutzrechtlichen Bestimmungen einzuhalten.

In den übrigen Bundesländern sind ähnliche Einschränkungen der Fangjagd geplant.

Pannen bzw. Malheure im Zusammenhang mit der Fallenjagd werden in aller Regel schwer geahndet. So drohen dem Fallensteller bei Verstößen gegen Sicherheitsvorschriften und daraus resultierenden Unfällen:

Pannen bei der Fallenjagd haben üble Konsequenzen

- strafrechtliche Verurteilung zu einer Geld- oder Freiheitsstrafe
- zivilrechtliche Verurteilung zu Schmerzensgeld (Personenschaden) und Schadenersatz
- Verlust von Jagdschein, Waffenbesitzkarte, Jagdwaffen und Jagdrevier (Unzuverlässigkeit)

bei rechtswidriger Verletzung/Tötung eines fremden Haustiers:

- Schadenersatz
- bei Vorsatz auch Geld- oder gar Freiheitsstrafe

bei fahrlässigem Schonzeitvergehen:

- Geld- oder Freiheitsstrafe

bei Verstößen gegen das Naturschutzrecht (nicht jagdbare Tiere):

- Geldbuße/Geldstrafe

Vom Bundesjagdgesetz

	Bay.	B-W.	Hes.	R-Pf.	NRW	Nds.	S-H
Zusätzlicher Sachkunde-Nachweis	ja	nein	ja	ja	ja	ja	ja
Besondere Verkehrssicherungspflicht/Funktionsprüfung	ja	ja	ja	ja	ja	ja	ja
Kennzeichnungspflicht	ja	ja	ja	ja	ja	ja	ja
Totschlagfallen							
Conibear	nein	nein	nein	nur mit Genehmigung der UJB	Totschlagfallen nicht erlaubt	ja auf Zug	nein
Eiabzugeisen	150 N	150 N	150 N			150 N	200 N
Schwanenhals	175–300 N	175–300 N	175–300 N			175–300 N	225–300 N
Schlagfalle	ja	ja	ja			ja	ja
Rasenfalle	ja	ja	ja			ja	ja
Schlagbaum	nein	nein	nein	nein		nein	nein
Knüppelfalle	nein	nein	nein	nein		nein	nein
Scherenfalle	nein	nein	nein	nein		nein	nein
Lebendfang							
Kastenfalle	ja	130/25/15	130/25/25	ja	ja	ja*	ja
Rohrfalle	ja	200/25	ja	ja	ja	ja	ja
Jungfuchsfalle	ja	ja**	ja	ja	ja	ja	ja
Wieselwippbrettfalle	ja	ja	80/10/10/15	ja	80/10/15	ja	nein
Zahl der Kontrollen pro Tag	1/2*	1/2*	1/2*	1/2*	1/2*	1/2*	1

*Wieselwippbrettfallen sind alle 6 Stunden zu kontrollieren

abweichende Regelungen (Stand 1/2016)

Saarl.	M-Vp.	BB.	Sachs.	Sa-An.	Thür.	HH	HB	Berl.
nein	nein	nein	nein	nein	nein	nein	nein	ja
ja	ja	ja	ja	ja	ja	ja	ja	ja
k.A.	nein	nein	nein	nein	nein	nein	nein	
Totschlagfallen nicht erlaubt	ja	ja	ja	ja	ja	ja	ja	Totschlagfallen nicht erlaubt
	k.A.	k.A.	k.A.	k.A.	k.A.	k.A.	k.A.	
	k.A.	k.A.	k.A.	k.A.	k.A.	k.A.	k.A.	
	k.A.	k.A.	k.A.	k.A.	k.A.	k.A.	k.A.	
	k.A.	k.A.	k.A.	k.A.	k.A.	k.A.	k.A.	
	k.A.	k.A.	k.A.	k.A.	k.A.	k.A.	k.A.	
.A.	k.A.	k.A.	k.A.	k.A.	k.A.	k.A.	k.A.	
	k.A.	k.A.	k.A.	k.A.	k.A.	k.A.	k.A.	
ja	k.A.	k.A.	k.A.	k.A.	k.A.	k.A.	k.A.	nur mit Ausnahmegenehmigung
ja	k.A.	k.A.	k.A.	k.A.	k.A.	k.A.	k.A.	
ja	ja	ja	ja	ja	ja	ja	ja	
ja	k.A.	k.A.	k.A.	k.A.	k.A.	k.A.	k.A.	
1/2*	k.A.	k.A.	k.A.	k.A.	k.A.	k.A.	k.A.	

Zeit- und Kostenaufwand

Wer sich der Fangjagd widmet, sollte sich zuallererst darüber im Klaren sein, dass dieses Waidwerk besonders viel Zeit in Anspruch nimmt. Solange nämlich Fanggeräte im Einsatz sind, ist die tägliche Kontrolle Pflicht! Das ergibt in einer Saison von Mitte November bis Mitte Februar immerhin etwa 90 Kontrolltage.

Bei einer größeren Anzahl von Fallen verschlingen Anfahrt, Nachschau, Einbau usw. im Schnitt zwischen zwei und drei Stunden täglich – selbst mit Hilfe des Autos. Nicht eingerechnet sind die Stunden für Auskundschaften und Anlegen der Fangplätze sowie das Kirren. Auto und Wegenetz relativieren allerdings heute die Entfernung.

Damit muss die Fangjagd nicht mehr das Privileg des Ortsansässigen sein. Doch auch er kommt normalerweise nicht ohne die Dienste des Vierrades aus. Denken wir nur an den Transport von Fanggerät, Zubehör und Beute. Leider fährt das Auto nicht umsonst, daher schlägt sein Unterhalt bei den laufenden Kosten am meisten zu Buche. 40 bis 50 Kilometer täglich sind keine Ausnah-

Eine Auswahl an Fallen, die im Handel angeboten werden

Die Auswahl ist groß. Einsteiger sollten auf den Rat erfahrener Trapper hören

me, wenn die Fallen sich übers ganze Revier verteilen. Da läppert sich im Laufe einer Saison einiges zusammen. Sicher kann man die Fallenkontrolle am Wochenende oder in der arbeitsfreien Zeit noch mit anderen anfallenden Revierdiensten wie Füttern und ähnlichem verbinden. Doch bei der Mehrzahl der Tage wird dies nicht der Fall sein.

Auch die anderen Aufwendungen reißen zunächst einmal ein Loch in die Kasse. So sind derzeit für fünf Eiabzugseisen bester Qualität rund 400 Euro zu entrichten und ca. 100 Euro pro Schwanenhals, weitere 30 für den unverzichtbaren Spannhebel und annähernd 180 Euro pro Kastenfalle. Somit belaufen sich die Investitionen für die Grundausstattung auf 500 bis 1.000 Euro, das Material für Fangbunker oder Rasenfallen nicht eingerechnet. Einmal angeschafft, halten jedoch die Eisen viele Fangperioden.

Der Erfolg freilich heiligt den Aufwand. Der geschickte Fänger hat auch am Ende der Saison einiges aufzuweisen. Das ist nicht selten mehr als das, was der passionierte Fuchs- oder Saujäger mit ebenfalls großem Zeit und Kostenaufwand nach Hause bringt.

Ohne Zeit- und Kostenaufwand kein befriedigender Lohn

Vor allem aber macht er sich im Niederwildrevier verdient und bewegt sich in einer Jagdnische, die niemanden weh tut: Er stört keinen Mitjäger, er nimmt keine Ansitzplätze weg, er schießt niemandem etwas vor der Nase weg und stellt für den an der Fallenjagd nicht interessierten Zunftgenossen keine Konkurrenz dar.

Fangen im befriedeten Bezirk und im Revier

Bekanntlich ruht im befriedeten Bezirk die Jagd. Demnach haben wir auch keinen Anspruch, in Gehöften, Vorgärten, Feldscheunen und Einzäunungen unsere Fanggeräte aufzustellen. Vielmehr bedürfen unsere Aktivitäten der jeweiligen Erlaubnis des betreffenden Eigentümers.

Fangen im befriedeten Bezirk nur mit Genehmigung des Grundeigentümers

Diese bekommen wir nach meiner Erfahrung in der Regel bereitwillig erteilt, wenn der genaue Fangplatz abgesprochen wird, Sicherheitsvorkehrungen getroffen sind, Haustiere durch die Fallen keinen Schaden nehmen und der Zweck des Fangens einsichtig gemacht wird. Ja, wir dürfen sogar mit der aktiven Unterstützung des Jagdgenossen rechnen, denn das Interesse an der Beseitigung der Räuber wurzelt traditionell tief, auch wenn heute in der Landwirtschaft die Geflügel- und Kleintierhaltung stark zurückgegangen ist. Natürlich sagen wir unsere Hilfe zu, wenn uns der Taubenzüchter, Mardergeschädigte bzw. -gestörte darum ersucht.

So uns am Balg gelegen ist, müssen wir aber den Fangerfolg solange hinauszögern, bis die Jagdzeit diesen legitimiert und der Balg auch verwertbar ist. Nun passiert es aber immer öfter, dass ein Fänger von wildfremden Leuten händeringend um Hilfe gebeten wird. Sei es, dass sich die Hausbesitzer durch Marderaktivitäten um den Schlaf gebracht fühlen, sei es, dass Marder die abgestellten Autos heimsuchten. Sollte sich der Ort des Geschehens nicht innerhalb der eigenen Reviergrenzen abspielen, empfiehlt sich die Rücksprache mit dem zuständigen Jagdpächter. Falls er selbst am Fangen kein Interesse verspürt, wird er die „Pflicht" gerne übertragen. Er hat jedoch nicht das Recht, einem vom Grundstückseigentümer zu Hilfe gerufenen Jäger die Fangaktivität zu untersagen.

Fang in der Schonzeit nur mit behördlichem Segen

Weil gerade befriedete Bezirke sehr gute Marderstrecken verheißen, wird der passionierte Fänger nicht ohne sie auskommen wollen. Dazu gehört auch, die Selbsthilfe – sie bedarf in jedem Fall der behördlichen Genehmigung, wenn der Grundstückseigentümer keinen Jagdschein besitzt bzw. keinen Fallenkurs besucht hat – so weit wie möglich einzudämmen. Handelt es sich beim Grundstückseigentümer dagegen um einen Jäger oder wird ein solcher vom Grundstückseigentümer beauftragt, gilt die Genehmigung innerhalb der Jagdzeit als erteilt. Während der Schonzeit allerdings benötigen alle Fänger den behördlichen Segen.

Eine Fangerlaubnis grundsätzlich zu versagen, wird sich wohl jeder Sachbearbeiter der Behörde selbst in der Setz- und Aufzuchtzeit reiflich überlegen,

Auch im befriedeten Bezirk gelten strengste Sicherheitsmaßnahmen.

wenn der Geschädigte Regressansprüche ins Feld führt. Mir sind auch Fälle bekannt, wo zunächst erteilte Auflagen (Lebendfang) unter dem Druck der Ereignisse aufgehoben wurden. Alle Fangeisen fallen unter die sogenannten „gefährlichen Fanggeräte". Somit trägt der Fallensteller – auch im befriedeten Bezirk – die alleinige Verantwortung und muss in jedem Einzelfall prüfen, ob die Anwendung überhaupt vertretbar ist.

Fallensteller trägt die alleinige Verantwortung

Zum Glück kennt der befriedete Bezirk kein allgemeines Betretungsrecht. Damit reduziert sich auch der Personenkreis und mit ihm die Wahrscheinlichkeit, dass sich Unbefugte am Fangplatz zu schaffen machen. Aus dieser Sicht ist eine den Verhältnissen entsprechend abgesicherte Falle dort besser aufgehoben als draußen.

Unfallverhütungsvorschriften peinlich genau beachten!

Natürlich sind die Unfallverhütungsvorschriften peinlich einzuhalten. Sie besagen im wesentlichen, dass:

- Fangeisen nur mit einem Spannhebel gespannt werden dürfen;
- Fangeisen nur mit einem Stock entsichert werden dürfen;
- verlegte Fangeisen nur mit einem Stock gesucht werden dürfen;
- und – regional verschieden – Fangeisen nur bei Nacht fängisch gestellt sein dürfen, tagsüber jedoch gesichert werden müssen.

Weiterhin sollten Grundeigentümer, Mitjäger und Reviernachbarn in Kenntnis gesetzt werden, wenn ein Schwanenhals außerhalb eines Fangbunkers oder Fanggartens (Ländergesetze beachten!) aufgestellt wird.

Als befriedete Bezirke gelten:

a) Gebäude, die zum Aufenthalt von Menschen dienen und Gebäude, die mit solchen räumlich zusammenhängen;

Befriedete Bezirke können besonders fangträchtig sein. Doch ist das Fangen hier genehmigungspflichtig

b) Hofräume und Hausgärten, die unmittelbar an ein für den ständigen Aufenthalt von Menschen bestimmtes Wohngebäude anstoßen und durch irgendwelche Umfriedungen begrenzt oder sonst vollständig abgeschlossen sind;
c) sonstige überbaute Flächen im Geltungsbereich eines Bebauungsplanes und Flächen innerhalb der im Zusammenhang bebauten Ortsteile (Bayern);
d) Friedhöfe;
e) Tiergärten (Bayern, Thüringen, Sachsen);
f) Autobahnen (Brandenburg, Mecklenburg-Vorpommern, Nordrhein-Westfalen, Schleswig-Holstein);
g) Wild- bzw. Schaugehege (Brandenburg, Bremen, Hessen, Niedersachsen, Nordrhein-Westfalen, Rheinland-Pfalz, Thüringen);
h) öffentliche Grün- und Erholungsanlagen;
i) Kleingärten.

Welche Fallen?

Nicht von ungefähr beschränken sich erfolgreiche Fänger auf wenige Fallentypen, wobei jede Falle – am richtigen Platz installiert, sachgerecht gestellt und artgerecht beködert – ein Optimum zu leisten vermag. Somit gibt es prinzipiell keine guten oder schlechten Fallen. Vielmehr schreiben Besucherfrequentierung, Raubwild- und Schwarzwildvorkommenvorkommen, Revierstruktur und Kenntnis der Fangplätze das jeweilige Fanggerät vor.

Natürlich haben sich einige Fallen als besonders effektiv für eine bestimmte Raubwildspezies herauskristallisiert: die Wippbrettfalle für das Wiesel, der Schwanenhals für den Fuchs oder der Schlagbaum für den Edelmarder. Doch dürfte letzter im Feldrevier genauso deplaziert sein, wie die Wippbrettfalle im Wald. Andere Fallen lassen sich vielseitiger verwenden. Ihnen gebührt in der Regel auch der Vorzug.

Mobile Fanggeräte sind stationären überlegen

Eine stationäre Falle – egal wie sie heißt oder nach welchem Prinzip sie arbeitet – ist die meiste Zeit der Saison nicht ausgelastet: Am richtigen Platz fängt sie ab und zu, am falschen überhaupt nicht. Dazu ein nicht uninteressantes Beispiel. Vor einigen Jahren unterhielt ich mich mit einem Fänger aus dem Schwarzwald, einem eingefleischten Anhänger des Marderschlagbaumes.

Nicht ohne berechtigten Stolz wusste er zu berichten, dass er mit seinen Fanggeräten in der laufenden Saison bereits 10 Edelmarder erbeutet hatte. Die Frage nach der Anzahl seiner Schlagbäume beantwortete er freimütig mit 18 und die in wie vielen von ihnen sich die 10 Gelbkehlchen gefangen hätten, mit 3. Folglich standen 15 Schlagbäume umsonst und rechtfertigten Kosten – und Zeitaufwand von Bau und Installation nicht.

Erst auskundschaften, dann bauen

Auch ich hatte in meiner Anfängerzeit voller Euphorie 23 Dreiecksknüppelfallen nach dem Motto „Klotzen statt kleckern" zusammengezimmert und nach Gutdünken an passend erscheinenden Plätzen im Revier eingebaut. Mit jedem Tag der Fallenkontrolle wuchs sodann die Ernüchterung und machte schließlich fast der Resignation Platz: In einigen Fallen fing sich nichts, in anderen nicht das, was ich gerne erbeutet hätte, und nur ganz wenige bescherten mir bescheidenen Erfolg.

Zum Glück kam ich nach zwei Jahren Durststrecke auf den Dreh und schwamm fortan auf einer nicht für möglich gehaltenen Erfolgswelle. Als Anfänger ohne Anleitung erwischt man halt nur zu oft den unpassenden Fleck und wundert sich, warum sich nichts in der Falle tut. Daher mein Rat aus leidvoller Erfahrung: Besser systematisch Fangplätze auskundschaften als aufwendige Fanggeräte im Revier nach Gutdünken oder Gefühl aufstellen.

Eigenbau nur bei entsprechendem handwerklichem Geschick

Nichts gegen Fallen „Marke Eigenbau", wenn jemand über das notwendige handwerkliche Geschick verfügt, seine Arbeitszeit nicht rechnet und sein Holz nicht extra kaufen oder von weit her heranschaffen muss. Doch nicht jeder ist ein Baumeister von Gottes Gnaden, und bereits kleine Unsauberheiten rächen sich mit Sicherheit in Form von Fehlfängen. Wippbrett-, Kasten- und Betonrohrfallen gibt es außerdem heute in ausgereiften Konstruktionen zu noch erschwinglichen Preisen im Handel.

Im übrigen würde ich erst einmal je eine davon in der Praxis erproben, bevor ich mich in größere finanzielle oder zeitliche Abenteuer stürze. Grundsätzlich also: Wenn Ihnen Wunderdinge über bestimmte Konstruktionen Ohren kommen, forschen Sie ruhig einmal nach, wie viele Edelpelzträger pro Saison und Falle wirklich damit zur Strecke gekommen sind und holen Sie sich Referenzen ein.

Lebend- oder Totschlagfallen?

Lebendfallen sind vom Prinzip her so alt wie die jagende Menschheit, denn Sümpfe oder Fallgruben, die unsere Vorfahren zum Zwecke des Fangens dienstbar gemacht hatten, waren ja nichts anders als Lebendfallen. Auch die burmesischen Elefantenfanganlagen, Saufänge, Leopardenfallen oder Kastenfallen zum Lebendfangen von Schalenwild arbeiten nach dem gleichen Prinzip wie die für unser heimisches Raubwild.

Lebendfallen sind ungefährlich

Ein geschlossenes Areal oder ein Behältnis mit ein- oder zwei Zugängen, die sich auf Zug oder Druck per Fallklappe verriegeln. Ihr Vorteil liegt auf der Hand: Alles, was nicht gefangen werden soll, nicht erwünscht oder nicht verwertbar ist, kann jederzeit unversehrt in Freiheit entlassen werden. Damit erfüllen Lebendfallen eine wichtige Anforderung des Tierschutzes und werden selbstverständlich den Belangen des Artenschutzes gerecht. Selbst die Verkehrssicherungspflicht bürdet uns keine Probleme auf, denn Lebendfanggeräte für unser Raubwild sind so bemessen, daß sich kein Kind fangen kann, und sollten sich vierbeinige Begleiter quasi einsperren, können sie jederzeit wieder in Freiheit entlassen werden. Außerdem erlauben Lebendfallen das Fangen von Wild in der Schonzeit zu Markierungszwecken. Schließlich werden wir beim Fangen in befriedeten Bezirken manchmal nicht auf ihre Dienste verzichten wollen bzw. können.

Warum sich also überhaupt Gedanken über andere Fangsysteme, über Totschlagfallen machen? Ganz einfach. Viele Raubwildarten nehmen Lebendfallen

Beim Lebendfang hat der Jäger die Wahl, Tiere auch wieder in die Freiheit zu entlassen …

nicht so ohne weiteres an bzw. meiden die Fanggeräte, so dass sich deren Effizienz im Hinblick auf den Fangerfolg relativiert. Wer glaubt, er müsse nur eine Rohrfalle eingraben, um ein Dutzend Füchse zu erbeuten, eine Kastenfalle aufstellen, um sich des Steinmarders zu bemächtigen, den holt die Fängerrealität rasch ein.

Lebendfallen brauchen eine lange Anlaufzeit

Nirgendwo braucht der Erfolg nämlich mehr Weil als bei den Lebendfallen. Richtig müssen sie stehen und lange genug, dass sich das Raubwild daran gewöhnt. Unbeködert auf Zwangspässen, auf dem Weg zum Unterschlupf und solange beködert, bis sie auch regelmäßig angenommen werden. Wiesel und Katzen lassen sich erfahrungsgemäß nicht lange bitten. Bei ihnen klappt der Fang so reibungslos, dass Mehrfachfänge ein- und desselben Tieres keine Ausnahme darstellen. Schwieriger wird es schon mit dem Marder, denn er nimmt die Kastenfalle nicht so ohne weiteres an, und falls wirklich, versucht er sich sofort zu befreien.

Bei Drahtfallen führt das nicht selten zu Verletzungen, bei Weichholzkonstruktionen oftmals in die Freiheit, denn dem Weißkehligen reichen schier wenige Stunden, um einen Spalt zwischen Klappe und Brettern mit Krallen und Zähnen zu einem Loch zu erweitern, durch das sein Kopf passt. Wo jedoch der schlüpft, tut es auch der geschmeidige Rumpf. Dem Fänger wiederum bleiben letztlich ein beschädigtes Gerät und buchstäblich das Nachsehen. Abhilfen vermögen hier Metallarmierungen oder Hartholzbretter zu schaffen.

Raubwild wird gerne nachgesagt, dass es sich im dunklen Behältnis ruhig verhalte. Aus diesem Grunde wären Drahtfallen so zu verblenden, dass sie völlig abgedunkelt sind. Diesen Vorzug nennen auf alle Fälle die Betonrohrfallen ihr eigen.

Ein Kapitel für sich: das Abfangen aus der Kastenfalle

Wer freilich den Pelzträger eingesperrt hat, besitzt noch lange nicht seinen Balg. Zu den frühen Kindheitserinnerungen zählt die Begebenheit, wo sich nach langen Nächten des Wartens der Steinmarder endlich in der Kastenfalle befand, aus ihr in einen Kartoffelsack geschüttelt wurde und sich binnen weniger Sekunden sich durch eine fadenscheinige Stelle in Freiheit gebissen hatte.

Bezeugt sind auch Fälle, wo man den gefangenen Fuchs aus der Kastenfalle entweichen ließ, um ihn mit Schrot zu schießen, Reineke aber mit zwei Doppelgarben fehlte. Menschliches Versagen führte desgleichen zum Malheur mit dem Teckel, der den Fuchs aus der Rohrfalle sprengen sollte und an seiner Stelle in die Schrotgarbe lief. Es soll auch schon vorgekommen sein, dass ein Schütze die ganze Trommel seines Revolvers benötigte, um sein Vorhaben, den Fuchs zu töten, zu vollenden.

Die Spanne vom Lebendfang zum Jenseits birgt also den Knackpunkt der Lebendfallen. Und wenn das gefangene Tier bis zum Auftauchen des Fängers keinem Stress ausgesetzt gewesen sein sollte, verkehrt es sich danach ins Gegenteil. Daher tut rasches, besonnenes Handeln not, was das sichere Beherrschen des gezielten Fangschusses einschließt. Altfüchse meiden die Kastenfalle selbst auf dem Zwangspass. Es sei denn, sie steht die meiste Zeit des Jahres auf Durchlauf. Eher schon erwischen wir mal einen unerfahrenen Jungfuchs damit – jedoch kaum, wenn der Balg reif ist.

Rohrfallensysteme: Viel Aufwand für ...?

Dagegen werden einigen Rohrfallensystemen wahre Wunderdinge nachgesagt – meist jedoch von der Vertreibern derselben. Sicher ist, dass eine Rohrfalle am falschen Platz eingebaut so wenig angenommen wird wie ein falsch platzierter Kunstbau oder mancher Durchlass. Unbestritten sind aber auch die Erfolge, die einige Fänger an ausgewählten Fangplätzen vorweisen können.

Wippbrettfallen zweimal am Tag kontrollieren

Wie schon erwähnt, dient die Wiesel-Wippbrettfalle zum Lebendfang der Kleinräuber – und das mit großem Erfolg. Ich weiß von einem Fänger, der in den Monaten August und September mit 9 Wippbrettfallen 73 Hermeline erbeutete. Weil Wiesel aber tagaktiv sind, muss die Kontrolle abends – also zu ungewohnter Zeit – erfolgen. Doch selbst hier hat längst nicht jedes Hermelin die Stunden der Gefangenschaft überlebt. Aus diesem Grund soll Mauswieseln ein Schlupfloch bleiben, das für ihr Entkommen groß genug, für den umfärbenden Vetter jedoch zu klein ist.

Katzen nehmen die Kastenfalle gerne an, auch solche, die schon öfter mit ihr Bekanntschaft gemacht haben. Daher eignet sich die mittelgroße Ausführung sehr gut zum lautlosen Kurzhalten der zu Schaden gehenden Streuner. Hinsichtlich der Abmessungen der Kastenfalle ist eine Nummer größer als es die Maße des Raubwildes notwendig erscheinen lassen, immer von Vorteil, insbesondere, wenn die Klappen nicht senkrecht auf die Kante fallen, sondern in der Schräge. Solange sich nämlich die Klappe nicht in der Endstellung befindet und das Raubwild in der Rückwärtsbewegung sein Hinterteil zwischen Deckel und Boden bringt, was beim reaktionsschnellen Marder blitzschnell geschieht, hält sich das gewandte Raubwild den Rückweg offen. Ist also der Abstand zwischen Trittbrett und Klappendrehpunkt zu knapp bemessen, sind Fehlfänge beim Marder programmiert.

Effizienter aber, vor allem für die Edelpelzträger, sind ohne Zweifel die Totschlagfallen, von denen derzeit sowohl die Rasenfalle als auch die Abzugseisen von 37 cm Bügelweite bis hin zum 70er Schwanenhals favorisiert werden. Nachfolgend eine Übersicht über bundesweit eingesetzte Fallentypen, von denen einige auf lange Tradition zurückblicken können, jedoch im Hinblick auf Tier- und Artenschutz nicht mehr zeitgemäß sind:

Eine eindeutige Angelegenheit mit dem Mardereisen: sofort tödlich sauber gefangen

Marderschlagbaum

Über den Schlagbaum, insbesondere über seine Höhe kursieren vielfach irrige Vorstellungen. So erklärte mir vor längerem ein Ausbilder, er könne gar nicht verstehen, dass man den Schlagbaum verbieten wolle, denn was solle schon groß bei seinen drei Metern Höhe passieren. Zugegeben, es drängte mich zu fragen, ob er jenen bei Gullivers Riesen gesehen habe bzw. wie er ihn wohl in solcher Höhe zu stellen gedenke, vielleicht mit der Feuerwehrleiter, doch ich unterdrückte solche abfälligen Bemerkungen und gab ihm zu verstehen, dass man sich – je nach Körpergröße – bei einer Höhe von 1,40 m bis 1,70 m wohl am besten behelfen könne. Das reicht aus, Sauen und alle vierbeinigen Bodenläufer vom Köder fernzuhalten und entzieht ihn im Stangenholz erstaunlich wirksam den weniger geschulten Blicken unbedarfter Spaziergänger.

Schlagbaum fängt nicht selektiv

Der Marderschlagbaum war die klassische Totschlagfalle im Waldrevier. Mit seiner Hilfe erbeuteten viele Forstleute vorrangig den hochdotierten Edelmarder. Seine Erstellung kostete so gut wie nichts, denn zum Bau geeignetes Holz fiel im Forstbetrieb genügend an, und an Arbeitskräften herrschte kein Mangel. Ich kannte nicht wenige uniformierte Vertreter der Grünen Zunft, die sich 10 bis 15 Schlagbäume in ihrem Dienstbezirk von den Holzhauern meist im Stangenholz, aber auch am Rand von mehrjährigen Dickungen aus Fichten-, Douglasien- oder Lärchenstangen bauen ließen und während des Außendienstes beschickten bzw. kontrollierten.

Seit sich die Waldarbeiter Forstwirte nennen, ihre Anzahl drastisch reduziert wurde, die Stundenlöhne in die Höhe schnellten, die Balgpreise verfielen, sich die jagdlichen Anstrengungen dem „Waldschädling Nr. 1“, alias Reh, widmeten, war es auch mit nebenbetrieblichen Tätigkeiten wie Fallenbau während der Arbeitszeit vorbei.

Beködert wurde der Schlagbaum mit Gescheide, Eichhörnchen, Spatzen Eichelhähern, bisweilen auch Obst und als Auslösevorrichtung diente die klassische Steckstellung mit den beiden kurzen Stellhölzern und dem gewinkeltem Trittholz.

Pro Schlagbaum kalkulierte der gewiefte Praktiker übrigens nur mit einem Edelmarder, mancher musste sich auch mit einem geringeren Quotienten als 1 bescheiden, seltener bescherte die Schlagfalle mehrfachen Erfolg. Es liegt in der Natur der Sache, dass nicht nur Marderartige die Stellung auslösten, sondern auch Vögel, die sich vom Köder angezogen auf dem Auslöser niederließen, so dass vom selektiven Fang nur sehr eingeschränkt gesprochen werden kann. Auf Regen folgender Frost vermochte durchaus die Stellung lahmzulegen, wie sie

Der Marderschlagbaum war die klassische Förster- und Berufsjägerfalle im Hochwildrevier

auch Sturm und von den Bäumen fallender Schnee imstande war, sie auszulösen. Das Schlagholz fasste beim Auslösen den Marder irgendwo im Rückenbereich auf einer Breite von etwa 5 cm, quetschte ihn gegen das ebenso breite Unterteil und wirkte bei einer Beschwerung von ca 15 kg durchaus tödlich. Gute Erfolge sagte man dem Schlagbaum auch beim Waschbärenfang nach, sofern die Beschwerung um mehr als 10 kg erhöht wurde. Die Haltbarkeit des Schlagbaumes hängt wesentlich davon ab, welches Holz als Stützpfosten dient und wie hoch die Beschwerung ist. Bei in den Boden gerammten, ungeschälten und nicht imprägnierten Fichtenpfosten darf man von einer Lebensdauer von etwa einer halben Pachtperiode ausgehen.

Heute wird der klassische Marderschlagbaum aus Gründen des Tier- und Artenschutzes zugunsten der hochgestellten Rasenfalle abgelehnt. Deren Stellung löst nur auf Zug aus, was selektives Fangen mittels ausgewählter Köder ermöglicht, außerdem quetscht das Oberteil auf voller Fläche und sorgt somit für schlagartiges Verenden.

Der Bau einer hochgestellten Rasenfalle mit der Dreiwegstellung zählt zu den aufwendigsten Unterfangen, benötigt viel geradwüchsiges Holz und verschlingt mit zwei Mann wenigstens so viel Zeit wie das Bauen und Aufstellen einer freistehenden Leiter. Gemessen am Wirkungsgrad bedeutet das – vorsichtig ausgedrückt – ein bisschen viel Aufwand.

In einigen Bundesländern ist die Verwendung des Marderschlagbaumes per Gesetz verboten (Ländergesetze beachten!)

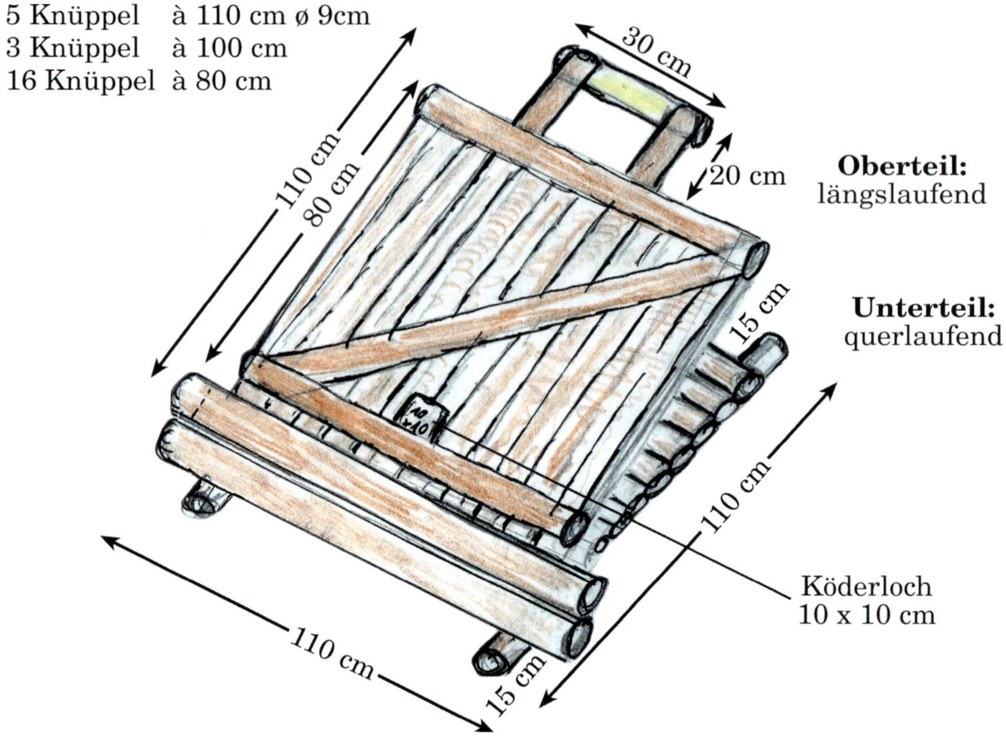
5 Knüppel à 110 cm ø 9cm
3 Knüppel à 100 cm
16 Knüppel à 80 cm
30 cm
110 cm
80 cm
20 cm
Oberteil:
längslaufend
15 cm
Unterteil:
querlaufend
110 cm
Köderloch
10 x 10 cm
110 cm
15 cm

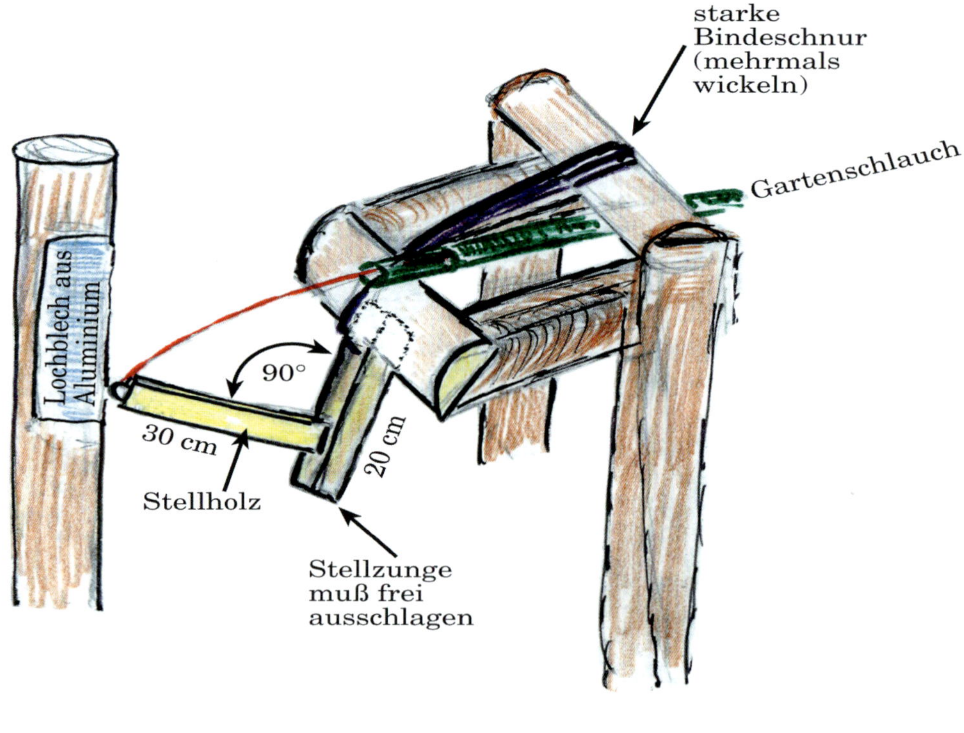
starke
Bindeschnur
(mehrmals
wickeln)
Gartenschlauch
Lochblech aus
Aluminium
90°
30 cm
20 cm
Stellholz
Stellzunge
muß frei
ausschlagen

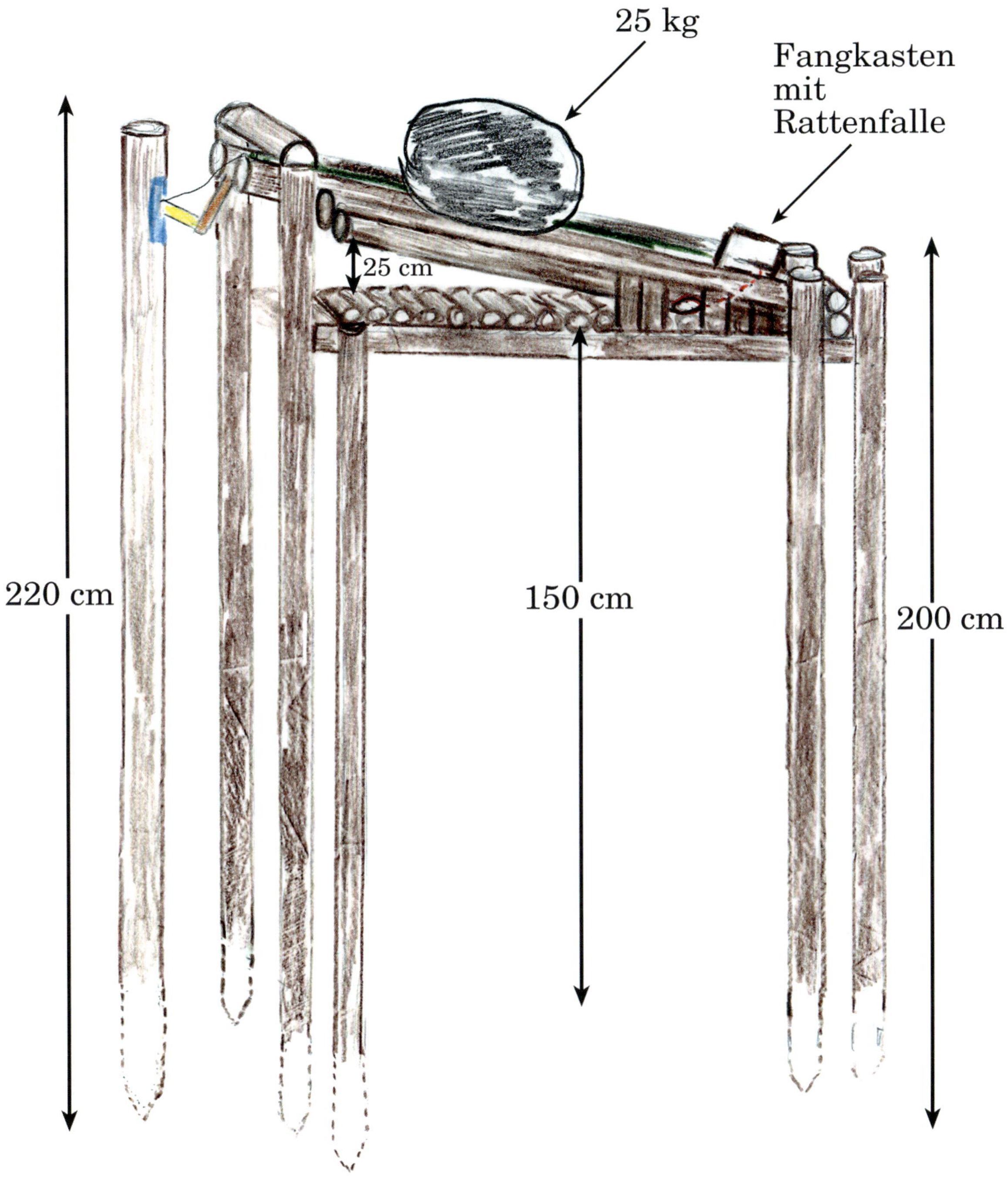
25 kg
Fangkasten mit Rattenfalle
25 cm
220 cm
150 cm
200 cm

Dreiecksknüppelfalle

Einfach zu bauen

Wald und Hecken in Revieren ohne Schwarzwildvorkommen waren der angestammte Platz für die Dreiecksknüppel- oder Prügelfalle. Bei ihr quetscht der dreieckige Rahmen des Oberteils das Raubwild gegen das Pendant im Boden. Bei ausreichender Beschwerung (10faches Körpergewicht des zu fangenden Raubwildes) und Schlagpunkt im Hals-Rückenbereich tötet sie sicher. Nicht selten passierte es jedoch, dass einschliefendes Raubwild das im Abstand von wenigen Zentimetern parallel zum Rahmen laufende Trittholz zu spät auslöste, was Becken- oder Hinterlauffänge nach sich zog oder dass Raubwild vom Rahmen überhaupt nicht erfasst, im Hohlraum gefangen war. In solchen Fällen versuchen sich Marder grundsätzlich, unter dem Rahmen durchzugraben, und das in aller Regel mit Erfolg.

Es kam auch vor, dass der Marder das Trittholz erst beim Ausspringen auslöste, dann entweder zu weit hinten erfasst wurde oder seinen Balg unversehrt in Sicherheit bringen konnte. Die dritte Quetschfläche quasi als Höhe im liegenden Dreieck eingebracht, beugte zwar wirksam dem Lebendfang und aufgrund der zweiten Quetschfläche auch dem Beckenfang des einschlüpfenden Raubwildes vor, blieb jedoch beim ausspringenden Raubwild wirkungslos.

Selektives Fangen erlaubt die Trittauslösung der Prügelfalle allein über ihren Widerstand. Jener darf aus gutem Grund nicht zu hoch sein, damit das Fanggerät überhaupt rechtzeitig auslöst. So gesehen, fängt sich in der Knüppelfalle, was immer

Auch Dreiecksknüppelfallen sind aus Gründen des Tier- und Artenschut-zes aus dem Katalog der zugelassenen Fanggeräte gestrichen worden.

Füchse in der Knüppelfalle gehören allerdings zu den Ausnahmen

vom Köder oder vom verblendeten, trockenen Hohlraum angezogen einschlüpft.

Ganz unproblematisch ist auch die Stellung mit den beiden verschieden langen Hölzern nicht, weil sie sehr sensibel auf Witterungseinflüsse reagiert, bei Regen und nachfolgendem Frost einfrieren kann (Hier schafft etwas Salz in der Kerben Abhilfe), durch Schneefall mitunter ausgelöst, ebensooft aber auch blockiert wird – dann nämlich, wenn die Schneelast Verblendmaterial so wegdrückt, dass ein Ästchen das Ausschlagen der Stellhölzer behindert.

Soll eine solche Falle funktionstüchtig sein, bedarf es gleichmäßig starken, geradwüchsigen Stangenholzes, saubeister Passung der quetschenden Flächen und penibelster Fertigung der Stellung. Außerdem darf sich kein Teil der Anlage unter entsprechender Belastung verziehen. Das passiert namentlich bei den Stützpfosten der Stellung, wenn entsprechendes Gewicht auf dem Schlagteil ruht. Verändern sich jedoch die Abstände der Stellhölzer zueinander, oder streift gar das Schlagteil an einem der Pfosten, dann war ein halber Tag Arbeit umsonst. Soviel Zeit muss nämlich ein potentieller Fänger veranschlagen, wenn er vor Ort eine Knüppelfalle ohne vorbereitende Arbeiten erstellt. Die Stützpfosten stellen übrigens den am wenigsten haltbaren Teil der Falle dar. Nach vier bis fünf Jahren spätestens bedürfen sie der Erneuerung.

Wunderdinge bezüglich des Fangerfolges von einer Knüppelfalle zu erwarten, grenzt an Vermessenheit. Ein bis zwei Edelpelzträger pro Saison sind realistisch, sofern die Falle am richtigen Platz steht und keine unvorhergesehenen Veränderungen in der Umgebung des Fangplatzes vorgenommen wurden (Pflegemaßnahmen, Rodung).

Füchse in der Knüppelfalle sind erfreuliches Zubrot, keinesfalls jedoch die Regel. Doch Stein- und Edelmarder, Iltis, verwilderte Katzen, gelegentlich auch der Waschbär stellen den Lohn des nicht unbescheidenen Aufwandes dar.

Konstruktion nicht mehr zeitgemäß

Weil die klassische Dreiecksknüppelfalle den heutigen Anforderungen des Tier- und Artenschutzes nicht in ausreichendem Maße gerecht wird, ist ihre Anwendung abzulehnen.

Dem trägt auch der Gesetzgeber Rechnung (Ländergesetze beachten!).

Scherenfalle

„Eine besondere Art der Knüppelfallen ist die Scherenfalle. Sie ist die ideale Falle des Niederwildjägers. Besonders in den deckungslosen Feldrevieren, in denen es im Herbst und Winter an gedeckten Fangplätzen mangelt, lässt sich mit der Scherenfalle noch viel erreichen", urteilt Wildmeister Günther Claußen auf Seite 41 von „Fallenbuch der Praxis", Verlag D. Hofmann, Mainz 1979 und weiter: „Wie alle Knüppelfallen fängt auch sie das Wild sofort tödlich. Durch das scherenartige Ineinanderfallen der Längsholme werden nicht nur die lebenswichtigen Organe des Wildes zerquetscht, sondern zugleich auch die Rückenwirbel auseinandergedrückt, was den momentanen schmerzlosen Tod verursacht.

Die Scherenfalle – ein Universaltalent?

In der gegebenen Größe (100x40 cm; *der Verfasser*!) kann man alle bei uns vorkommenden Raubwildarten wie Marder, Iltisse, Wiesel, wildernde Katzen, Jungfüchse und selbstverständlich Waschbären in der Scherenfalle fangen. So fing ein Jäger aus Nordhessen..... in zwei Jahren 28 Waschbären mit dieser Falle.Der besondere Vorteil der Scherenfalle liegt darin, dass sie schnell zu bauen, leicht zu transportieren ist, schnell eingebaut werden kann und sich sehr gut verblenden lässt".

Sein Kollege, Wildmeister Erhard Brütt, eröffnet in „Fallenbau und Fallenfang", Landbuch-Verlag Hannover S. 36 das Kapitel „Scherenfalle" mit folgen-

Die Scherenfalle zählt(e) zu den beliebtesten Fanggeräten in Feld und Flur. Auch ihre Verwendung ist nunmehr gesetzlich untersagt

den Worten: „Keine Falle ist so umfassend anwendbar wie die Scherenfalle. Zum Bau solcher Fallen benötigen wir nur einfache Dachlatten in den Abmessungen 4x6cm, etwas Draht, einige Nägel und einen Hasel oder eine dünne Leiste. Die Kosten für das Material belaufen sich auf wenige Mark. Die Scherenfalle ist sehr leicht und kann in etlichen Exemplaren per Pkw ins Revier gefahren und dort gezielt eingesetzt werden". Und weiter steht geschrieben: „Die Scherenfalle ist eine Wittrungsfalle, das heißt wir müssen sie – wollen wir mit ihr erfolgreich fangen – beködern. Das hat andererseits den Vorteil, dass wir mit Hilfe der Wittrung das Raubwild dorthin zwingen können, wo die Falle steht. Aber wo soll sie stehen? Das ist die Frage der aller Fragen. Naturpässe für alles Raubwild und Raubzeug sind Hecken und Knicks, Bachläufe und Pirschsteige, ebenso wie Waldwege und Schneisen, auch Dickungen gehören dazu".

Beide Autoren betonen, dass die Scherenfalle gut verblendet sein muss, die Stirnseite zu umbauen ist, um zu verhindern, dass Raubwild von dort einschlüpft und ein gut geglätteter Steig die Pelzträger zur Breitseite der Falle leiten soll „Glatter Gang, glatter Fang!"

Als Köder werden Hasen- und Kaninchengescheide, solches von Rebhuhn und Fasan, Eichhörnchen und Bückling empfohlen.

Die eigenen Erfahrungen mit gekauften Scherenfallen lassen mich auf kritische Distanz zu dem Fanggerät gehen. Neben Eichelhähern, einem Rothabicht und gelegentlich Elstern fing ich größtenteils damit Katzen. Bei Mardern hat-

Glatter Gang-glatter Fang: Scherenfalle vorbildlich eingebaut und verblendet

te ich mehr Fehlfänge als Erfolge zu verzeichnen, und leider gab es immer wieder auch Brantenfänge. Trotz größter Beschwerung schließt das Gerät nämlich nicht schnell genug, um den sehr geringen Abstand zwischen Trittholz und scherendem Rahmen immer zu kompensieren. Ein Schwachpunkt, der meines Erachtens bei der Scherenfalle noch ausgeprägter ist als bei der Dreiecks-Knüppelfalle und dem Marder die minimale Zeitspanne gewährt, die er zum Reagieren braucht. Nachweislich hatte ich auch Fehlfänge auf den Fuchs.

Gerade bei der Scherenfalle wirkt es sich nachteilig aus, dass das Holz bei Nässe arbeitet, und bei Frost bzw. Schnee nicht selten die beweglichen Teile klemmen, insbesondere bei der Version der Scherenfalle, die auf Abzug auslöst. Trotz des unbestrittenen Vorzuges der Mobilität sprich: Versetzbarkeit, rechtfertigten also die eigenen, recht bescheidenen Resultate bei Edelpelzträgern die Aufwendungen sowie den Aufwand für die Scherenfalle nicht.

Unabhängig davon gestehen selbst eingefleischte Anhänger der selbstgebauten Holzfalle mit Trittauslösung ein, dass sie die Normen des Tier- und Artenschutzes nicht vollends erfüllt. Daher darf es nicht wundern, wenn man ihr das Prädikat „nicht mehr zeitgemäß“ verliehen hat.

Die Verwendung der Scherenfalle ist in einigen Bundesländern verboten (Ländergesetze beachten!)

Rasenfalle

Der Name „Rasenfalle“ lässt vermuten, dass eine Variante der Totschlagfalle mit flächigem Schlagteil in einer steinarmen Gegend kreiert worden ist, denn dem Vernehmen nach stammt ihr Name von den Rasenplaggen, die zur Beschwerung dienten.

Doch lange bevor ihre Vorzüge einer breiten Öffentlichkeit zugänglich gemacht wurde, experimentierte mein Bruder schon erfolgreich mit einer Schlagfalle, deren Oberteil aus einer Palette bestand, welche mit Feldsteinen beschwert wurde und auf Tritt auslöste.

Die heute übliche Version der Rasenfalle weist von allen Totschlagfallen mit Abstand die größte Schlagfläche auf und quetscht gefangenes Wild auf der gesamten Oberfläche. Bei entsprechender Beschwerung = 10faches Körpergewicht des zu fangenden Raubwildes darf ihr also mit Fug und Recht sicheres und vor allem schlagartiges Töten zugebilligt werden. Mehr kann kein Fanggerät leisten, und so gesehen wird die Schlagfalle allen Belangen des Tierschutzes voll gerecht.

Je größer nun die Schlagfläche ausfällt und je höher ihre Beschwerung ist, desto unwahrscheinlicher wird es, dass Raubwild nach dem Auslösen noch über den Rand der beschwerten Deckfläche gelangt.

Nachdem die Falle ohnehin einen sehr großen Aufwand hinsichtlich Arbeitszeit und Material erfordert, macht es Sinn, das Oberteil auf 150 cm x 130 cm zu dimensionieren. Einige Bauanleitungen bemaßen nämlich das Schlagteil mit 100 cm x 80 cm. Die größere Länge birgt noch einen zweiten Vorteil: Das Schlagteil muss weniger steil gestellt werden, um den Zugang zum Köder im hinteren Drittel zu gewähren, gleichzeitig sinkt auch die Fallhöhe, was Schließvorteile im Millisekundenbereich bringt. Jene aber entscheiden schon bei den erheblich schnelleren

Für das Oberteil der Rasenfalle bietet sich kesseldruckimprägniertes Holz an. Die Bodenplatten müssen sauber verlegt sein, damit das Oberteil bündig schließen kann

Auch entsprechend umgebaut und mit Selbstauslösung versehen, genügt die Rasenfalle noch nicht allen Belangen der Verkehrssicherungspflicht. Aus der Sicht des Tierschutzes ist sie mit Sicherheit die beste Totschlagfalle. Selektives Fangen jedoch ist nur eingeschränkt möglich. Zur Beschwerung haben sich mit Kies gefüllte Schläuche für die Siloabdeckung bestens bewährt. Der Kasten enthält die Rattenfalle als Impulsgeber für die Stellung

Schlageisen über den Erfolg und tun es selbstredend bei den messbar langsameren Quetschfallen.

Erheblicher Aufwand, deshalb Platz vorher genau auskundschaften

Die Rasenfalle steht dort richtig, wo es auch Dreiecksknüppelfallen bzw. Scherenfallen taten: im Wald, in Hecken, Windschutzstreifen, Gebüschinseln. Dem Fangnovizen sei jedoch dringend empfohlen, durch vorheriges Kirren den besten Fangplatz innerhalb eines begrenzten Areals auszukundschaften, bevor er sich den Mühen des Bauens der Fanganlage unterzieht. Am falschen Platz fängt nämlich die Falle – wie alle anderen auch – schlichtweg nichts. Und sie zu versetzen, ist eine mühselige Angelegenheit.

Bereits das Unterteil anzulegen, bedarf größeren Aufwandes als bei anderen Fallentypen, denn der Untergrund muss plan sein und darf nicht hängen.

Ob man nun zusätzlich Platten ebenerdig verlegt oder nicht, hängt von der Beschaffenheit des Bodens ab. 9 bis 16 Zementplatten wiegen und kosten, falls sie nicht irgendwo ausgemustert wurden. Auch müssen die verwendeten Stangen für das Oberteil gerade und gleichmäßig stark sein, damit sie mit der Unterlage bündig schließen. Veranschlagen wir nun einen Durchmesser von acht Zentimetern pro Prügel, benötigen wir nahezu 20 von ihnen, um die gewünschte Breite zu erzielen. Damit verschlingt mit Abschlusshölzern, der stabilisierenden Diagonale und der Verlängerung für das Galgen-Griffteil schon das Schlagteil und gern 35 laufende Meter bester Stangenware. Nicht zu vergessen sind sieben sehr stabile Pfosten, diverse Verbindungsstücke von Galgen und Stellpfosten und die Einzäunung von Stellung und Teilen der Breitseite.

Druckimprägniertes Holz erhöht die Haltbarkeit

Nachdem eine Rasenfalle ohnehin tunlichst wenigstens ein halbes Jahr vor Beginn der Fangsaison gebaut werden sollte, fällt der Faktor des Verwitterns nicht so ins Gewicht. Aus diesem Grund ist es eine Überlegung wert, kesseldruckimprägniertes Holz aus dem Baumarkt zu beziehen und zu verarbeiten. Neben großer Haltbarkeit und hohem Trocknungsgrad bietet das vorbehandelte Material noch den Vorteil einheitlicher Länge sowie gleicher Stärke, damit auch Bauerleichterung und Zeitgewinn. Freilich reichen dann 50 Euro für die Beschaffung nicht mehr aus. Die Investition für eine Rasenfalle bewegt sich somit in etwa in den Dimensionen eines Abzugeisens, ohne dessen Lebensdauer zu erreichen. In erster Linie sind des die drei Posten der Stellung, die nach einigen Jahren des Einsatzes ermüden, haben sie doch 50 bis 100 kg Last abzustützen.

Den Belangen des Artenschutzes wird die Rasenfalle so gerecht, wie ein entsprechend beködertes Abzugseisen im Bunker. Wir engen einerseits das Beutespektrum durch Köderwahl ein, zum anderen durch die Größe des Zulaufes. Gehen wir vom Fuchs als größtem zu fangenden Raubwild aus, fängt die Rasenfalle alle fisch-,fleisch- , obst- und eierliebenden Pelzträger gleicher oder geringerer Größe. Darf demnach der Baummarder nicht erbeutet werden, verbietet sich ihr Einsatz in seinem Vorkommensgebiet ebenso wie einer im Streifgebiet der Wildkatze.

Die Größe des Einlaufes bei der erst teilweise fertiggestellten Rasenfalle selektiert neben der Köderwahl das zu fangende Raubwild

Die anfällige, witterungsempfindliche Dreiweg-Stellung der Rasenfalle mit der Rattenfalle als Impulsgeber bedarf des Tüftelns und wiederholten Probierens. Schließlich entscheidet ein halber Zentimeter Schnurlänge hin und her über Wohl und Wehe. Desgleichen müssen die Winkel von Stellzunge und Stellholz im Lot sein und vor allem darf die Nase des Stellholzes nicht zu fest am Blech aufliegen, sich aber auch nicht unberechenbar selbständig machen. Entscheidend ist letztlich, dass die Stellung unter entsprechender Belastung auch noch so funktioniert, wie es sich der Betreiber vorstellt. Das ist mit Sicherheit dann nicht mehr der Fall, wenn eines der tragenden Elemente oder der beweglichen Teile bei Belastung auch nur geringfügig nachgibt.

80 kg und mehr beim Stellen anzuheben, erfordert Muskelkraft und ist nicht ganz ungefährlich. Schneller als mancher glaubt, rutscht nasses bzw. vereistes Holz ab, reißt die Halteschnur oder flutscht das unter Spannung stehende Stellholz weg. Daher tut der Fänger immer gut daran, seine Füße außerhalb der Reichweite des Schlagteils zu belassen und zu bedenken, dass auch der Unterarm allzu rasch einen schmerzhaften Prellschlag abbekommt, wenn sich die Stellung selbständig macht.

Die Stellungen mit zwei bzw. drei Hölzern zählen zu den neuralgischen Punkten der Rasenfalle

Selbstverständlich gilt es darauf zu achten, dass die Stellung nicht durch Verblendmaterial im Ausschlag behindert wird und dass nicht fallender Schnee den Auslöser aktiviert.

Für die Beschwerung der Rasenfalle haben sich sand- oder kiesgefüllte Sackschläuche aus reißfestem Gewebe mit einem Gewicht von 10 bis 15 kg bestens bewährt. (Die Hüllen gibt es im landwirtschaftlichen Fachhandel für die Beschwerung von Siloplanen.) Zum einen liegen sie nämlich satt auf, zum zweiten lassen sie sich ausgewogen plazieren und zum dritten ermöglichen sie eine abgestuft kalkulierbare Belastung bzw. Entlastung des Oberteils.

Hinsichtlich der Verkehrssicherung der Rasenfalle kann zwar eine umlaufende Schnur eine Sicherheitsauslösung bewirken, bevor der Unbefugte die Fanganlage betritt, was aber ist, wenn sich ein Neugieriger beim Versuch, das Oberteil anzuheben oder den Mechanismus zu erkunden verletzt?

Spitzenstellung bei den Totschlagfallen

Festzuhalten bleibt, dass die Rasenfalle hinsichtlich der Wirksamkeit die Spitzenstellung aller Totschlagfallen Marke Eigenbau einnimmt und unter diesem Aspekt die uneingeschränkte Befürwortung verdient, dass sie aber den Nachteil aller stationären Fanganlagen teilt: Das Wild muss zur Falle und nicht umgekehrt, deshalb hält sich der Fangerfolg pro eingesetztem Gerät auch in Grenzen.

In einigen Bundesländern (Ländergesetze beachten!) ist die Verwendung der Rasenfalle trotz Abzugsauslösung verboten!

Rasenfalle
(nach Wildmeister Artur Amann)

Bodenteil

12 Platten
30 x 30 cm

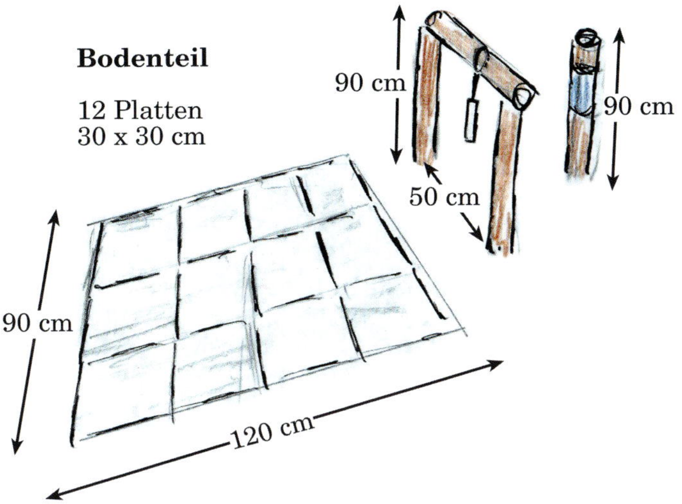

Oberteil

7 Knüppel à 120 cm ø 90 cm
2 Knüppel à 150 cm
2 Knüppel à 80 cm
1 Knüppel à 110 cm
1 Diagonalknüppel

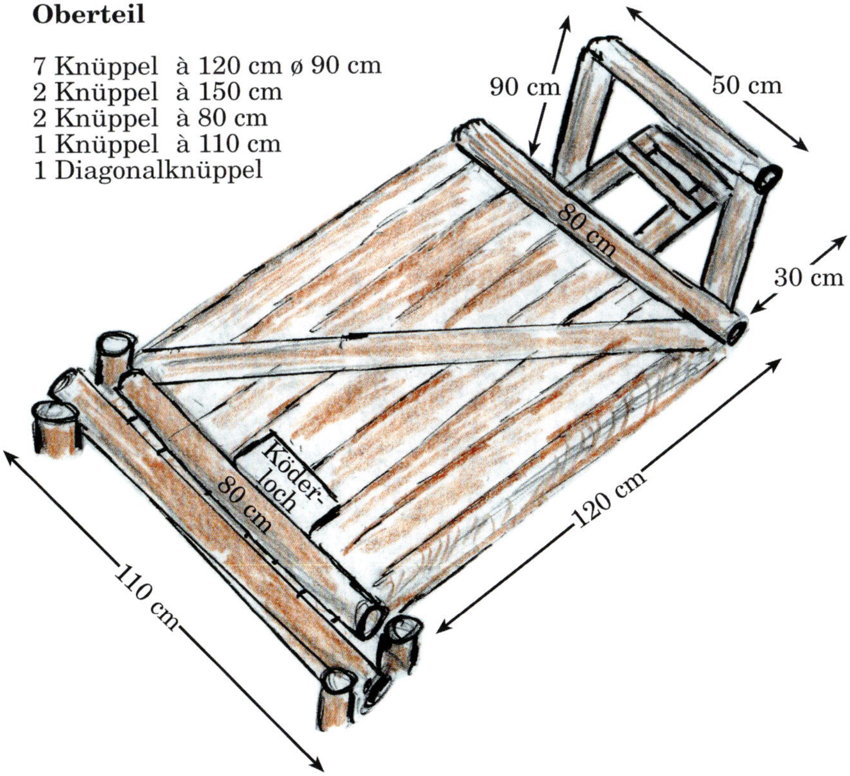

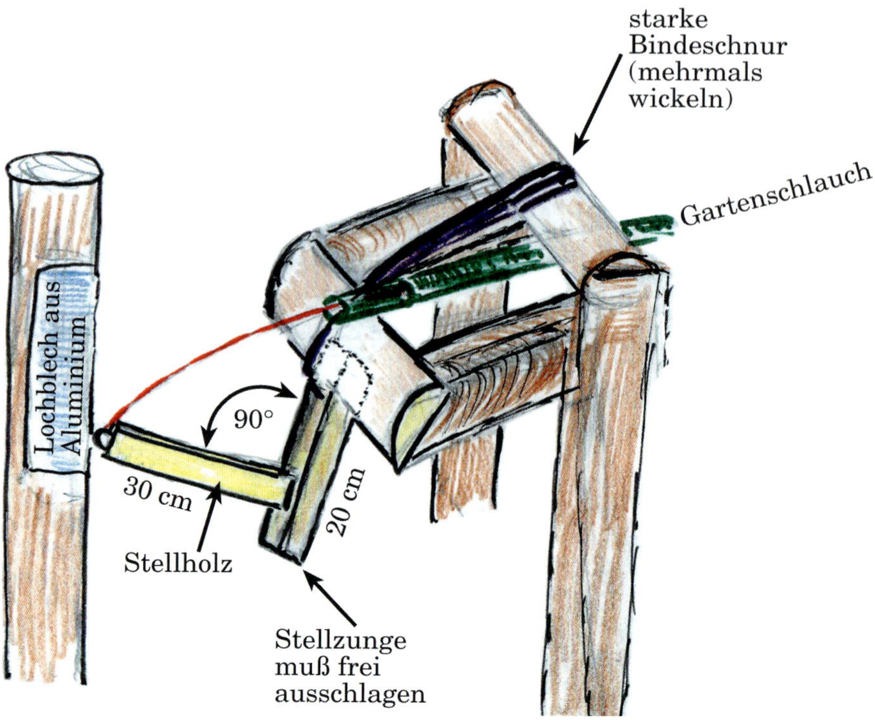
starke
Bindeschnur
(mehrmals
wickeln)
Gartenschlauch
Lochblech aus
Aluminium
90°
30 cm
20 cm
Stellholz
Stellzunge
muß frei
ausschlagen

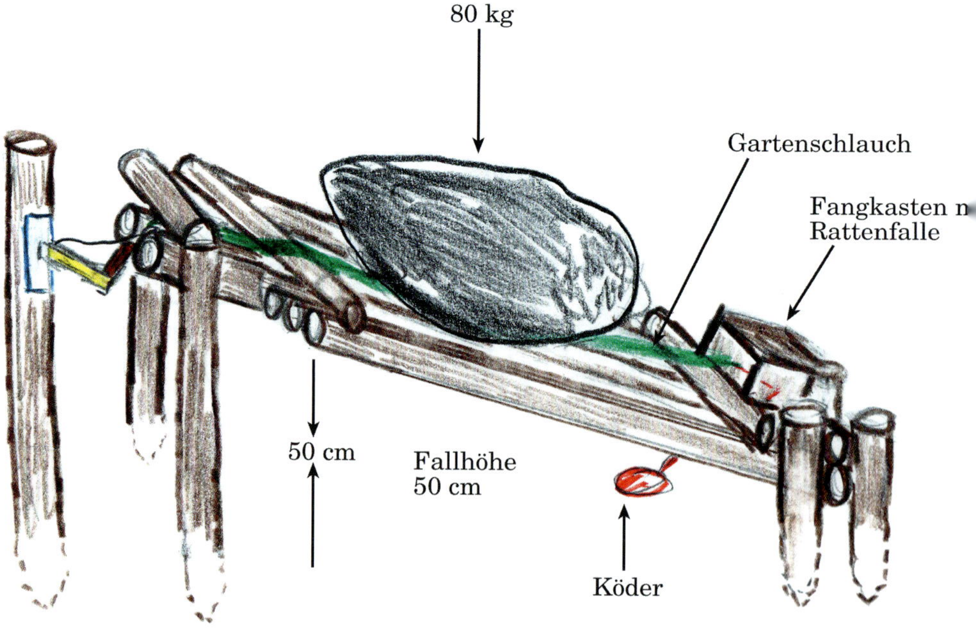
80 kg
Gartenschlauch
Fangkasten m
Rattenfalle
50 cm
Fallhöhe
50 cm
Köder

Kastenfalle – je größer desto besser

Im befriedeten Bezirk blickt die Kastenfalle auf eine lange Tradition zurück. Kein Gehöft, in dem es nicht wenigstens eine Kastenfalle gab. Mit ihrer Hilfe trachteten nämlich die Geflügelhalter zu Schaden gehende Iltisse, Steinmarder oder Füchse kurzzuhalten, indem sie das Fanggerät auf dem Zwangspass zum Hühnerstall, hinter den Einschlupf desselben oder den zur Scheune plazierten. Und immer wieder war es quasi ein Festtag, wenn einer der Hühnerdiebe oder Eierräuber in den Sack geschüttelt und totgeschlagen werden konnte.

Früher fast auf jedem Bauernhof im Einsatz

Solange Taube, Ente, Huhn und Ei teuer bezahlte Naturalien darstellten, verstanden sich die Landbewohner auf den Umgang mit der Kastenfalle, doch mit dem Rückgang der Geflügelhaltung und dem Preisverfall des Federviehs schwand auch das Interesse am Fanggerät und verlor sich das Wissen um die Kniffe in der Handhabung.

Heute findet sich vielleicht noch die eine oder andere Kastenfalle aus Vaters und Großvaters Zeiten verstaubt, verrostet und meist nicht mehr gebrauchstüchtig irgendwo auf dem Speicher und erinnert an historische Aktivitäten. Jäger schätzten die Kastenfalle seit eh und je, vorrangig zum Fangen von verwil-

Entsprechend dimensionierte Kastenfallen sind gesetzeskonform. Auf dem Zwangspass arbeiten sie auch unbeködert. Bei der Gewässerüberbrückung ist darauf zu achten, dass das Raubwild den Fangkasten nicht überspringen kann

Links oben: In Feldscheunen steht die Kastenfalle immer richtig. Oben und links: Wo sich kein natürlicher Zwangspass anbietet, wird ein künstlicher nach Art der Reuse angelegt

Außerordentlich vielseitig einsetzbar

derten Katzen. Auf angelegten Zwangspässen, an Kulturzäunen, unter Brücken, neben Bachläufen oder Gewässerüberführungen ganzjährig auf Durchlauf und im Herbst fängisch gestellt oder mit Bückling bzw. Baldrian beködert und kurzfristig aktiviert, erweist sie sich als ebenso nützliches wie effektives Fanggerät. In Wald und Flur jedoch selten für den Marder und noch seltener für den Winterfuchs, was nicht heißen soll, dass man sich damit nicht ihres Nachwuchses in der Aufzuchtszeit bemächtigen könne.

Nicht schlecht staunte aber ein Bekannter mit Erfahrung im Jungfuchsfang, als er eines Morgens gleich drei Jungdachse in seiner großen Kastenfalle aus Draht vorfand, und ein anderer Jagdfreund wusste von zwei Frischlingen zu berichten, die ebenfalls eine am Kulturzaun aufgestellte Draht-Kastenfalle angenommen hatten und unversehrt in Freiheit entlassen wurden. Genannte Beispiele zeigen auf, dass die Kastenfalle nicht selektiv fängt. Neben Igel und Eich-

Bei der Jungfuchsbejagung hat sich die Drahtfalle vielerorts bewährt. Allerdings müssen die Ländergesetze beachtet werden!

hörnchen lösen auch Hase und Kanin beim Durchlauf die Fallklappen aus.

Tägliche Kontrolle ist Pflicht

Schon aus diesem Grund ist die tägliche Kontrolle absolute Fängerpflicht. Falls sich aber wirklich einmal Weiß- oder Gelbkehlchen in einer Version aus Weichholz gefangen hat und sich noch in „Haft" befindet, darf der Fänger von Glück sprechen. Wie nämlich bereits an anderer Stelle erwähnt, setzt der Marder sofort sein Gebiss zwecks Selbstbefreiung ein. Füchse im Revier mit der standardisierten Kastenfalle 150 x 30 x 24 cm zu fangen, ist wohl eine Kunst, die überwiegend Literaten beherrschen. Bezeichnenderweise ist mir kein einziger semi- bzw. professioneller Fänger untergekommen, der eine ansehnliche Fuchsstrecke dieser Variante verdankt und demzufolge die Lebendfalle als effizient für die Erbeutung Reinekes einstuft. Bei einer 200–250 cm langen Falle sieht die Sache dagegen etwas anders aus.

Ein Klassiker: die Strackschе Kastenfalle

Fallen aus Draht werden gemeinhin abgelehnt, weil nach gängiger Meinung der Sichtkontakt zur Umgebung zu Befreiungsversuchen animiert, die zur Selbstverletzung des Raubwildes führen. Wo solche Modelle Verwendung finden, sollten sie entsprechend verblendet und abgedunkelt werden.

Kastenfallen selbst zu bauen, setzt größtes handwerkliches

Oben: Steinmarderfang in der Kockschen Kastenfalle

Der Abfangkorb ist eine nützliche Hilfe, um das gefangene Wild sicher zu töten, ohne die Falle selbst zu zerstören oder zu beschmutzen

Geschick voraus. Wer jenes mitbringt, über die entsprechende Ausrüstung verfügt, sein Material kostenlos bzw. kostengünstig bezieht und die Arbeitszeit unter der Rubrik „Hobby" verbucht, mag sich 150 von 180 Euro sparen, die er sonst für Handelsware ausgeben müsste.

Doch auch letztgenannte Investition amortisiert sich durchaus im Dienst der Niederwildhege, so dass die Kastenfalle in keinem Revier mit bejagbaren Hasen, Fasanen- und Flugwildvorkommen fehlen sollte.

Gut verblendet und am nicht so ohne weiteres einsehbarem Ort sollte die Kastenfalle schon stehen. Weniger des Fangerfolges wegen, sondern eher, um ihr Verweilen im Revier sicherzustellen. Eigentümlicherweise animiert nämlich kein anderer Fallentyp so zum Entwenden wie die mittelgroße hölzerne Variante der alteingesessenen Lebendfalle.

Der Gesetzgeber hat nunmehr Mindestmaße für die Kastenfalle festgelegt (Ländergesetze beachten!). Doch gilt der Grundsatz, ein halber Meter mehr fängt besser!

Die Renaissance der Kastenfalle hat verschiedene Ursachen. Zu nennen wäre einmal der Artenschutz. Wo die Wildkatze angesiedelt wurde, Baummarder und Iltis der Vollschonung unterliegen, birgt der Einsatz von Totschlagfallen Risiken. Sie einzugehen, kann gefährlich sein. Im Falle eines Malheurs und einer Anzeige stehen nämlich Jagdschein und Waffenbesitz auf dem Spiel.

Auf der anderen Seite breitet sich der Waschbär überproportional aus, mit weitreichenden Folgen. Hier gibt es für den Jäger etwas zu tun, und er kann nichts falsch machen, wenn er große Kastenfallen sachgerecht einsetzt. Weil sie unversehrt lebend fangen, stellt sich bei ihnen das Problem der Verkehrssicherungpflicht nicht. Außer, es würde jemand fahrlässig handeln, indem er die vorgeschriebenen Kontrollen vernachlässigt.

Immer mehr richtet sich der Fokus des Fallenjägers auch auf urbane Bereiche. Da wäre es fatal, wenn Dackel, Mops, Pinscher oder Mieze des Grundstückseigners oder seiner Nachbarn durch ein Fanggerät zu Schaden kämen.

Heutzutage gibt es ein umfangreiches Angebot an großen Kastenfallen auf dem Markt

Anders als noch vor Jahren werden heute große Kastenfallen kommerziell angeboten. Sie sind üppig dimensioniert und fangen einschließlich des Fuchses sicher. Die Firmen Steingraf und Kock bieten sogar mehrteilige Systeme in stabiler und wetterfester Ausführung an. Doch Kastenfallen mit einer Länge von 2 Metern und darüber sowie Einlauföffnungen von 35x40 Zentimetern sind sperrig und schwer. Zum Transport reicht dann der Kofferraum eines Pkw nicht immer aus. Folglich müssen Anhängerkupplung und Hänger vorhanden sein. 50 kg Gewicht schleppt man allein auch nicht so ohne Weiteres über Treppen, Stock und Stein. So gesehen stößt die Mobilität der gewichtigen Fanggeräte rasch an ihre Grenzen. Einen

Fangschuss in die Falle: Es besteht die Gefahr, dass die Wände beschädigt werden, außerdem ist Schusswaffengebrauch im befriedeten Bezirk problematisch

Trost freilich verheißen sie schon. Was mühsam zum Fangplatz getragen oder geschleift werden muss, verschwindet auch nicht klammheimlich. Ausnahmsweise macht also Gelegenheit keine Diebe. Durchaus ein Argument, das sticht.

Das Abfangen bedarf Fingerspitzengefühl

Je nach Bauart haben Kastenfallen auf ihrer Oberseite ein oder mehrere vergitterte Kontrollfenster, die ihrerseits durch Deckel abgedunkelt sind. Signalisieren die geschlossenen Fangklappen, dass die Falle ausgelöst wurde, genügt ein Blick durch das „ Guckloch", um festzustellen, was sich gefangen hat. Dann heißt es entweder Klappen auf, um das eingesperrte Individuum in die Freiheit zu entlassen oder Abfangkasten ansetzen und dann die Klappenverrieglung lösen. Mitunter bedarf es eines Schiebers, um das Raubwild vom Dunkel der Falle ins Tageslicht des Abfangkorbes zu lancieren.

Manche Fänger sparen sich Korb und Schieber und töten den Balgträger mit Hilfe einer kleinkalibrigen Waffe direkt in der Falle. Bei entsprechender Durchschlagskraft des Projektils besteht jedoch die Gefahr, dass deren Wände perforiert werden. Im befriedeten Bezirk ist Schusswaffengebrauch ein heikles Thema. Daher Raubwild in den Abfangkorb lotsen und am geeigneten Ort mittels KK oder Pistole erlösen!

Wiesel-Wippbrettfalle

Die meisten der Jäger erbeuten – so überhaupt – eher per Zufall einmal ein Hermelin, wenn es sich im Winterkleid auffällig von der grau-braunen Umgebung abhebt. Eher zufällig sind auch die Beobachtungen im Sommer. Mal sieht man eines über den Asphalt huschen, mal in einen Feldrain, eine Hecke oder einen Steinhaufen schlüpfen.

Das Vorkommen des Hermelins wird unterschätzt

Diese sporadischen Begegnungen aber führen leicht zum Schluss, dass nur wenige Kleinräuber im eigenen Revier vorkommen und sich deshalb eine Bejagung per Falle weder lohne noch notwendig bzw. angebracht sei. Angesichts des allgemeinen Niederwildrückganges mit zum Teil nicht mehr bzw. nicht per Gesellschaft bejagbaren Besätzen, wird überdies die Rolle der Prädatoren von bestimmten, gegenüber der Jagd oder Teilbereichen von ihr kritisch oder distanziert eingestellten Zeitgenossen – leider sogar von Jagdscheininhabern – gerne heruntergespielt.

Sei's drum. Tatsache ist jedoch, dass in potentiellen Niederwildrevieren Revierbetreuer gerade beim Wieselfang Ergebnisse erzielen können, deren Höhe kein mit den Verhältnissen Vertrauter für möglich halten würde. Fangen aber, und das ist eine Binsenweisheit, lassen sich nur Mitglieder einer real existierenden Population und längst nicht alle. Wenn also jemand in einer Saison über 100 Hermeline erbeutet hat, dann erlaubt diese Strecke auch Rückschlüsse auf die Höhe des Vorkommens, vor allem wenn die Fangergebnisse nachhaltig hoch bleiben.

Trockene Durchlässe – einer idealer Standort für die Wiesel-Wippbrettfalle

Weil die Hauptfangzeit des Hermelins in die Monate August und September fällt, sind die Fangaktivitäten von allen anderen losgelöst und gleichsam ein zusätzlicher Aufwand. Den Feierabendgewohnheiten des Jägers kommt dagegen die Tagaktivität der Wiesel entgegen. Weil ohnehin tunlichst in den Abendstunden kontrolliert werden muss, lässt sich die Nachschau sehr wohl mit der Fahrt zum Ansitz verbinden.

An der Scheunenrückwand platziert

Zum Fangen hat sich die sogenannte Clausiussche Wippbrettfalle bewährt. Ein handliches Gerät, das im Zehnerpack für 15c aus Holz bzw. für 20c aus Kunststoff vom Fachhandel offeriert wird bzw. das ein geschickter Bastler ohne allzu großen Aufwand auch selbst herstellen kann. Einfach wie der Aufbau ist die Funktion: In einem Kasten mit einem Schieber aus Lochblech auf der Stirnseite befindet sich ein Wippbrett. Nimmt nun das Wiesel das Brett über den Einlauf an und überwindet den Drehpunkt, kippt die Wippe ab und wird durch eine Sperre in ihrer Position gehalten.

Neben uneingeschränkter Funktionstüchtigkeit des Mechanismus auch bei Nässe sind zwei Dinge von Belang. Zum einen sollte die Wippe einlaufender Mäuse wegen erst bei einer Belastung von ca 50 Gramm in Funktion treten, was sich durch Anbringen eines Gewichtes an der Wippenunterseite bewerkstelligen lässt, zum anderen sollte das Lochblech eine Öffnung enthalten, die dem kleineren Mauswiesel den Fluchtweg offenhält.

Eingeschoben wird die Wippbrettfalle in trockene Durchlässe und ringsum durch Steine verbaut, so dass nurmehr der Einlauf sichtbar bleibt, in Steinhaufen, Holzstöße, Hecken, trockene Grabensohlen, in den Bankettbereich von Feldwegen oder in Feldraine. Natürlich verblenden wir die Falle restlos mit ortsüblichem Material, leiten das Wiesel über einen hindernisfreien Zulauf dorthin und beachten, dass des Fluchtweges für Mauswiesel und des Durchzuges wegen zwischen Schieber und Verbauung wenigstes eine Spanne Luft verbleibt. Sofern die Unterseite der Wippe eine Markierung in Signalfarbe trägt, genügt ein Blick aus der Distanz, um festzustellen, ob sich etwas gefangen hat.

An Feldrainen fördert ein angelegter Pass zur Falle den Erfolg

Im Falle des Erfolges ziehen wir das Fanggerät aus seiner Verblendung, vergewissern uns, dass es

sich beim Insassen um ein Hermelin (schwarze Schwanzquaste!) handelt, stecken die Falle in einen ausreichend großen Sack (30x70cm) mit Schnurzug. schließen ihn, halten mit der einen Hand die Falle, ziehen mit der anderen den Schieber und schütteln das Hermelin in den Fussteil. Sodann schüren wir jenen per Händedruck ab, ziehen die Falle heraus und töten das Hermelin mit einem wuchtigen Schlag gegen einen harten Untergrund.

Falleneinsatz örtlich und zeitlich konzentrieren

Um eine durchschnittliche Revierfläche von 350ha einigermaßen abzudecken, sollte in der kurze Fangsaison schon ein Dutzend Wippbrettfallen fängisch stehen.

Der Gesetzgeber hat nunmehr für die Wieselwippbrettfallen Mindestmaße festgelegt (Ländergesetze beachten!).

Betonrohrfalle

Betonrohrfalle vom System Amann vor dem Einbau

Passionierte Raubwildjäger wissen, dass Reineke im Feld gerne bestimmte Durchlässe annimmt und sich tagsüber dort aufhält. Um bei der täglichen Kontrolle auch ohne Schnee sicher zu gehen, dass das Domizil wirklich angenommen ist, greift der eine oder andere schon mal in die Trickkiste, indem er Stöckchen vor dem Einschlupf plaziert bzw. Sand oder Erde so glättet, dass sich der Rote spürt. Um den Fuchs dann bis zum Eintreffen eines Bauhundes gleichsam festzunageln, bedient sich der Praktiker eines einfachen Hilfsmittels, indem er die Öffnungen mit je einem Eimer aus Blech oder Kunststoff verriegelt. Reineke ist somit lebend gefangen.

Die Betonrohrfalle sieht sich als konsequente Weiterentwicklung dieses Prinzips mit dem Unterschied, dass der einschliefende Fuchs den Verriegelungsmechanismus auslöst und Fallschieber sein Entkommen verhindern. Die größten Vorzüge der Betonrohrfalle liegen in ihrer fast unbegrenzten Lebensdauer, welche die einmalige Investition von 110 bis 160 Euro für das Gestänge und die Klappen aus feuerverzinktem Stahl relativiert, in der Unsichtbarkeit der Fanganlage und ihrer hohen Diebstahlsicherheit.

Großen Aufwand dagegen verschlingt der Einbau. Entweder macht man das Rohrfallensystem zu einem Bestandteil eines existierenden Durchlasses (oder

Oben: System Spittler. Unten: System Huber: Der Einbau von Betonrohrfallen ist jedoch sehr aufwendig, weil ein Fangkasten anlegt werden muss

Betonrohrfalle statt Kunstbau

Kunstbaus), von dem die Erfahrung lehrt, dass ihn Füchse bevorzugt annehmen, dann heißt es graben und meißeln oder aber man installiert das Rohrfallensystem separat am geeignet erscheinendem Platz. Wir suchen ihn z.B.an den Stellen, die sich nach unserer Erfahrung auch für die Anlage eines Kunstbaues eignen würden: Wallhecken, Feldgehölze, trockene Gräben in Wald und Flur,

Betonrohrfallen mit vom außen zugänglichen Fangkasten. Somit kann die Konstruktion auch ohne die Hilfe eines Hundes kontrolliert werden

Erdhügel, Hangböschungen aber auch in aufgelassenen Steinbrüchen und an Gewässerläufen.

Die kürzeste Version einer Betonrohrfalle besteht aus einem Rohr mit Gestänge, andere benötigen zwei Rohre mit 25er bzw. 30er Durchmesser. Dazu jedoch noch je ein Anschlussrohr, so dass wir auf eine Gesamtlänge der Anlage von 3,5 m bis 4 m kommen. Auf diese Strecke muss das Erdreich wenigstens 60 Zentimeter tief ausgeschachtet oder bei oberirdischem Verlegen später zugeschüttet werden. Sofern der Fangmechanismus außerhalb des Rohrstranges verläuft, braucht er ausreichend „Luft", damit er ungehindert ausschlagen kann. Daher tut so oder so ein Fangkasten möglichst aus Eichen- oder Lärchenholz not. Natürlich darf auch ein regensicherer Deckel mit Aussparung für den Signalstab nicht fehlen. Nach dessen Installierung beginnen die Feinarbeiten:

Einbau einer kurzen Rohrfalle

a) Kiesschüttung anlegen
b) Schiebergestell auf den Boden stellen
c) darauf das erste Verblendrohr setzen
d) das erste Fangrohr aufsetzen
e) das Abzugssystem unter das Fangrohr schieben
f) das 2. Fangrohr aufsetzen
g) das 2. Schiebergestell darunterschieben und schließlich
h) das 2. Verblendrohr anschließen.

Selbstredend müssen die Rohre so nah wie irgend möglich aneinander. Falls ein Haarabzug Verwendung findet, befestigen wir die Kunststofflitze an einen Klotz von ca 15 cm Durchmesser. Durch Drehung desselben spannen bzw. entspannen wir die Abzugsschnur. Andere Abzusysteme arbeiten mit einer Rattenfalle als „Schaltstation" bzw. Impulsverstärker mit dem Ziel, nach Berührung des Triggers die Stellung der Fallschieber auszulösen.

Seit dem Auftauchen des ersten Rohrfallensystems nach WM Amann haben sich immer neue hinzugesellt, von denen jedes in Anspruch nimmt, unkomplizierter und weniger anfällig als seine Vorgänger zu sein. Sie alle teilen jedoch das Manko einer stationären Anlage: Nur die richtige Platzwahl rechtfertigt den sehr großen Arbeitsaufwand des Einbaues einigermaßen. Wo das zutrifft, sind durchaus ein halbes Dutzend Füchse pro Anlage möglich. Was ebenfalls bleibt, ist das Problem, sich der Balgträger so zu bemächtigen, dass sie weder zerschossen noch zerschunden sind.

Unabhängig davon ob nun jemand mit Fangschussrevolver, Hund oder zusätzlichem Fangkorb arbeitet, bleibt der hierfür zu treibende Aufwand höher als bei einer großen Kastenfalle und relativiert damit den gerne ins Feld geführten tierfreundlichen Aspekt der langlebigen Untertagefalle.

Ahrenshorster Rohrfallensystem

Seine Konzeption ist verblüffend einfach und fasziniert auf den ersten Blick, denn das Ahrenshorster Rohrfallensystem besteht nur aus einer in eine halbkreisförmigen Halterung integrierte Fallklappe und einem in Längsrichtung stehenden Rundstab mit rechtwinkligem Abschluss.

Verblüffend einfache Konstruktion

Sekundenschnell kann man es in einen vorhandenen Rohrstrang einführen bzw. herausziehen und das ohne vorbereitende Arbeiten. Auch verengt es den Röhrenquerschnitt nicht und lässt den Rohrboden des Einlaufes gänzlich frei. Weil der Halterungsring bündig am oberen Rohrhalbkreis sitzen soll, muss sein Durchmesser dem der Rohres entsprechen. In der Regel werden in der Flur Rohre mit einheitlichem Durchmesser verlegt, daher gilt es festzustellen, ob es sich um solche mit 30cm ,25cm oder 20 cm Weite handelt. Diesem Maß müssen dann die betreffenden Fallensysteme – es gibt sie für alle drei Größen – zugeordnet werden.

Vom Einbau her erlaubt die Ahrenshorster Rohrfalle mehrere Varianten: Man verschließt eine Öffnung eines Rohrstranges mit einem zylindrischen oder konischen Gittereinsatz und schiebt die Fanggklappenhalterung in die andere Öffnung bzw. man beschickt beide Öffnungen mit je einem System.

Verblüffend einfach in Konstruktion und Handling ist das Ahrenshorster Fallensystem. Einfach einschieben und auf Durchlauf stellen

Natürlich ist man damit nicht an vorhandene Rohrstränge gebunden, sondern kann auch solche aus PVC oder Zement nach eigenem Ermessen verlegen und wie oben beschrieben beschicken. Wichtig ist es, dem Raubwild eine ausreichende Gewöhnungsphase zuzubilligen. Zu diesem Zweck bietet sich der Einsatz einer Attrappe an oder aber man verwendet von Anfang an das System und fixiert das Klappenende mit einem Stück Bindedraht an der Halterung. Jetzt steht es auf

Durchlauf und sollte es solange bleiben, bis sichergestellt ist, dass das Rohr wieder vom Raubwild belaufen wird. Das kann nach meiner Beobachtung Wochen, ja Monate dauern. Jungfüchse allerdings nehmen die Rohrfalle bisweilen erstaunlich rasch an, vor allem, wenn sie im Inneren Fraß vorfinden. Bei Altfüchsen wiederum bringt unter Umständen der Blaseninhalt einer ranzigen Fähe oder auch der eines Rüden (Markieren) per verlängerter „Schöpfkelle" eingebracht, Bewegung in die Sache.

Mit einem Handgriff fängisch machen

Zum Fängischmachen genügt ein Handgriff, sofern der Trigger vorher in die richtige Position gebracht wurde, und zum Auslösen der Klappen ein leichter seitlicher Druck auf den Stabwinkel. Haben die nach innen fallenden Klappen aber erst einmal Bodenkontakt, bleibt eine Selbstbefreiung des Raubwildes ausgeschlossen. Handlichkeit und Mobilität heißen die Trümpfe des Ahrenshorster Rohrfallensystems. Diesbezüglich sticht es alle Lebendfallen aus.

Mit wachsender Länge des Rohrstranges wachsen freilich auch die Probleme, Balg bzw. Schwarte von Fuchs, Marder, Waschbär oder Dachs zu kriegen. Ohne Helfer und Hund wird es dann wohl in einigen Fällen nicht abgehen, und vor dem Einsatz des Vierbeiners muss selbstredend ein Fluchtweg geöffnet und das betreffende System aus dem Rohr gezogen werden.

Solche Großaktionen wiederum stehen der vom Einsatz her so flexiblen Ahrenshorsterin gar nicht gut zu Gesicht und werfen einen Schatten auf das ansonsten faszinierend unkomplizierte Handling.

Conibear-Falle

In Kanada geboten, in Deutschland mittlerweile verboten (Ländergesetze!), weil Conibearfallen bei aller Effizienz auf Berührung (Unfallgefahr!) auslösen und daher nicht selektiv fangen

Die Wiege der Conibear-Falle steht in Kanada. Sie wurde für die dortigen Verhältnisse entwickelt, gehört zur Standardausrüstung jedes Trappers und hat sich in drei verschiedenen Größen in den nordamerikanischen Wäldern auf Biber, Waschbär, Fuchs ,Mink und Fisher zigtausendfach bewährt. Und zwar aus mehreren Gründen: Conibear-Fallen sind leicht und handlich. Ein Fänger kann jederzeit ein Dutzend und mehr von ihnen tragen bzw. mit sich führen, was beim Ablaufen der traplines per Schneeschuh, Schlitten oder neuerdings auch Abfahren per snowboard von größter

Bedeutung ist. Mit den sperrigen Eiabzugseisen oder gar Schwanenhälsen wäre solches Unterfangen undenkbar. Man stelle sich nur einmal den Haufen Eisen vor, den zehn Schwanenhälse aufeinandergestapelt ergeben. Vielseitigkeit heißt ein weiterer Trumpf der kanadischen Schlagfalle, denn vom Grundsatz her lässt sie sich auf (beiderseitigen) Durchschlupf, aber auch beködert, mit Trittauslösung liegend, unter Wasser eingebaut oder luftig aufgehängt einsetzen. Sobald nämlich die beiden Federaugen fixiert sind, steht die Falle bombenfest.

Außerdem stellt die Verkehrssicherungspflicht anders als bei uns in den dünnstbesiedelten Urwäldern Kanadas kein Thema dar. Es gibt praktisch keine streunenden Hunde, keine auslaufenden Hauskatzen, keine Spaziergänger, die ihre Nase abseits der Wege in jede jagdliche Einrichtung stecken, es gibt keine Kinder, die den Wald zum Spiel- und Tummelplatz erkoren haben – und es gibt de facto nur sehr wenige (Aufsichten), die dem Fänger auf die Finger gucken und ihn anzeigen, wenn sich eine nicht jagbare Spezies gefangen hat oder wenn der Fang – aus welchen Gründen auch immer – nicht tierschutzkonform erfolgte. Um Missverständnissen vorzubeugen: Auch die Kanadier haben strenge Gesetze und ahnden Verstöße dagegen hart, doch das winterliche Land ist weit, einsam und verschwiegen, und die Kontrolleure können allenfalls stichprobenartig agieren. Wo es jedoch keine Kläger gibt, fehlen auch die Richter....

Die große Conibearfalle bringt eine Klemmkraft von 300 N und tötet sowohl Fuchs als auch Dachs sicher. Doch wehe, kleineres Raubwild fängt sich darin!

Ab Mitte der siebziger Jahre hielt die Conibear-Falle nach und nach Einzug in unsere Breiten. Anfangs enthusiastisch begrüßt, später sehr differenziert beurteilt und heute von nicht wenigen abgelehnt.

Warum? Im Durchlauf eingesetzt selektiert die Totschlagfalle nicht. Setzt man die Conibear-Falle beispielsweise in einen gut belaufenen Durchschlupf eines Kulturzaunes ein, wofür sie prädestiniert ist, dann wird all das gefangen, was das Stahlgeviert zu passieren sucht: Eichhörnchen wie Igel, Kanin wie Hase, Katze wie kleiner Hund und Raubwild bis hin zum Dachs. In der großen Ausführung haftet ihr zudem das Manko an, dass sie zwar alle Passanten mit kleineren Körpermaßen als sie der Fuchs besitzt fängt, diese jedoch trotz nachweislich ausreichender Schlagkraft nicht tötet, weil die Bügel nicht vollends schließen.(Im Wasser aufgestellt, würde das gefangen Wild selbstverständlich sofort den Tod durch Ertrinken finden).

Ideal für den Durchlass

Was für den Kulturzaun zutrifft, tut es natürlich auch für den Durchlass bzw. andere Zwangspässe. Genannte sind auch die Plätze, an denen die große Conibear-Falle ihre größten Erfolge bucht. Die mittlere dagegen sieht ihren Einsatzbereich dort, wo mit Fuchs und Dachs nicht zu rechnen ist.

Natürlich selektiert eine Conibear-Falle im Fangbunker bis zu einem gewissen Grad. Je nachdem, wie groß der Einschlupf ist und wie weit der Köder (ohne Kirrung läuft hier wenig) Anziehungskraft auf eine Art besitzt. Vor allem aber

In einer Fangbox untergebracht, lässt sich die Conibearfalle beködert und publikumssicher einsetzen

erfüllt ein entsprechend angelegter und abgesicherter Fangbunker die Erfordernisse der Verkehrssicherungspflicht. Dort installiert freilich büßt die Conibear-Falle viel von dem ein, was sie vordem auszeichnete: ihre Vielseitigkeit. Auch deshalb dürfte sie nunmehr endgültig in den kanadischen Wäldern besser aufgehoben sein als zwischen unseren Streusiedlungen.

Falle für die Wildnis, nicht für die Kulturlandschaft

In einigen Bundesländern wurde die Verwendung der Conibearfalle mittlerweile verboten (Ländergesetze beachten!)

Kania-Falle

Außer Spesen nichts gewesen: In Deutschland erwies sich die Kania- Falle mit Lure als der Flop des Jahrzehnts

Erinnern Sie sich? Ganze Reviere könne man damit leerfangen und die der Nachbarn auch. Nicht nur artspezifisch, sondern sogar geschlechtsspezifisch würde sie fangen und aufgrund eines genau berechneten Schlagpunktes würde sie immer sofort töten, vernahm ein staunendes Publikum auf Jagdmessen und kaufte kritiklos oder einfach aus Neugier einen „Kania-Falle" genannten, hellschimmernden Blechkasten mit integrierter Schlagvorrichtung. Verwittern, Verblenden, Gewöhnen, Kirren, Beködern, Absichern, die sechs Gebote des Fangjägers, hatten auf einmal ausgedient.

Geheimnisvolle Lure soll alles Raubwild in die Falle locken

Möglich sollte das eine schwärzliche, „Lure" genannte, angeblich mit Pheromonen (Sexualduftstoffen) angereicherte Flüssigkeit machen, die gleichsam alle angewölfte Vorsicht des Raubwildes außer Kraft setzen und jenes wie unter Zwang in das Fanggerät steuern würde. Tetzel und Dr. Eisenbart lassen grüßen, denn selbst altgediente Jäger, sogar erfahrene Fänger verdrängten anfängliche Skepsis und erstanden wie unter Hypnose stehend zumindest ein Grundset mit Falle, Wachs und mehreren Fläschchen Lure für Fuchs, Stein- und Baummarder oder Iltis zum Preis von nahezu 100 Euro. Nach Referenzen hierzulande fragte kaum jemand, die Anziehungskraft der Lure mittels herkömmlicher Fanggeräte wie Kastenfalle zu testen, bedachten die wenigsten, angesichts der Sehnsüchte und Begierden, die der abenteuerlich kostümierte, wortgewandte Referent zu wecken verstand.

Den ersten Kritikern, die sich nach einer Erprobungsphase zu Wort meldeten, wurden verbal entweder Handhabungsfehler nachgewiesen bzw. es wurde versucht sie mundtot zu machen oder sie der Lächerlichkeit preiszugeben. Nunmehr jedoch gibt es der enttäuschten Hoffnungen zu viele und keinen, der sich den verheißenen Erfolg mit Kania-Falle und Lure eingekauft hatte – außer natürlich dem Importeur selbst. Doch es ist ruhig um den größten Flop des hiesigen Fängerjahrhunderts geworden, der Dukatenesel hat ausgedient, und das Märchen vom schnellen Erfolg hat nach drei Jahren ein Ende gefunden.

Depree-Schlagfalle

Bei dem genannten Fanggerät handelt es sich um eine Eigenentwicklung des bekannten Münchner Marderfängers Manfred Depree, die vorwiegend im befriedeten Bezirk mit großem Erfolg eingesetzt wurde.

Bei ihr versuchte der Erfinder in einem an das Machbare grenzende Maß, die Anforderungen von Tierschutz, Artenschutz und Verkehrssicherheit zu verwirklichen. Die Falle arbeitet auf Abzug. Um an den Köder zu gelangen, muss das Raubwild erst einmal weit genug in den Fangkasten schliefen.

Eine Entwicklung speziell für befriedete Bezirke

Beim Aufnehmen des Köders wird die außenseitig angebrachte Stellung über eine Mausefalle ausgelöst, und das im Deckelbereich über den Einschlupf platzierte, ausreichend dimensionierte Schlagteil trifft mit unglaublicher Schnelligkeit und Wucht jeden Marder (und mardergroßes Raubwild) in den Hals-Rückenbe-

Sobald Raubwild am Ei zieht, löst die Mausefalle aus und gibt den Schlagmechanismus frei

Die Depree-Totschlagfalle – hier als Prototyp – tötet absolut sicher durch Genickschlag. Sie arbeitet auf Abzug und erfüllt mit entsprechend verlängertem Zulauf die Anforderungen der Verkehrssicherungspflicht. Die Schlagkraft des Bügels ist enorm

Abzug lässt sich sehr fein einstellen

reich, so dass von einem sofortigen Töten auszugehen ist. Maße und Konstruktion der Falle schließen praktisch Branten- bzw. Fehlfänge mit hoher Sicherheit aus. Um zu verhindern, dass jemand durch die Falle Schaden nimmt, muss selbstredend der Einschlupf verlängert werden. Der Abzug lässt sich sehr fein stellen und reagiert ohne Verzögerung. Doch erwies sich in Versuchen die Mausfalle als nicht belastbar genug und musste mehrmals erneuert werden. Dennoch: Depree hat den Weg gewiesen, wie eine Totschlagfalle konzipiert sein muss, um heute vor den Kritikern der Fallenjagd bestehen zu können.

Die KaNu-Falle: Ideal für den Enok-Fang

Andere Länder, andere Fangtraditionen. Bei einer Jagdreise nach Finnland lernte ich eine Lebendfalle kennen, die Marderhunde sehr effektiv fängt. „Willst du mit?", fragt mich nach Morgensitz auf Weißwedel und Frühstück der Berufsjäger Ari Anttila, Inhaber von Honkola Hunting, in der Region Tampere. „Wir kontrollieren die Kirrungen für die Weißwedel und meine Fallen."

In Finnland ein Renner, in Deutschland (noch) nicht zugelassen

Bei Minustemperaturen und dünner, geschlossener Schneedecke kommen wir mit dem Pickup auf schmalen Forststraßen gut voran. Jetzt, Mitte November, ist Weißwedelbrunft, die unsteten Hirsche suchen Kahlwild, so dass wir jederzeit mit Anblick rechnen können. Am Rande eines Fichtenaltholzes stoppt das Auto plötzlich. Der Berufsjäger deutet nach links, murmelt auf Englisch: „Number twenty", steigt aus und bedeutet mir zu folgen. Dreißig Meter hangwärts entdecke ich einen rechteckigen Fangkorb und in einer Ecke einen dunklen Klumpen, der sich beim Nähertreten als Marderhund entpuppt. Regungslos verharrt das Raubwild im Maschengeviert und bewegt sich keinen Zentimeter, als ich zwecks Foto zur Schmalseite des Fangkorbes wechsele.

Ari zieht die Kleinkaliberpistole aus dem Halfter und tötet den Enok mit einem gezielten Schuss. Dann hebt er den Fangkorb hoch, entnimmt das Raubwild und aktiviert die Stellung wieder. Ihr Fangschloss sitzt außerhalb der Falle und ist per Stahlseil an einem Baum befestigt. Das Gegenstück reicht zum Köder, im vorliegenden Fall ein Stück Vorschlag vom Weißwedelkalb. Der Rippenbogen hält

Bei Annäherung stellt sich der Marderhund tot

Das Fallenunterteil muss bündig in den Untergrund eingelassen sein, und der Korb darf nicht ausscheren

Einfach zu handhaben, geräumig und robust. Besser geht`s eigentlich nicht wie der Erfolg beweist

länger vor als Aufbrüche, mit denen er ansonsten kirrt, erfahre ich. Sobald der Marderhund daran zieht, löst die Stellung aus, und das Oberteil mit den Abmessungen 200 x 150 x 60 Zentimeter saust in die Horizontale.

Fängisch steht eine Schmalseite mit dem Rahmen auf dem Boden. Die drehpunktnahen Abschnitte der Winkelschenkel sind mit Holzstangen verbaut. Die-

Zum Stellen wird der Korb aufgekippt. Das Fangschloss sitzt außerhalb

se dienen einerseits als Führung des Korbes und verwehren dem Räuber andererseits den Einschlupf. Er muss also auf dem Weg zum Köder sozusagen durch das Maul der Falle. In den Boden sind nicht etwa Steinplatten eingelassen, sondern ein Maschendraht bespanntes Rechteck mit Eisenrahmen. Der soll den sauberen Fallenschluss gewährleisten und zudem verhindern, dass sich gefangenes Raubwild ausgräbt. Verblendet hat den Trapper das Unterteil mit Erde.

„Number twenty", so höre ich auf Nachfrage, bedeutet weder die zwanzigste Falle noch die aktuelle Strecke, sondern den zwanzigsten Marderhund binnen weniger Wochen exakt an diesem Fangplatz. Es ist Aris ergiebigster. Übriges nicht von ungefähr, denn die nahgelegene Hühnerfarm zieht Raubwild offenbar auch von weither magisch an. Wie sonst lässt es sich erklären, dass sich alle paar Tage ein Enok fängt. Natürlich muss die Population entsprechend groß sein. Ari will sie klein halten, um seine Bodenbrüter, Auer-, Birk- und Haselwild, vor Nest- und Gesperreplünderern zu schützen. Außerdem hegt er den Verdacht, dass sich die Räuber auch an frisch gesetzten Weißwedelkälbern vergreifen.

Bei einer nachhaltig dreistelligen Anzahl erbeuteten Raubwildes – in der Mehrzahl Marderhunde und Füchse – hätten ihm übrigens seine Lebendfallen noch keinen Fehlfang beschert, bekräftigt er. In Finnland gilt die durchaus er-

Die Kofferfalle arbeitet nach demselben Prinzip, ist kompakter und muss sich für den Enok-Fang noch bewähren

schwingliche KaNu-Falle als das Top-Fanggerät für den Marderhund und erfreut sich entsprechender Verbreitung. Zweifellos wäre sie auch eine für unsere Breiten. Egal ob importiert oder im Eigenbau erstellt, jedoch hat bei uns der Gesetzgeber etwas gegen unverblendete Drahtgitterfallen (Ländergesetze beachten!), weil er unterstellt, dass sich Raubwild bei Befreiungsversuchen am Maschendraht verletzen könne. Doch hierzulande gibt es mit der Kofferfalle, wie sie die beispielsweise die Firma Kieferle anbietet, eine funktionsgleiche, gesetzeskonforme Alternative mit geringeren Abmessungen zwar, aber mit abgedunkeltem Fangraum im geschlossenen Zustand. Ob sie freilich ebenso effektiv fängt wie ihr skandinavisches Vorbild könnte nur ein direkter Vergleich offenbaren.

Abzugseisen

Zu den klassischen Abzugseisen zählen neben dem 37-cm-Eiabzugseisen die Schwanenhälse mit Bügelweiten von 46 cm, 56 cm und 70 cm.

Wirksam, aber gefährlich: der Schwanenhals

Auffälligstes Kennzeichen des Schwanenhalses ist die Doppelfeder. Sie verleiht dem größten Fangeisen nicht nur hohe Schlagkraft, sondern sorgt auch dafür, dass das Gerät beim Auslösen ein gutes Stück nach oben springt. Und zwar um so mehr, je größer Federn und Bügelweiten (46 cm, 56 cm und 70 cm) sind. Das macht die klassischen Fuchseisen auch so gefährlich. Und noch mehr die Tatsachen, dass es aus einem Schwanenhals im Falle eines Malheurs keine Selbstbefreiung gibt, dass Verletzungen gewöhnlich schwerwiegend sind, bei größten Bügelweiten der Verunglückte in der Regel nicht mehr vom Platz kommt und selbst Helfer ihn ohne Werkzeug nur selten aus der misslichen Lage befreien können.

Doppelfeder verhindert Selbstbefreiung aus dem Schwanenhals

All das hat Fänger in vielen Revieren bewogen, auf seine Dienste zu verzichten. Effizienz und gesteigerte Anforderungen im Hinblick auf tierschutzgerechten Fang sprechen wiederum für die große Totschlagfalle, und zwar um so mehr, je öfter überlieferte Fanggeräte diesbezüglich in Verruf geraten sind.

Der angestammte Platz für den Schwanenhals sind stehende und Fließgewässer sowie das

Der Schwanenhals gilt als Fuchseisen Nr. 1

Im Wasser sehr effektiv, aber schwer zu stellen

offene Feld. Den Einsatz in Gewässern hat inzwischen der Gesetzgeber (Ländergesetze beachten!) insofern stark eingeschränkt, weil er ein Verblenden des Köders nach oben hin (Greifvogelschutz!) und der Falle fordert. Im Wasser würde das bedeuten, er muss mit Schlingpflanzen und ähnlichem so abgedeckt sein, dass das Fangeisen weder auffällt noch eräugt werden kann. Das lässt sich durchaus einrichten. Doch wird der Köder vom Raubwild nicht mehr wahrgenommen, verfehlt auch das Fanggerät seinen Zweck. Installiert der Fänger aber den Schwanenhals so, dass der Köder noch aus dem Wasser ragt, muss er den Fangplatz großflächig überdecken, damit weder Greif noch Zweibeiner an das Gerät gelangen und sich zudem überlegen, wie er selbst zum Stellen herankommt.

Am ehesten eignet sich dafür eine massive Bretterabdeckung auf Pfählen mit den Maßen 2 x 2 Meter und einer lichten Höhe, die sich am Bügelradius des verwendeten Schwanenhalses zuzüglich einem halben Meter Luft orientiert. Eine verschließbare Klappe in der Überdachung mit den Maßen 120 x 100 cm

Das 37er Eiabzugseisen im Vergleich zu den Schwanenhälsen mit 46er, 56er und 70er Bügelweiten (oben). Die Doppelfeder erhöht einerseits die Schlagkraft, aber auch die Sprungkraft. Das macht den Schwanenhals ungleich gefährlicher (unten)

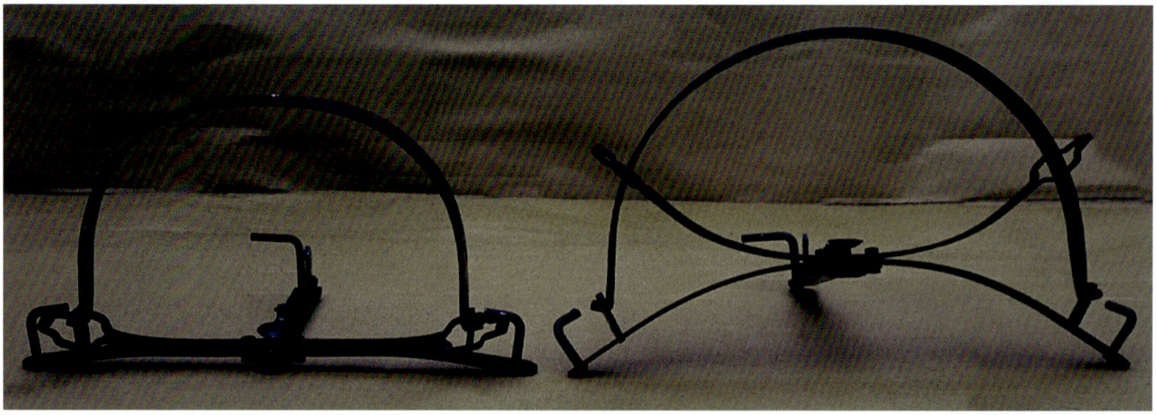

erleichtert dem Fänger den Einstieg zum Fallenbett. Das besteht aus mehreren Feldsteinen, auf denen der Schwanenhals ohne zu wackeln aufliegt und vom Wasser so bedeckt ist, dass nur noch der Köder (Fisch, Bisamkern, Hirschrute, Hasen-, Kaninchen-, Geflügelkopf, Gescheide) herausragt. Trittsteine wiederum leiten den Fuchs zur Federachse oder zum losen Bügel. Die Ankerkette schlingen wir um einen der im Wasser stehenden Pfosten und versenken sie.

Die Wirksamkeit des Abzugeisens ist unbestritten

Fehl- oder tierquälerische Fänge schließt das Stellen im Wasser mit höchster Wahrscheinlichkeit aus, denn sobald das Raubwild unter die Wasseroberfläche gezogen wird, verendet es schlagartig durch Ertrinken. Anstelle der Holzabdeckung kann auch eine aus Maschendraht Verwendung finden, desgleichen lässt sich der Fangplatz mittels Stacheldraht gegen das Betreten durch Unbedarfte absichern.

Gute Standorte für den Schwanenhals sind auch die sogenannten „warmen Quellen“, nasse Stellen im Wald, an denen Grundwasser austritt. Diese schachten wir mit dem Spaten zu einem Rondell von 120 cm Durchmesser und so tief aus, dass das Wasser schließlich die Lagersteine und das Eisen überspült. Auch hier führen Trittsteine zum Köder. Zur Wasserstandsregulierung bauen wir ein Halbrohr in die Dammkrone ein. Wichtig ist hier, dass das Rohr ein gutes Stück seitlich von den Trittsteinen plaziert wird, damit das Wasser kreiselt und nicht so leicht einfriert. Auch da überbauen wir den Fangplatz in beschriebener Weise, jedoch bieten sich dazu ebenso Fichtenstangen anstelle von Brettern als Material an.

Überbau gegen Sicht von oben

Altgediente Fuchsfänger schwören auf den Fang im freien Feld. Mit Einverständnis des Grundstückseigentümers und wenn sichergestellt ist, dass der Acker nicht mehr bearbeitet wird, heben wir ein 50 cm tiefes Fallenbett aus und füllen es zu 40 cm mit festgestampftem Pferdemist auf. In diesen bauen wir Steine als Lager ein, betten eine Eisenattrappe dorthin und überdecken sie nebst Kirrbrocken locker mit Spreu und Erde.

Da sich der Fuchs einem vergrabenen Köder immer gegen den Wind nähert, berücksichtigen wir die Hauptwindrichtung. Das Annähern von einer bestimmten Seite lässt sich zudem durch einen ringförmigen Graben (30 cm tief und ebenso breit) um den Fangplatz steuern. Zum Scheitel des losen Bügels hin lassen wir einen gut spatenbreiten Steg stehen, heben also das Erdreich nicht aus und erhalten uns somit eine ebenerdige Verbindung vom Acker zum Fangplatz – die Leitlinie. Auch in ihrer Nähe graben wir einige Leckerbissen ein.

Sorgfältige Absicherung des Fangplatzes das A und O

So gewöhnen wir den vorsichtigen Freibeuter an Platz und Eisen und durch wiederholtes Nachlegen auch an die durch Bodenverwundung hervorgerufene Wittrung. Wichtig ist es jedoch, den Fangplatz mit eingeschlagenen Pflöcken und Stacheldraht bereits in der Gewöhnungsphase abzusichern. Sind die Bälge reif, ersetzen wir die Attrappe durch den Schwanenhals. Bei ihm müssen wir den Abzugswiderstand auf 1.500 bis 2.000 Gramm justieren, damit der Fuchs nicht schon beim Freischarren die Stellung auslöst. Den Köder binden wir mit etwas Spiel auf den Löffel bzw. den Stab.

Beim Einbau plazieren wir den festen Bügel in die Richtung, aus der der Wind kommt und den losen zur Grabenüberführung, legen die Hebel der Federsicherungen nach außen und markieren die Bügelsicherung, indem wir ein Stöckchen in den Boden rammen. Sodann füllen wir den Hohlraum mit Nadelspreu auf und decken ihn mit frischem Pferdemist locker ab. Als letztes entsichern wir mit der notwendigen Vorsicht den Bügel und verblenden ihn mit einer Handvoll Erde. Einen Schritt vor den losen Bügel graben wir ebenfalls einen kleinen Köder ein.

Sollte sich der Fuchs wider Erwarten nicht in der ersten Nacht fangen, sichern wir den festen Bügel im Morgengrauen und geben ihn erst wieder bei Einbruch der Dunkelheit frei. Wenn sich bis zum dritten Tag nichts tut, bauen wir aus Sicherheitsgründen den Schwanenhals wieder aus.

Einsatz nur weitab von bewohnten Gebieten

Es versteht sich von selbst, dass diese Methode nur weitab von Siedlungen und Wegen und in sonst unbegangenem Terrain geringe Unfallrisiken birgt und auf keinen Fall dort angewendet werden darf, wo Sauen vorkommen. Ferner sei noch einmal daran erinnert, dass im – zugegeben unwahrscheinlichen – Unglücksfall der Fänger für eventuelle Schäden haftbar gemacht werden kann.

In der geschlossenen Fanganlage dagegen richtet der Schwanenhals keinen Schaden an, allerdings ist es nicht so einfach, den Fuchs dorthin zu lotsen. Entsprechend große, in einen Misthaufen integrierte Fangbunker mit einem 18 cm

Als gefährlichstes aller Abzugseisen gehört der Schwanenhals in einen Fanggarten

breiten, 20 cm hohen und aus Gründen der Sicherheit 80 cm langem Einschlupf in Richtung Federpol eignen sich selbstverständlich auch für den Schwanenhals. Hier ist wichtig, dass wir die Bügelsicherung über eine kleine Öffnung in der Bunkerwandung von außen betätigen können und auch den Einschlupf immer wieder damit verschließen. Das animiert Reineke zum Graben und hilft, sein Misstrauen rascher abzubauen. Das Kirren wiederum geschieht über ein verschließbares Rohr im Bunkerdach.

Wer daneben das Risiko minimieren will und den doch großen Aufwand nicht scheut, erstelle sich einen Fanggarten nach Art einer Voliere mit zwei Einschlüpfen, Tür und Vorhängeschloss. Doch auch hier sind Falle und Köder sorgfältig zu verblenden.

Eiabzugseisen

Einfach zu handhaben und effektiv

Nach meiner Erfahrung stellt das Eiabzugseisen das unkomplizierteste, vielseitigste und am einfachsten zu handhabende Schlageisen dar. Es lässt sich nämlich universell verwenden, taugt für den Einsatz sowohl im befriedeten Bezirk als auch außerhalb von Siedlungen (im Fangbunker installiert), nimmt wenig Platz in Anspruch, ist pflegeleicht sowie haltbar und kann vor allem ohne großen Aufwand schnell versetzt werden.

Und schließlich hält sich die Gefahr, die von ihm ausgeht, in Grenzen. Versehentlich mit der Hand ausgelöst, stellt sich nämlich nicht zwangsläufig eine Fraktur des Handgelenks ein. Oft geht es noch mit einer Prellung ab. Das mag zwar zunächst makaber klingen, doch der Unterarm, den das Schlagteil der Rasenfalle erwischt hat oder die Finger, die zwischen die Bügel der Conibearfalle geraten sind, werden im Unglücksfall kaum weniger malträtiert.

Generell reicht die Tötungskraft eines guten Eiabzugeisens für alles Raubwild vom Hermelin bis hin zum Fuchs aus. Freilich ist diese von der Stärke der Feder abhängig. Es scheint jedoch angebracht, sie hier zu spezifizieren. Rasches bzw. sofortiges Töten per Falle hängt nämlich von drei Faktoren ab: Die Bügel müssen mit maximaler Wucht zusammenschlagen, ihre Schließdauer dagegen sollte minimal sein und schließlich haben sie eine bestimmte Stelle zu erreichen, um die gewünschte Wirkung zu erzielen.

Die Schlagkraft der Bügel steht bekanntlich in direktem Zusammenhang mit der in der Feder gespeicherten Energie. Je stärker die Feder, je länger ihr Spannweg und je besser ihr Stahl ist, desto größer ist auch die eingebrachte Energie. Ein Teil davon geht jedoch durch Reibung beim Schließen wieder verloren. Hier wiederum bei längerem Federweg mehr als bei kürzerem. Bei gleichen Bügelabmessungen schlägt demnach das Eisen mit der kräftigeren Feder nicht nur stärker, es schließt auch schneller.

Gute Eisen besitzen vielfach höhere Schlagkraft

Bezeichnenderweise erbringen die besten Eisen auf dem Markt nahezu die vierfache Schlagkraft von anderen. Anlässlich eines von mir an der Landesjagdschule in Amerdingen geleiteten Fallenkurses für Ausbilder wurden auf meine Veranlassung hin vom bundesweit bekannten Fallenschmied Josef Weißer die Klemmkräfte von Schlageisen gemessen und zwar sechs Zentimeter vor Bügelschluss. Dabei erbrachten handelsübliche Eiabzugseisen Werte von gerade mal 70 bis 80 Newton, die besserer Qualität zwischen 170 und 200 Newton und die besten (aus dem Hause Weißer) 290 Newton. Die große Conibearfalle klemmte mit 300 Newton, der 46er Schwanenhals mit 370 Newton, der 56er Schwanenhals mit 480 Newton und der mit 70 cm Bügelweite gar mit 680 Newton. Nach dem DEVA-Gutachten aber gilt die Schlagkraft eines 37er-Eisens als ausreichend, wenn die Klemmkräfte 150 Newton betragen (175 N Mindestklemmkraft fordert das Gutachten für den 46er, 200 N, für den 56er und 300 N für den 70er Schwanenhals).

Andernorts durchgeführte Messungen über die Schließdauer im Handel befindlicher Eiabzugseisen mit einer Bügelweite von 37 cm erbrachten Differenzen in der Größenordnung von 1,5 Hundertstel Sekunden: Die besten schlossen bereits nach 2,5 Hunderstel, andere erst nach 3,5 Hunderstel, und die Schlusslichter benötigten exakt 4 Hunderstel Sekunden.

Dieser Wert liegt zwar immer noch bedeutend unter dem von anderen Totschlagfallen, doch wirkt er sich in der Praxis bereits nachteilig aus: Er gibt nämlich dem reaktionsschnellen Raubwild die Gelegenheit, während der kurzen Spanne zwischen Auslösen und Schließen des Eisens die Körperposition zu verändern. Wer als Treiber schon mal ein Stück Raubwild mit dem Knüppel oder einen Hasen mit der Handkante abtun musste, weiß dass dies mit einem einzigen, rich-

Das Eiabzugseisen ist für Marder optimal. Dennoch sollte nicht der hier gezeigte Herzfang, sondern der Genickfang angestrebt werden

Schließdauer und Schließkraft sind entscheidend

tig plazierten Schlag möglich ist: hinter die Gehöre oder Löffel.(Betreiber von Kampfsportarten wissen ebenfalls um die tödliche Wirkung gezielter Handkantenschläge beim Menschen). Wenn die Bügel des starken Eiabzugeisens dorthin treffen, tun sie es mit noch größerer Wucht und entsprechendem Tötungseffekt.

Warum sollte man es also grundsätzlich für den Fuchsfang ablehnen? Niemand bezweifelt die Tötungskraft von Schrotgarbe und Kugel, wenn sie die Stellen erreichen, wo sie sofortiges Verenden erwarten lassen. Die Praxis jedoch lehrt, dass selbst mit „idealem" Schuss nicht jedes Stück am Platz bleibt, also schlagartig verendet, dass Fluchtstrecken von bis zu 100 Metern toleriert werden müssen. Sie beweist ferner, dass längst nicht jedes Projektil am gewünschten Fleck auftrifft, und dass auch die vierbeinigen Helfer nicht immer menschliches Versagen ausbügeln können. Erinnert sei nur an den Quotienten Patronen/Wild bei Treib- und Flugwildjagden oder an die Resultate mancher Drückjagden. Dennoch käme niemand auf die Idee, von nicht tierschutzgerechtem Töten zu sprechen.

Im Zusammenhang mit Kugel und Schrot wird zu Recht gerne auf die Schockwirkung verwiesen: Wenn das tödlich getroffenes Wild flüchtet, spürt es keinen Schmerz. Warum sollte Selbiges nicht in ähnlichem Maße gelten, wenn sich Raubwild in der Falle fängt? Jäger, die beim Stellen durch Unachtsamkeit oder Leichtsinn mit der Hand in das eigene Eisen geraten sind, berichteten beispielsweise, dass es geraume Zeit dauerte, bis sich Schmerz einstellte. Durch Kampfhandlungen oder Unfall Schwerverletzte bezeugen übrigens Gleiches.

So tötet das starke Eiabzugseisen selbst den Fuchs

In ihrem Positionspapier „Fangjagd 2000" haben sich im BdB (Berufsverband deutscher Berufsjäger) organisierte Mitglieder auf eine Federkraft von Fangeisen festgelegt, die ihrer Ansicht tierschutzgerechtes Töten garantiert: 1000 Newton (100 kg). Bleibt noch anzumerken, dass die von mir verwendeten, bis Anfang der achtziger

Jahre von der Firma Kapp, Küps/Ofr (Original-Weber-Falle) gebauten Eiabzugseisen diese Norm deutlich überboten. Für die handwerklich hervorragend ausgeführten Modelle von Weißer trifft das erst recht zu.

Sofern kein Prüfsiegel Auskunft über die Mindeststärke der Feder gibt, obliegt meines Erachtens dem Fänger die Pflicht, sich vor dem Kauf eines Eisens von ihrer Güte zu überzeugen. Dazu stellen Sie das Eisen auf den Boden, halten sich am Tisch fest und versuchen, die Feder mit dem Fuss zu spannen. Gelingt das ohne Anstrengung, lassen Sie am besten die Finger von dem Gerät, denn nach einiger Zeit des Gebrauchs wird die Kraft der Feder weiter nachlassen und das Eisen Fehlfänge produzieren. Einer starken Feder macht es auch nichts aus, wenn sie über einen längeren Zeitraum gespannt bleibt. Unsinnig dagegen ist die öfter geäußerte Forderung nach einer größeren Bügelweite als 37 cm für den Fang des Steimarders, denn bei blitzschnellem Zuschlagen – Kennzeichen einer kräftigen Feder – würden die Bügel nicht den Brustkorb fassen, sondern entsprechend weiter hinten. Erste Anzeichen nachlassender Federkraft sind nach meiner Erfahrung Hals- und später Brantenfänge, sofern nicht Fehler beim Einbau vorliegen.

Hier wurde ein kapitaler Iltisrüde (2080 g) über den losen Bügel gefangen

Viele der im Handel angebotenen Eisen befriedigen qualitativ nicht. Dagegen sammelte ich mit den Produkten der Firmen Kapp in Küps-Oberlangenstadt/Ofr. (Original-Weber-Fallen) bis Baujahr 1984 und den Erzeugnissen von Weißer in Schramberg/ Schwarzwald gute Erfahrungen. Erste lassen sich mit dem Fuss überhaupt nicht und zweite nur mit großer Mühe spannen.

Auf die Klemmkraft achten!

Interessanterweise ist der Kraftaufwand zum Spannen bei den Weberfallen höher als bei den Erzeugnissen von Weißer, doch was die Klemmkräfte anbetrifft – sie allein entscheiden letztlich – verhält es sich genau umgekehrt. Augenscheinlich büßen erstgenannte Federn mehr Energie durch Reibung ein als die anderen.

Zu beanstanden habe ich bei fast allen Eisen die Sicherungen. Nicht nur, weil sie immer festrosten, sondern weil mir schon öfter welche durchgerissen sind.

Bei gleicher Raubwildgröße verlagert sich der Schlagpunkt mit geringerer Bügelweite zunnehmend nach vorne. Doch Raubwild ist in seiner Größe nicht genormt. Die Extreme zeigen die möglichen Schlagpunkte, wenn die Eisengröße der Größe des Raubwildes nicht angepasst ist (Alle Fotos sind zur Demonstration gestellt!)

In der Regel dann, wenn sie nicht mehr beweglich waren und mit dem Hammer wieder gängig gemacht wurden. Bewährt haben sich hier verschraubte Flügel, besonders solche aus rostfreiem Edelstahl. Ich ließ sie mir vom Schlosser einbauen und hatte in 15 Jahren des Gebrauchs keinen Ärger mehr und musste sie auch nicht mehr warten.

Obwohl die Mehrkosten für derartige Extras anfallen – übrigens bei einem Grundpreis von rund 100 Euro für das Eiabzugseisen kaum mehr ins Gewicht fallend – hat bis heute noch kein Hersteller die berechtigte Anregung aufgenommen und umgesetzt. Vielmehr finden sich immer noch die recht unzulänglich gesicherten Flügel an den Abzugseisen.

Fester Bügel verlangt zuverlässige Sicherung

Die wichtige Sicherung ist die für den festen Bügel. Wenn sie nämlich eingeschwenkt ist, muss sie allein die gesamten Federkräfte halten. Dann verlieren auch die Federsicherungen den Kontakt und können sich bei Erschütterung selbsttätig entsichern. Ein Umstand, den es beim Transport zu bedenken gilt. Daher sollte man erwarten, dass die Bügelsicherung entsprechend stabil gehalten wird. Doch nichts von alledem.

Neben der Federkraft verdient der Abzugsmechanismus besondere Beachtung. Je feiner sich nämlich der Abzugswiderstand regulieren lässt, desto sicherer fängt das Eisen, und desto mehr Einbauvarianten stehen dem Fänger offen. Grundsätzlich gebühren auch den verschraubten Elementen der Stellung der Vorzug vor lediglich genieteten. Desgleichen gilt es zu überprüfen, ob ein seitliches Verrutschen des Löffels – er hat immer ein wenig Spiel – den Abzugswiderstand vergrößert. Wenn ja, sollte mit der Feile an der Stellzunge nachgearbeitet werden, Manchmal zeitigt nämlich ein nicht auf den ersten Blick sichtbarer Grat nachteilige Wirkung.

So hatte ich bei einem neuen Abzugseisen den Widerstand der Stellung bis auf das gerade noch vertretbar erscheinende Maß reduziert. Dennoch riss mir der Marder das Ei ab, ohne auszulösen. Dasselbe passierte ebenfalls in den nächsten Tagen, obwohl ich die Stellschraube tagtäglich minutenweise weiter hineingedreht hatte und zwar so weit, dass die Stellung mehrmals von selbst auslöste. Schließlich baute ich das Eisen ein, prüfte danach den Abzugswiderstand und konnte eine wesentliche Erhöhung desselben konstatieren. Beim Untersuchen der Stellzunge entdeckte ich dann den winzigen Grat als Urheber des Übels, beseitigte ihn, drehte die Stellschraube wieder zurück und fing den Marder noch in derselben Nacht.

Feinheiten entscheiden oft über den Erfolg

Beide Abzugseisen übertreffen die gesetzlich festgelegte Mindestklemmkraft von 15 N an den Bügeln mit 19 N (rechts) und 26 N (links) deutlich. Das rechte Eisen benötigt aufgrund der dickeren Feder einen wesentlich höheren Kraftaufwand zum Spannen. Doch geht hier durch Reibung ganz offensichtlich mehr Energie verloren als beim linken, dessen Feder höher reicht. Entscheidend für die Tötungswirkung des Eisens ist demnach nicht der Kraftaufwand zum Spannen der Feder, sondern allein die Klemmkraft der Bügel

Eine Sicherung wie sie sein sollte: stabil und rostfrei

Schließlich verdienen auch die Bügelzähne noch ein Augenmerk dahingehend, dass sie auch sauber entgratet sind, sonst scheren sie nämlich zu viele der Grannen vom Balg ab, was dessen Qualität mindert.

Spannen des Eisens

Eisen nur mit Spannhebel öffnen

Zum Spannen verwenden wir eine spezielle Vorrichtung, den sogenannten Spanner. Er besteht im wesentlichen aus einem Bodenteil für die Aufnahme der Federschiene, einem Schwenkhebel mit Bohrungen und einem Dorn zum Niederdrücken der Feder. Vor dem Spannen schwenken wir den Hebel nach oben, schieben die Federschiene bis zum Widerlager durch und führen den Bolzen oberhalb der Feder in die Bohrungen. Durch Niederdrücken des Hebelarms zum Körper hin wird die Feder gespannt. Sobald sie die Endstellung erreicht hat, schwenken wir die Federsicherung nach vorne. Nun entnehmen wir das Eisen dem Spanner.

Beim Schwanenhals spannen wir die zweite Feder nach demselben Muster. Als nächstes drücken wir gleichzeitig die Bügel nach außen nieder, halten sie mit den Schuhen in dieser Position und schwenken die Bügelsicherung nach innen. Sie entlastet jetzt die Federsicherung und nimmt die gesamte Kraft auf..

Fangbereit machen wir das Eisen, indem wir den gesicherten Bügel unter Zu-

Der 70er Schwanenhals erfordert zum Spannen schon Balanceakte des Spannhebels

Dessen Dorn muss nahe an der Stellung über der Feder angesetzt werden

Sobald die Feder niedergedrückt ist, wird die Federsicherung eingeschwenkt

Sind beide Federn gesichert, kann der feste Bügel niedergedrückt und gesichert werden

Aus Sicherheitsgründen muss die Stellung immer vom festen Bügel her aktiviert werden, nie über den losen Bügel! Abzugseisen springen nämlich immer zum losen Bügel hin

Die Feder eines guten Abzugseisens sollte sich mit dem Fuß nicht bis zum Anschlag durchdrücken lassen

hilfenahme einer stabilen Unterlage bis zum Anschlag drücken und darauf achten, dass die Stellzunge unter der Nase des Löffels einrastet.

Achtung: Dieses Niederdrücken soll immer aus Richtung des festen Bügels erfolgen, niemals umgekehrt, denn der Schwanenhals springt immer in Richtung loser Bügel und damit im Falle des Missgeschicks vom Fänger weg. Umgekehrt aber würde er den Fänger anspringen...

Je nachdem, wie weit die Stellschraube hineingedreht wurde, bewirken jetzt mitunter bereits geringste Erschütterungen das Auslösen, und der Bügel schlägt in die Sicherung. Das kann diese mit der Zeit verschleißen und schließlich dazu führen, dass die Wucht des festen Bügels nicht mehr abgefangen wird.

Fängisches Eisen genauso vorsichtig behandeln wie gestochene Büchse

Der kurze Freiweg der Feder(n) aber reicht zum Bügelschluss aus, wie ich am eigenen Leibe erfahren musste. Ich war (unter Zeitdruck) im Begriff, das gespannte und gesicherte Eiabzugseisen in den Fangbunker zu schieben, als die Stellung auslöste, die Bügelsicherung durchriss und sich die Bügel in Höhe letzten Daumengliedes schlossen. Die Haut platzte sofort auf. Es dauerte jedoch noch eine Weile, bis das Blut herausschoss und noch länger, bis sich – dann allerdings außerordentlich heftige – Schmerzen einstellten. Daher ist es ratsam, ein fängisch gemachtes und gesichertes Eisen mit derselben Vorsicht zu behandeln wie eine entsicherte und eingestochene Büchse. Selbstredend stellen wir das gesicherte Eisen immer erst vor Ort und nach dem Aufbinden des Köders fängisch. Entsichert wird erst nach dem Einbau der Falle, und zwar in der Reihenfolge 1. Federsicherung(en) 2. Bügelsicherung.

Hier ist besondere Vorsicht angebracht. Zwar besagt die Unfallverhütungsvorschrift, dass nur mit einem geeigneten (Zwillen)-Stock zu sichern bzw. zu entsichern sei, doch halte ich das nur dann für angebracht, wenn sich der Fangbunker allein von oben beschicken lässt.

Nachdem der Falleneinbau bei meinen Fangbunkern grundsätzlich von der Seite her geschieht, entsichere ich von Hand. Ein in den Boden gestecktes Stöckchen zeigt mir die Lage der verblendeten Bügelsicherung an, so dass die Suche nach derselben kein Problem darstellt und ich mich auch nicht des Risikos der Bügel aussetzen muss. Entscheidend für das Handling und die Sicherheit ist nämlich, wie leicht die Sicherungsflügel gleiten.

Wartung des Eisens

Zwischen Eisenkauf und Einbau lasse ich immer eine gewisse Frist verstreichen. Fabrikneue Eisen kommen erst einmal zum Zwecke des Verwitterns auf den Lagerplatz zwischen Strohballen, Heuballen oder auch Getreide. Trockener Sand, Torf oder staubtrockenes Erdreich erfüllen den gleichen Zweck.

Wem das langwierig oder zu unsicher erscheint, der möge seine Eisen in einem Kessel, der groß genug ist, ein Hirschgeweih aufzunehmen, abkochen und diese anschließend durch Einbringen von Fallenwachs in kochendes Wasser durch Eintauchen wachsen. (Bis dato bin ich auch ohne genannten Kunstgriff recht gut gefahren, wie eine Raubwildstrecke von mehreren Hundert Mardern und Füchsen beweist, bzw. es hat sich für mich die Notwendigkeit des Wachsens bislang noch nicht gestellt).

Fallen abkochen und wachsen

Vor dem Ausbringen schmiere ich Sicherungen und Stellung mit Paraffin. Wir erhalten es in der Apotheke in verschiedenen Viskositäten. Paraffin ist zähflüssig, farb- und (für unsere Nasen) geruchslos. So geölt , bleiben die wichtigen Funktionselemente des Eisens nach einmaliger Behandlung an trockenen Standorten eine ganze Saison beweglich. Dort, wo Feuchtigkeit, insbesondere feuchtes Erdreich, das Rosten begünstigt, müssen wir alle drei bis vier Wochen den Schmiervorgang wiederholen. Festgerostete Sicherungsflügel werden übri-

Die beweglichen Teile des Eisens werden mit Paraffin geschmiert. Besonders anfällig für Rost sind die Sicherungen

gens durch wiederholtes Drehen im Wasser wieder gängig. Außerdem ist das Verfahren materialschonender als das Beweglichklopfen. Zum Ende der Saison aber kratzen wir anhaftenden Schmutz mit einer Stahlbürste weg und ölen die beweglichen Teile nochmal mit Paraffin (Knochenöl).

Schwache Federn austauschen

Weiterführende Pflegemaßnahmen (wie zum Beispiel Rostschutz-Anstrich) erübrigen sich nach meiner Erfahrung. Zu schwache Federn lassen sich übrigens erneuern. Das ist billiger, als neue Eisen zu kaufen. Die Firma Weißer in Schramberg führt beispielsweise solche Reparaturen durch. Irgendwann kommt auch die Zeit, labil gewordene Sicherungsflügel auszutauschen. Das kann jeder geschickte Heimwerker mit Erfahrung in der Metallbearbeitung selbst vornehmen, oder man beauftragt einen Schlosser, Sicherungsflügel aus rostfreiem Stahl einzufügen. Dann ist das Eisen wartungsarm und – für den Fänger sicher.

Einbau des Eisens

Sobald ein potenzieller Fangplatz regelmäßig angenommen ist, müssen die Vorarbeiten für den späteren Einbau beginnen: Ausstechen des Fallenbettes mit dem Handspaten, Beseitigen störender Wurzeln und Steine, probeweises Ein-

Das Fallenbett muss sorgfältig ausgestochen werden und das Eisen muss wackelfrei aufliegen. Wenigstens unter die Feder des Eiabzugseisens legen wir bei weichem Untergrund einen flachen Stein als Widerlager. Beim Schwanenhals unter beide Federn und unter den Rand der Stellschiene. Die Dreipunktauflage bringt beim Eiabzugseisen den Vorteil, dass das Eisen nicht am feuchten Erdreich festfrieren kann

Das beköderte Eisen wird bis auf den Köder mit Nadelspreu abgedeckt. Spreu gut andrücken!

betten des Eisens, Einbringen von Nadelspreu, Verbunkern bzw. Umbauen oder Umzäunen desselben.

Nach diesen Vorarbeiten muss das Raubwild durch Kirren erst wieder mit dem veränderten Platz vertraut gemacht werden. Das fordert Zeit und Geduld.

Ab Mitte November bringen wir die Eisen vor Ort. Am vorgesehenen Platz vergewissern wir uns noch einmal, dass die Bügel nirgends streifen oder anschlagen können. Danach scharren wir mit den Händen das Fallenbett frei. Nun passen wir das Eisen probeweise ein, kratzen bei Bedarf hier etwas weg und füllen dort auf. Alles zum Zweck, dass das Eisen satt aufliegt. Bei weichem Untergrund legen wir unter die Pole der Federachse und unter die Stellschiene einen flachen Stein, damit die Kraft der Feder nach oben wirkt.

Eisen muss immer satt aufliegen

Wichtig: Nie darf das Raubwild über den festen Bügel an den Köder gelangen, sonst wächst die Gefahr des Fehlfanges!

Nicht vergessen: Die Bügelsicherung braucht zum Ausschwenken Platz! Nun decken wir das Eisen mit trockenem Verblendmaterial bis zum völligen Verschwinden – Köder ausgenommen – ab. Ist es so eingepasst, dass es auf Druck nicht mehr wackelt und der Finger das Metall nicht mehr spürt, schwenken wir die Federsicherung zurück, füllen den Hohlraum mit Nadelspreu auf und drücken jene fest. Sodann entsichern wir den festen Bügel und lassen aus gebührender Höhe solange Spreu darauf rieseln, bis der Sicherungsflügel nicht mehr zu sehen ist. Seine Position markiert ein in die Erde gestecktes Stöckchen.

Nach meiner Erfahrung zählen übrigens Nachlässigkeiten beim Einbau zu den Hauptursachen des Misserfolges bei der Fallenjagd. Daher zahlt sich hier allergrößte Sorgfalt schnell aus.

Fangen über den losen Bügel

Der Blick auf ein gespanntes und gesichertes Eisen verrät, dass der Bügel über der Stellschiene durch den Sicherungsflügel oder durch die Stellung in seiner niedergedrückten Position gehalten wird. Wir sprechen hier vom festen Bügel. Sein Gegenstück ist der lose Bügel: Er lässt sich jederzeit bis zu etwa 150 Grad in Richtung Stellung bewegen.

Betrachten wir nun das Auge der niedergedrückten Feder näher, so erkennen wir, dass der feste Bügel höher aufliegt. Beim Auslösen erhält er demnach zuerst den Impuls durch die Feder und schlägt früher nach oben. Der tiefer liegende Rand des Federauges führt den losen Bügel gleichsam nach.

Bei der Doppelfeder führt diese Anordnung zum Springen des Eisens in Richtung loser Bügel. Befindet sich Raubwild im Moment des Auslösens mit Teilen seines Körpers über dem festen Bügel, kann es vorkommen, dass es vom hochschnellendem Bügel hoch- bzw. weggeschleudert wird und sich der Bügelschluss vor oder unterhalb des Körpers vollzieht.

Der lose Bügel zeigt zum Raubwildpass

Beim doppelfedrigen Schwanenhals passiert das sogar mit größter Wahrscheinlichkeit. Daher gilt es, den festen Bügel so zu verbauen, dass der Beutegreifer nicht über die – aus der Sicht des Fängers – unerwünschte Seite an den Köder gelangen kann. Sofern Eier als Köder Verwendung finden, steuern wir die Position des Raubwildes zu den Bügeln bewusst oder unbeabsichtigt durch die Art, wie wir sie aufbinden.

Raubwild nimmt Ei von der Breitseite

Grundsätzlich nehmen nämlich Füchse und Marderartige das Ei mit dem Fang von der Breitseite her, nie von den Polen. Wenn die Verbauung den direkten Zugriff verwehrt, drehen sich Marder über der Falle oder versuchen mit den Branten das Ei in die gewünschte Stellung zu dirigieren. Die Folgen können Branten- oder Fehlfänge sein. Bei Füchsen sind in solchen Fällen Brantenfänge obligatorisch. Beides jedoch wollen wir unter allen Umständen vermeiden.

Nun gilt der Fang über den losen Bügel als absolut sicher tötend, weil der feste Bügel mit voller Wucht hinter den Kopf, in den Nacken oder zwischen die

Wirbel vor bzw. über den Schulterblättern schlägt und der lose Bügel von unten her für die Klemmwirkung sorgt. Bezeichnenderweise sehen das sowohl der Deutsche Jagdverband (DJV) als auch der Bund deutscher Berufsjäger (BdB) so und fordern ausdrücklich diese Art des Fanges bei Verwendung von einfedrigen Eiabzugseisen.

Beim Fang über die Federachse wird dagegen der Brustkorb von den Bügelhälften zusammengedrückt. Im Fachjargon bezeichnet man das als Herzfang. DJV und BdB wollen diesen wiederum bei der Verwendung des 70er Schwanenhalses angewandt wissen.

Soll nun über die Federachse gefangen werden (Herzfang beim Marder mit dem Eiabzugseisen bzw. mit dem 46er Schwanenhals, Herzfang beim Fuchs mit den größeren Schwanenhalsausführungen), muss das Ei quer zur Federachse aufgebunden werden. Einer der beiden Pole zeigt demnach in Richtung Stellung.

Hier wird an einem Wurzelauslauf der Fang über den losen Bügel angestrebt. Der Fangplatz wird umbaut, abgedeckt und zusätzlich mit einer Selbstauslösung gesichert

Beabsichtigt dagegen der Trapper den Fang über den losen Bügel (Genickfang beim Marder, Kopffang hinter den Gehören beim Fuchs mit dem Eiabzugseisen, Genickfang beim Fuchs mit dem Schwanenhals), bewirkt er ihn, wenn die Pole des Eies in Richtung Federachse weisen. Nun differieren sowohl die Bügelweiten der Schlageisen zwischen 16 cm (37-cm-Eiabzugseisen) über 19 cm (46er Schwanenhals), 22 cm (56er Schwanenhals) bis zu 27 cm (70er Schwanenhals), jeweils vom Löffel zum Bügelscheitel gemessen, als auch die Größen des auslösenden Raubwildes.

So wogen von mir gefangene Füchse zwischen 5,1 kg und 9,8 kg, Marder zwischen 1 100 g und 2 480 g. Obwohl das doppelte Gewicht nicht aus der doppelten Größe resultiert, sind dennoch Längendifferenzen im Bereich von we-

Der Fang über den losen Bügel tötet als Genickfang absolut sicher

nigstens 25 % an der Tagesordnung. Aus den genannten Gründen kann es auch beim Fang über den losen Bügel keinen einheitlichen Schlagpunkt geben. Vielmehr müssen wir von einer (immer tödlichen) Schlagzone ausgehen, die beim Fuchs – je nach Bügelweite – vom Hinterhaupt bis weit in den Halsbereich, beim Marder vom Hals bis zum Schultergürtel reicht. Tierquälerischen Dünnungs- oder Beckenfänge – wie manchmal behauptet wird – lassen demnach weder die Anatomie des Raubwildes noch die Maße der Eisen zu.

Nebenbei bemerkt: Bei den gut 200 Mardern, die ich mit dem Eiabzugseisen per Genickfang erbeutet hatte, gab es nicht einen Hinweis, der einen längeren Todeskampf indiziert hätte. Oft genug aber war das Fangei noch heil. Durch Bewegen oder Herumschlagen der Falle jedoch wäre die Schale mit Sicherheit angeknackst oder gebrochen. Auch der Herzfang tötet, wobei hier nach meiner Einschätzung die Weitung des Brustkorbes durch Ein- bzw. Ausatmen über „sofort“ und „schnell“ entscheidet.

Hier wird der Fang über den losen Bügel angestrebt: Die Pole des Eies liegen parallel zur Feder (links). Binden wir dagegen das Ei so auf, wie rechts zu sehen ist, streben wir den Herzfang an. Der Stock zeigt die angestrebte Annäherung des Raubwildes

1

2

Fang über den losen …

Wird der Schwanenhals vom losen Bügel her ausgelöst, springt er dem Raubwild entgegen und fasst zuverlässig im Genickbereich (Fotos 1 und 2)

… oder festen Bügel

Löst Raubwild über den festen Bügel aus … (Fotos 3 und 4)

3

4

... wird es weggeschleudert oder an den Extremitäten erfasst (Fotos 3–8)

... daher: Immer den Zugang über den festen Bügel verbauen!

Verblendmaterial

Im Freien gibt es nur ein wirklich gutes Verblendmaterial: Fichtennadelspreu. Wir finden sie trocken und in ausreichender Menge zwischen den Wurzelausläufern bzw. in nicht mehr bewohnten Ameisenhaufen. Sollte sie in der Nähe des Fangplatzes nicht vorhanden sein, bringen wir sie im Sack mit, wobei vorheriges Sieben sicherstellt, dass sich keine Zapfenreste oder Aststückchen mehr in diesem Abdeckmaterial befinden.

Als bestes Verblendmaterial hat sich astfreie Fichtennadelspreu bewährt. Notfalls decken wir sie dünn mit ortsüblichen Verblendmaterial ab. Achtung: Es darf sich nichts zwischen die Bügel klemmen, das den Schluss behindern könnte, sonst gibt es Fehlfänge!

Anders als obriges Verblendmaterial nimmt nämlich die Nadelspreu kaum Feuchtigkeit auf und verklumpt demnach bei Frost nicht so, dass das Zusammenschlagen der Bügel verhindert wird. Wo die Spreu am Fangplatz nicht vorkommt, decken wir sie mit ortsüblichem Verblendmaterial, beispielsweise Laub, dünn ab. Sägemehl, Torf, trockenen Sand, Druschabfall und feingehäckseltes Stroh setze ich nur dort ein, wo die Feuchtigkeit nicht einwirkt, also nur an Fangplätzen unterm Dach.

Erde als Verblendmaterial ungeeignet

Vor Erde als Verblendmaterial warne ich. Bei Frost wird sie hart wie Stein und zementiert das Eisen regelrecht ein oder – das ist noch schlimmer – hält einen Bügel fest, bzw. verhindert den völligen Bügelschluss.

Das Innere von Fangbunkern und Fangkisten im Freien füllen wir ebenfalls mit Nadelspreu. Sie sollte aber von Zeit zu Zeit, spätestens aber nach einer Saison des Schimmels oder des Moderns wegen ausgetauscht werden.

Offene Fangkiste

Die offene Fangkiste leistet in verschlossenen Gebäuden beste Dienste

Die Lösung für das Eisen bei weichem Untergrund

Beim Marderfang in Gebäuden gibt es bisweilen Probleme mit dem Einbau des Eisens, denn entweder ist der Untergrund zu fest oder zu weich (Stroh, Heu).

Abhilfe schafft hier die offene Fangkiste. Ihre Größe richtet sich nach den Abmessungen des verwendeten Eisens. Dabei darf dessen höchste Erhebung (Löffel) keinesfalls über den Rand der Kiste hinausragen. In der Regel wird aber eine Tiefe von etwa 10 cm ausreichen. Wo Nässeeinwirkung auszuschließen ist, können wir die Kiste mit Kaff, Torf, Sägemehl, gehäckseltem Stroh oder trockenem Sand auffüllen, und zwar so weit, dass nur mehr das Köderei sichtbar bleibt. Natürlich achten wir auf eine seitliche Verbauung der Kiste, damit der Marder nur über den losen Bügel an den Köder gelangt. Versetzt ist die Kiste schnell, daher genügen zwei bis drei für ein Revier.

Auf einem alten Speicher aufgestellt (unten) oder in den Boden eingelassen (rechts)

Das hängende Abzugseisen

Allgemein fordert der Gesetzgeber ein Verblenden des Köders nach oben, um sicherzustellen, dass er weder von Greifen noch von Menschen entdeckt wird.

Sorgsam getarnte Fangbunker tragen dem selbstverständlich Rechnung. Manchmal jedoch lässt das Terrain die Anlage einer solchen stationären Einrichtung nicht zu, bisweilen lohnt der Ertrag den Aufwand nicht, mitunter sticht einem der beuteträchtige Platz erst mitten in der Saison ins Auge. Den möchte man natürlich mit dem mobilen Fanggerät „Eisen" baldmöglichst nutzen. In solchen Fällen bietet sich das hängende Abzugseisen als Alternative an. Feldscheunen, Dornenhecken, Strohmieten und Holzlagerplätze sind dafür geradezu prädestinierte Standorte.

Von oben nicht zu sehen: das hängende Abzugseisen

Die Bohrungen für Federschiene und Stellschiene werden gesetzt (oben). Das hängende Abzugseisen wird an drei Punkten befestigt (unten)

Wir benötigen nichts weiter als ein nach Möglichkeit verwittertes Brett. Dieses hebt sich nämlich nicht so von seiner Umgebung ab. In der Regel reicht eine Länge von 80 bis 120 cm aus. Bei der Breite achten wir darauf, dass das zu befestigende Eisen vollständig abgedeckt wird. Gegebenenfalls müssen wir eben zwei Bretter zusammenfügen.

Das Eisen befestigen wir so, dass die Federschiene quer zur Längsrichtung des Bretts verläuft. Dazu legen wir es auf das Brett und bohren an beiden Polen der Federachse und am Ende der Stellschiene je zwei Löcher für die Aufnahme der

Ein eingeschlagener Nagel sichert den losen Bügel gegen Herunterklappen. Der Nagelkopf fasst gerade noch den Rand des Bügels

Halterung. Durch die Löcher führen wir nun Bindedraht oder starke Maurerschnur. Entsprechend stramm angezogen, hängt das Eisen an den drei Fixpunkten sicher unter dem Brett. Damit der lose Bügel nicht abkippt, schlagen wir seitlich einen Nagel so ein, dass sein Kopf den Bügelrand eben noch hält. Beim Einbau vor Ort gilt es lediglich darauf zu achten, dass der Bodenabstand den Bügelschluss zulässt und darunter noch zwei bis drei Finger „Luft" verbleiben. Bei den meisten Eiabzugseisen dürfte eine lichte Höhe zwischen Brett und Boden von etwa 25 cm ausreichen. Ein entsprechend langer Stab dient als Maß und erleichtert die Nivellierung im unebenen Gelände.

Beiderseits der Federachse verbreitern wir nun das Dach. Damit verhindern wir, dass das Fanggerät überhaupt entdeckt wird und den direkten Zugriff. Zudem bleibt der abgedeckte Fangplatz trocken und – was noch wichtiger ist – schneefrei.

Nässe und Frost können hängendem Eisen nichts anhaben

Witterungsbedingte Fehlfänge kennt das hängende Abzugseisen nicht, denn es gibt kein nasses bzw. gefrorenes Verblendmaterial, das den Bügelschluss verzögert oder verhindert. Wetterwechsel mit großen Temperatursprüngen beeinflussen die Gängigkeit des Fanggerätes ebenfalls nicht, weil keine Feuchtigkeit einwirkt. Bekanntlich verspricht gerade die erste Tauwetternacht nach einer längeren Frostperiode guten Fangerfolg, sofern die Eisen ohne Verzögerung auslösen.

Mit Ausnahme des Eies eignen sich alle Köder für das hängende Abzugseisen. Sie werden mit geringem Spiel aufgebunden, damit sich der Kopf des Raubwildes im Moment des Auslösens weit innerhalb der Bügelhalbkreise befindet. Die Regel sind dann Hals-Brustfänge mit gutem Tötungseffekt. Die Stellung muss aber auf geringsten Zug reagieren.

Beim Einstellen ihres Widerstandes gilt es, das Eigengewicht des Köders zu berücksichtigen. Damit liegt er geringfügig höher als beim eingelassenen Eisen. Aufgrund des Bodenabstandes können Mäuse als unerwünschte Kostgänger ihn nicht erreichen. Die Wahl des Köders wiederum selektiert bis zu einem gewissen Grad das zu fangende Raubwild. Für Katzen bieten sich der geräucherte Bücklings- oder Aalkopf an, daneben leistet mit Baldrian beträufeltes Hartbrot gute Dienste. Hier erübrigt sich auch vorheriges Kirren. Mit erstgenannten Ködern hatte ich übrigens bei Hermelinen oft raschen Erfolg. Bei Iltis und Marder bedarf der „garantierte" Fang einer Gewöhnungsphase .

In der noch warmen Jahreszeit werden wir sukzessive durch in Honig getauchtes Dörrobst, aber auch durch Frischobst Weißkehlchens Misstrauen abbauen. Sobald die Gefahr der schnellen Fäulnis nicht mehr akut besteht, verfehlen auch fleischliche Köder, wie Teile von Geflügel, Gescheide, Lunge usw., ihre Anziehung nicht. Hervorragend eignet sich für den Hausmarder mit Griebenfett bestrichenes Hartbrot. Selbst Reineke lässt sich an die hängende Falle gewöhnen, wobei nach meiner Erfahrung der Tübinger Impfköder (zwecks Befestigung in ein Stück getrocknete Rehdrossel gedrückt) geradezu magische Anziehungskraft besitzt. Leider gibt es diese Köder nicht zu kaufen, auch ist ihre genaue Rezeptur nicht bekannt. Wohl aber, dass die Impfköder vom Fuchs schnell angenommen wurden.

Selbst der Fuchs lässt sich überlisten

Gilt unser Trachten nun dem Roten, müssen wir einen etwas höheren Bodenabstand wählen und am besten gleich auf den kleinen Weißer-Schwanen-

Durch großflächige Überdachung bleibt das hängende Abzugseisen unsichtbar und erfüllt die Forderung nach Verblendung

hals mit der Doppelfeder zurückgreifen. Doch verlangt diese eine stabile Befestigung.

Weil Raubwild Manipulationen am Fangplatz vorübergehend übelnimmt, ist es immer von Vorteil, wenn wir das hängende Eisen beizeiten vor Ort bringen. Wir spannen und sichern es (gute Federn leiden darunter nicht!), lösen die Stellung aus und arretieren sie mit Hilfe eines eingeschlagenen Nagels.

Um das ständige Anheben des Bretts zum Zwecke des Beköderns zu umgehen, sägen wir in seine Mitte ein Loch und nageln eine drehbare Abdeckung darüber. So kann der komplette Köder am Faden in der Öffnung versenkt und über die Abdeckung fixiert werden. Genauso verfahren wir im Prinzip, wenn wir – aus welchen Gründen auch immer – die Originalfalle in der Gewöhnungsphase durch eine Attrappe ersetzen. Solche stellt sich der geschickte Bastler aus einem Schwarzblechband selbst her oder lässt sie von einem Spengler fertigen.

Raubwild gewöhnt sich an Wittrung, wenn sie stets von derselben Person ist

Wittrung für die feinen Nasen des Raubwildes hinterlassen wir übrigens immer am Fangplatz. Auch an sie gewöhnen sich die Pelzträger. Vor allem dann, wenn sie von ein und derselben Person stammt. Hinsichtlich des weiteren Verblendens gehen wir nicht anders vor als bei unseren übrigen Fangplätzen: Im einen Fall kommen wir mit wenig Tarnung hin, im der anderen drängt sie sich auf. Wie an allen Fangplätzen mit Totschlagfallen umzäunen wir auch das hängende Abzugseisen so, dass der freie Zugang zum Fanggerät unmöglich wird.

Nachdrücklich sei an dieser Stelle darauf verwiesen, dass sich das hängende Abzugseisen ebenso gut in einen Fangbunker (Innenseite des Fangbunkerdeckels) einbauen lässt. An der Wand dagegen angebracht, kann das Raubwild den Köder abziehen, ohne dass die Stellung auslöst.

Wie viele Fallen?

Hier eine Faustregel aufzustellen, fällt schwer, denn es sind verschiedene Faktoren, die die Zahl der benötigten Fallen bestimmen. Es liegt auf der Hand, dass wenige mobile Fallen genauso viel leisten können wie viele stationäre. Und sie leisten noch mehr, wenn sie sich universell einsetzen lassen.

Will ich Wiesel fangen, greife ich auf Wippbrettfallen zurück. Hier bewirkt ein halbes Dutzend schon eine Menge. Freilich komme ich damit dem anderen Raubwild nicht bei. Verwende ich dagegen starke Eiabzugseisen, reicht die gleiche Anzahl für ein effektives Fangen von Marder und Iltis bei gleichzeitiger Erbeutung von Fuchs und dem einen oder anderen Hermelin. Das setzt aber eine genügend große Anzahl von Fangplätzen und angenommenen Fangbunker voraus; vier bis sechs pro Falle. Um die gleiche Strecke mit anderen mobilen Fanggeräten (Scherenfalle, Kastenfalle) zu erzielen, müsste man schon wesentlich mehr von ihnen einsetzen.

Zahl und Art der Fallen ist sehr revierabhängig und hängt auch vom Finanz- und Zeitbudget ab. Entscheidend ist die Effektivität

Natürlich spielen die Revierverhältnisse eine erhebliche Rolle. Wo wir unsere Fallen weitgehend zu Fuss kontrollieren müssen, dürfte sich ihre Anzahl auch auf ein bescheidenes Maß reduzieren. Hier bleibt uns nur die Möglichkeit des

systematischen Klotzens, d. h., sukzessive Revierteil für Revierteil mit allen zur Verfügung stehenden Geräten „abzugrasen".

Nicht bei der Zahl der Fanggeräte sparen

Dennoch erachte ich ein halbes Dutzend Abzugseisen, eine Kastenfalle, ein bis zwei kleine Schwanenhälse zusammen mit den Wippbrettfallen für einen erfolgreichen Start als durchweg ausreichend. Freilich: Fünf Eisen bescheren mir im optimalen Fall pro Tag fünfmal Beute. Die übrigen Fangplätze aber liefern zunächst einmal nichts. Wohl aber muss ich sie regelmäßig beschicken sowie kontrollieren. Der Zeitaufwand bleibt also anfangs im Prinzip der gleiche, wie wenn ich das eine oder andere Eisen mehr einbette. Jedes Versetzen aber ist mit weiterer Zeit und vor allem fanghemmender Wittrung verbunden, es sei denn, wir arbeiten mit Attrappen, weshalb ich beim erneuten Aufstellen nicht unbedingt gleich Erfolg erwarten darf.

Auf Dauer gesehen, versprechen also mehr Fallen auch größere Strecken, doch nimmt die Relation von eingesetzten Fallen und Erfolg mit steigender Anzahl der Fanggeräte ab. Erbeute ich mit fünf von ihnen beispielsweise 20 Marder, bringt mir die doppelte Menge vielleicht 25. Im ersten Fall macht das vier pro Falle, im zweiten zweieinhalb. Dennoch: Die Bilanz am Ende der Saison spricht eindeutig für die zweite Lösung.

Die Ausrüstung des Fängers

Zeit ist knapp und bei der Fallenkontrolle besonders. Deshalb führen wir all das mit, was wir zum Entnehmen bzw. Aufbewahren der Beute und zum Einbau der Fallen benötigen.

Bewährt hat sich für den Transport im Auto und zum Fangplatz eine Minitonne aus Plastik mit zwei Traggriffen. In solchen Behältern werden Reinigungsmittel, Wachsspäne oder Leim aufbewahrt, und sie wandern bei Großverbrauchern täglich als Leergut zum Abfall. Sie sind tief genug, um alle Utensilien aufzunehmen und brauchen auf der anderen Seite wenig Stellraum.

Wenig, aber wichtig: das Handgepäck des Fängers

Unentbehrlich, und damit immer dabei, ist der Spannhebel. Ohne seine Hilfe könnten wir das gefangene Raubwild nicht aus dem Eisen holen und müssten das Eisen auch wieder nach Hause nehmen, wenn es nach dem Stellen versehentlich abschlägt. So aber spannen wir die Falle gleich wieder und bauen sie ein. Das spart Weg und Zeit.

Ferner begleitet uns grundsätzlich ein kleiner, doch stabiler Spaten (Klappspaten taugen meist nicht dafür). Er dient zum Ausstechen des Fallenbettes, zum Wegkratzen von Erde, zum Durchtrennen kleinerer Wurzeln, zum Auflockern überfrorenen Verblendmaterials, zum Auffüllen von Hohlräumen und zum Beseitigen störender Äste. Daneben ist er eine äußerst wirksame Waffe, wenn es darum geht, gefangenes Wild rasch zu töten. Ein wuchtiger Schlag mit der Schmalseite ins Genick oder über den Fang leistet nicht weniger als eine Kleinkaliberpistole und arbeitet lautlos.

Beim Einsatz von Lebendfallen darf selbstverständlich ein stabiler Jute- oder Leinensack zur Aufnahme des Raubwildes nicht fehlen.

Das sollte der Fänger immer mit sich führen: Wanne oder Tonne zur Aufnahme des Raubwildes, Gummihandschuhe, Fangeier, Spaten, Spannhebel und natürlich ein Messer

Bei dem zweifedrigen Schwanenhals ist das Entnehmen ungleich schwieriger, weil der Hebeldorn unter dem Raubwild durchgeschoben werden muss und die Feder höher reicht als beim Eiabzugseisen

Ohne die Dienste des Spannhebels können wir Raubwild nicht der Falle entnehmen

Ein Vorrat von Fangeiern gehört ebenfalls zur Grundausrüstung. Oft genug nämlich muss der Köder ausgetauscht werden, und manchmal geht das Ei beim Aufstellen der Falle zu Bruch. Wichtig ist auch das Messer. Mit ihm schneiden wir die Bindfadenreste vom Löffel und die überstehenden Fäden des angebundenen Köders kurz. Gummihandschuhe erfüllen eine doppelte Funktion: Sie schützen die Hände vor Verschmutzen beim Einbauen und vor Hautkontakt mit dem gefangenen Raubwild (Infektionsgefahr!). Daher führen wir sie immer mit.

Ein Stück Bindedraht und eine Rolle Maurerschnur komplettieren die Ausrüstung. Wir benötigen sie beispielsweise zum Anbinden von Stellhölzern der Rasenfalle oder zum Befestigen von Verblendmaterial. So sind wir für alle Eventualitäten gewappnet.

Fangplätze

Raubwild frequentiert alle Reviere, demzufolge finden sich auch in jedem Revier Fangplätze, wenn auch in unterschiedlicher Zahl und von verschiedener Qualität. Dem Anfänger freilich fehlt der Blick dafür und natürlich die Erfahrung. Dazu zwei Beispiele aus der eigenen Anfänger-Praxis.

Nachdem ich zweimal einen Marder gespürt hatte, gedachte ich spontan, ihn mit einem geborgten Eiabzugseisen zu erbeuten. Zum besseren Verständnis möchte ich anmerken, dass ich mich zu diesem Zeitpunkt mit der Fangjagd überhaupt nicht beschäftigt hatte und deshalb ohne jegliche Erfahrung war.

Ich stellte also ein geliehenes Eiabzugseisen in einer kleinen Blöße mitten in einer Fichtenkultur, beköderte es mit einem Hasenkopf, scharrte das Eisen bis zum Köder mit Schnee zu und harrte hoffnungsfroh dem nächsten Morgen entgegen, dann dem übernächsten...usw., bis ich schließlich nach 14 Tagen das Handtuch warf und mein Glück unweit davon mit einer Kastenfalle versuchte – mit demselben Misserfolg. Ein Jahr später stellte ich fest, dass das Gescheide, das ich ab und an in einem Reisighaufen deponierte, regelmäßig verschwand. Als die Zeit gekommen war, in dem die Bälge reif schienen, plazierte ich dort ebenfalls ein Eiabzugseisen und hatte prompt am nächsten Tag einen Fehlfang.

Anlaufpunkt für alles Raubwild: Die Buschinsel neben dem Feldweg

Über so viel Unbedarftheit meinerseits muss ich heute lachen und doch bin ich mir sicher, dass es nicht wenigen anderen ähnlich ergangen ist. Wenn nämlich jemand beispielsweise mitten in der Raubwildsaison mit der Nase darauf gestoßen wird, dass doch die Fangjagd brachliege, dann möchte der Betreffende aus verständlichen Gründen den schnellen Erfolg und lässt sich leicht zu unbedachtem Handeln hinreißen.

Wer aber seine Fallen nach Gutdünken aufstellt, arbeitet nach dem Prinzip der Losbude: Er erwischt viele Nieten und dann und wann vielleicht einen Treffer. Hat er diesen einmal, bekommt er Appetit auf mehr, prägt sich die Besonderheiten des Fangplatzes ein und überträgt die Erfahrungen auf ähnlich gelagerte Plätze.

Auf jagdlichen Instinkt verlassen

Dem erfahrenen Fänger aber springen in jedem Revier bestimmte Stellen sofort ins Auge. Wer schon viele Hochsitze aufgestellt hat, merkt instinktiv, ob sich eine Stelle dafür eignet; wer der Blattjagd huldigt, den ziehen bestimmte Plätze magisch an, auch wenn er sie vorher noch gar nicht kennengelernt hat; und den Schnepfenjäger lotst ein undefinierbares Gefühl ganz von selbst in die richtigen Ecken.

Mit dem Gespür für die Fangplätze ist es nicht anders. Freilich vermag kein Fänger von vornherein sagen, ob von drei parallel laufenden Knicks der linke, der rechte oder der mittlere den besten Fangplatz birgt. Das Auge trifft also nur eine Vorauswahl. Die Fangplätze für das Hermelin suchen wir im Feld: Steinhaufen sind ein Anlaufpunkt, trockene Drainagerohre oder Durchlässe andere. Auch Feldscheunen, Hecken, Strohhaufen, Feldraine, Grabensohlen und Ackergrenzen werden von den kleinen Räubern regelmäßig revidiert. Folglich plazieren wir hier unsere Wippbrettfallen, und zwar so, dass dieses tagaktive Raubwild dem „Durchschlupf“ nicht ausweichen kann oder bei der Beutesuche das „Loch“ neben seinem Pass inspizieren will.

Den Schwanenhals-Fangplatz orten wir an möglichst unzugänglicher Stelle im Wasser. Seicht soll das nasse Element sein, gering die Strömung und möglichst gleichbleibend der Wasserpegel. Daneben in Hecken oder Misthaufen in freier Flur.

Die Kastenfalle gehört auf den Zwangspass. Das kann die Grabenüberbrückung, die trockene Grabensohle oder der nicht wasserführende Durchlass sein. Kulturzäune sind Leitlinien für alles Raubwild, also steht hier die Kastenfalle ebenso richtig wie in Einschlüpfen von Hecken, Löchern im Zaun, auf Holzlagerplätzen, an Gebäudewänden oder auf horizontalen Verbindungsbalken in Scheunen.

Wo der Marder ein- und ausschlüpft, eine Kastenfalle aber nicht hinpasst, erkennen wir das Dorado für die Conibear-Falle. Das sind primär höhergelegene Öffnungen in glatten Scheunenwänden und solche in sonst dichten Zäunen, aber auch Zwischenräume bei aufgeschichteten Strohballen im Feld. Die große Conibear-Falle steht erfolgreich vor Durchlässen, die vom Fuchs angenommen sind.

Rasenfallen installieren wir neben Wildwechseln im Altholz oder Dickungen, im Feldgehölz oder Dornenhecken. Dorthin passt auch die Scherenfalle. Zu-

Anpflanzungen beiderseits von Schnellstraßen sind potenzielle Fangplätze. Das Raubwild revidiert sie regelmäßig

sätzlich aber noch an Scheunenrückwände im Feld, Holzlagerplätze, an Bachufern und vor Grabendurchlässe.

Fangplätze beizeiten auskundschaften

Der Schlagbaum hat sein Zuhause in Alt- und Stangenhölzern ausgedehnter Wälder.

Arbeiten wir mit Eiabzugseisen, widmen wir unsere Aufmerksamkeit den Scheunen, Hecken, Windschutzstreifen, Gehölzen und Gräben im Feld, den nicht begangenen, bepflanzten Streifen beiderseits von Schnellstraßen und Autobahnen.

Im Wald suchen wir die Fangplätze entlang der Kulturzäune, seitlich von Wildwechseln, im Winkel von Wegkreuzen, an den Bestandsgrenzen und in vorspringenden Zungen. Daneben bieten sich Reisighaufen, Wurzelausläufer und hohle Bäume an. Alle Anpflanzungen, die vom Dorf wegführen, die Gehöfte verbinden oder Nahtstellen zwischen Wäldern darstellen, kommen als potenzielle Fangplätze ebenso in Frage wie Schilfstreifen, Fasanenschütten, nicht mehr bewohnte Gebäude und Scheunen, in denen mehrjähriges Stroh oder Heu gelagert wird. Das gilt natürlich auch für Holzlagerplätze und Bretterhaufen.

Falle muss zum Fangplatz passen

Das Zuhause von Weiß- und Gelbkehlchen verraten Losungshaufen. Wir finden sie bei Holzlagerplätzen oder Reisighaufen im Wald; vor allem aber auf Speichern, zwischen Strohballen und Bretterstapeln. Dort allerdings dürften Fangversuche mit dem Eiabzugseisen eher vergebene Mühe sein. In seiner Behausung nimmt der Marder nämlich kaum Fallen an, was er einen Steinwurf davon weg schon anstandslos tut.

N
10
9
2
3
1
4
5
6

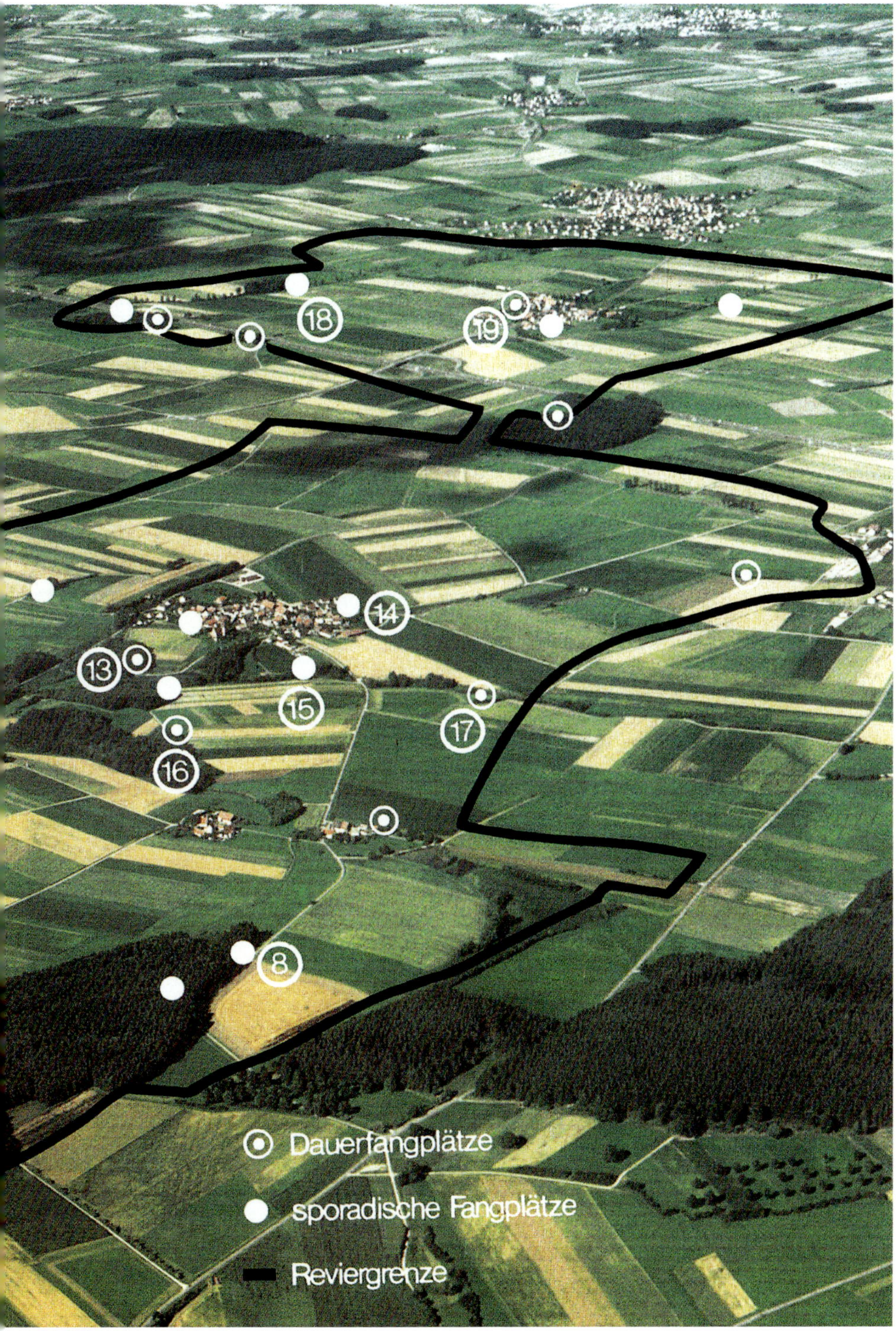
18
19
14
13
15
17
16
8
Dauerfangplätze
sporadische Fangplätze
Reviergrenze

Standort der Eisen

Durch Auslegen von Ködern den richtigen Fangplatz ermitteln

Den genauen Fangplatz ermitteln wir durch Auslegen von Ködern. Natürlich an Stellen, die sich vom Platz her für das Anlegen einer Fanganlage (z. B. Bunker) eignen: ebenerdig zwischen natürlichen Hindernissen wie Stämmen oder Steinen beziehungsweise Wurzelausläufern, in der Gasse zwischen Haselstauden, zwischen Wand und Bretterstapel oder Strohballen, neben einem Stützpfosten der Fasanenschütte, in einem Hohlraum der Fichten- oder Schlehenhecke oder anderen gedeckten Orten. Zudem: Je trockener der Fangplatz ist, desto weniger kann uns später der Frost etwas anhaben.

Die Fichtenhecke als Fangplatz für Fuchs und Marder (20). Die in Klammern stehenden Ziffern sind identisch mit denen der Revieraufnahmen auf den Seiten 118 und 214/215 dieses Buches

Das Fanggerät muss sich aber auch versenken lassen, und der Fangplatz darf bei Regen nicht zum Auffangbecken werden. Wichtig für den Fangerfolg ist, dass alle notwendigen Veränderungen am Fangplatz beizeiten abgeschlossen sind. Während der Fangsaison vollzogene halten nämlich vorübergehend das Raubwild ab und verzögern den Fangerfolg unnötig.

Feldgehölze sind gern genutzte Anlaufpunkte für alles Raubwild in deckungslosem Gelände (9)

Die Schwarzdornhecke im Feld: ein Spitzenfangplatz! (17)

Wurzelstöcke sind Fangplätze für Hermelin und Marder (2)

Hecke, Wasser und eine Feldscheune: Wo sonst, wenn nicht hier? (15)

Der Kulturzaun am Rand der Dickung: Zwangswechsel und Fangplatz (16)

Strohballen sind ideale Standorte für Kastenfallen und Wiesel-Wippbrettfallen

Der Erlengraben führt zum Wald. In der Schwarzdornhecke steht ein Fangbunker (5)

Solche Einschlüpfe gilt es zu beachten, wenn Fangbunker angelegt werden (6)

Die Marder stecken im Gehöft. In der Hecke werden sie gefangen (4)

Eine Scheune im befriedeten Bezirk. Hier bietet sich die geschlossene Fangkiste an (19)

Auch Holzlagerplätze eignen sich gut zum Fangen (14)

Der Holzlagerplatz im Wald. Warum ihn nicht zum Fangbunker umschichten?

Kein schöner Anblick, aber ein Anlaufpunkt für Raubwild sind solche Holzlagerplätze (18)

Oben: Windschutzstreifen vom Ort weg sind Leitlinien für ein- und auslaufende Marder sowie Füchse und somit potenzielle Standorte für Fangbunker oder Durchlauffallen. Katzenschutz beachten!

Rechts: Der Zwangswechsel am Kulturzaun im Wald drängt sich gerade zu für den Einsatz einer Kastenfalle auf

Zu den Bienenkästen am Waldrand gehört eine geschlossene Fangkiste (8) nach Rücksprache mit dem Eigentümer

Aus der Vogelperspektive lassen sich die Landschaftsstrukturen besser erkennen als vom Boden aus. Deshalb sind Luftaufnahmen, zum Beispiel mit Hilfe einer Drohne, eine interessante Hilfe bei der Wahl der Fangplätze

Kirren

Eier sind zum Kirren optimal

Zum Kirren eignen sich prinzipiell viele Köder, am besten aber das Ei. Erstens verdirbt es äußerlich nicht, zweitens erleichtert seine Signalfarbe die Kontrolle, drittens wird es von allem Raubwild – auch Fuchs und Dachs – angenommen, und schließlich lässt sich anhand des Fraßbildes schnell der Kostgänger ermitteln: Vögel zerhacken das Ei am Platz, Ratten nagen es dort einseitig an. Raubwild aber trägt es prinzipiell einige Meter vom Fangplatz weg, deponiert es oder beißt in einem Versteck die Schale auf.

Dazu zwei Beispiele: Von einem Jagdgenossen erhielt ich zum Kirren 16 für den Verzehr nicht mehr geeignete Zwerghuhneier, von denen ich jeden Tag eines am regelmäßig revidierten Fangplatz auslegte. Ein halbes Jahr später erzählte mir ein anderer Jagdgenosse, dass er beim Ausräumen seines Heuschobers 16 Zwerghuhneier fein säuberlich aneinandergelegt entdeckt habe. Er könne sich gar keinen Reim darauf machen. Die Luftlinie vom Fangplatz zur Deponie der Eier beträgt übrigens gut 500 Meter.

Anstelle der Original-Fallen lassen sich in der Kirrphase auch sehr gut Attrappen einsetzen

In einem anderen Fall fand ich durch Zufall auf der Suche nach Nadelspreu sämtliche sechs Lockeier vergraben hinter dem Fangplatz. Natürlich machen sich auch Rabenvögel, allen voran die Elster mit Vorliebe an unseren Eiern genossen. Wir halten sie davon ab, indem wir eine Schwinge eines Artgenossen an einem Zweig über den Fangplatz binden.

Wir müssen Raubwild durch fleißiges Kirren sukzessive von außen in das Innere der Fangbunker gewöhnen

Mit dem Ausbringen der Eier beginnen wir beizeiten: So die Fangplätze nicht bekannt sind, nach Möglichkeit bereits in der vegetationslosen Zeit, um dann rechtzeitig vorbereitende Maßnahmen ergreifen zu können (ansonsten im August oder September). Wir verteilen sie auf alle von uns ins Auge gefassten Fangplätze. Nach einer Woche oder 14 Tagen kontrollieren wir und legen nach, wenn das Ei verschwunden ist und verwunden gelegentlich auch den Boden, indem wir ihn etwas auf- und wieder zuscharren. Bald schon offenbaren sich die erfolgversprechenden Stellen. Auch dort, wo sich scheinbar nichts tut, sollten wir die Flinte nicht zu schnell ins Korn werfen: Manche Fangplätze werden nämlich erst kurz vor der Saison frequentiert.

Besondere Bedeutung gewinnt diese Methode bei einer Häufung von uns gleichwertig erscheinenden Fangplätzen, beispielsweise, wenn drei oder vier Hecken parallel laufen. Wir favorisieren schließlich den, der am besten bzw. regelmäßigsten angenommen ist und errichten dort bei Bedarf den Fangbunker.

Beizeiten die Ködereier ausbringen

Natürlich kostet das Verfahren Zeit und Eier, doch der Erfolg wird nicht ausbleiben und rechtfertigt sehr schnell den Aufwand. Im Laufe der Zeit kristallisieren sich die besten Fangplätze so deutlich heraus, dass wir uns fortan nurmehr um sie kümmern müssen. Beachten Sie aber, dass Sie den Fangplatz auch dann noch anfahren können, wenn sich die Wegeverhältnisse verschlechtern, sonst verlieren Sie zuviel Zeit bei der täglichen Kontrolle.

Je näher nun der Fangtermin – Mitte November – rückt, desto häufiger kontrollieren wir unsere Fangplätze. So erhalten wir schließlich einen Einblick über die Besuchszeiten des Raubwildes. Manche Plätze werden täglich angenommen, bei anderen beträgt der Abstand zwischen den Besuchen eine Woche. Später verfahren wir nach dem Motto: „Wer zuerst kommt, wird zuerst gefangen“.

Raubwild muss Eier eräugen können

Abschließend noch ein entscheidender Hinweis für das Kirren mit Eiern: Das Raubwild muss diese auch eräugen können. Also im Zweifelsfall durchaus einmal in die Marderperspektive begeben, um zu testen, ob das Ei günstig plaziert ist. Fangplätze können wir gar nicht genug auskundschaften. Je weiter sie über das Revier verstreut liegen, desto besser lasten wir später unsere Eisen aus, und umso geringer ist die Wahrscheinlichkeit, dass ein und derselbe Marder mehrere Plätze revidiert.

Beim Erkunden von Fangplätzen bringen wir Eier aus und hängen darüber die sogenannte Rabenscheuche. Sie hält Elstern und Krähen von der Aufnahme der Eier ab

Köder

Es ist schier unglaublich, welche Köder vom Raubwild schon abgezogen wurden. Und so schwören die meisten Fänger auf bestimmte Rezepturen, mit denen sie gute Erfolge hatten. Das können Fisch in allen Variationen sein, mit Wildschweiß getränkte Semmeln, Hirschruten und Schweinenabel, Lunge und Gescheidestücke, Teile von überfahrenem Wild, Geflügelreste mit und ohne Federn, Speck, Schokolade, Frisch- und Dörrobst....

Mäuse fressen die meisten Köder

Und sie alle haben gemeinsame Liebhaber: die Mäuse! Es erstaunt immer wieder, wie schnell sich die Nager an einem Fangplatz einstellen und wie schnell sie einen Köder weggeputzt haben. Für den Fänger aber bedeutet das ständiges Beschicken des Fanggerätes, Ein- und Ausbau desselben, ständiges Öffnen des Fangbunkers zur Nachschau, denn selbstverständlich signalisiert auch die ausgeklügeltste Vorrichtung nur das ausgelöste Eisen, nicht den abgefressenen Köder. Auf diese Weise verlieren wir nicht nur Zeit, sondern wir hinterlassen außerdem noch unnötig unsere fanghemmende Wittrung.

Von Fäulnis und Verderb will ich hier nicht reden, denn Reineke liebt sogar Anbrüchiges, doch der Marder greift nach meiner Beobachtung nur mangels anderen Fraßes darauf zurück. All die genannten Gründe sprechen für das Ei als Köder, denn es wird am geeignetem Ort auch vom Fuchs gern angenommen, es bleibt äußerlich lange unversehrt und damit lockfähig, ferner vermögen ihm die Mäuse erst dann etwas anzuhaben, wenn das Ei durch Frost Risse bekommen hat.

Lange Zeit war ich der Meinung, dass Katzen keine Eier mögen. Dann gestattete mir ein Jagdgenosse das Fangen in einer Scheune mit der Auflage, dass sich keine Katzen fangen dürfe. Das sagte ich besten Gewissens zu und gab ihm darüber hinaus noch im Brustton der Überzeugung zu verstehen, dass Katzen keine Eier fressen würden.

Am nächsten Tag jedoch – oh Schreck! – hing ein wohlgenährter Kater tot in den Bügeln. Sehr kleinlaut geworden, musste ich beichten, nicht ohne (wahrheitsgemäß) zu beteuern, dass dies der erste Missgriff in meiner Fängerpraxis gewesen sei und – dass Katzen, die Eier fressen, ohnehin nichts taugten. Um es kurz zu machen: Ich durfte weiter dort Fallen stellen, feierte am besagten Fangplatz zahlenmäßig die größten Erfolge und fing keine Katze mehr.

Anderswo, in einer offenen Fangkiste, jedoch deren zwei. Eine davon hatte wohl die Fangkiste als Klo benützt und die Stellung durch Scharren ausgelöst.

Auch daran sollte der Fänger denken, wenn er im befriedeten Bezirk seine Fallen installiert.

Fangeier

Anhänger anderer Köder mögen mir nachsehen, wenn ich das Ei favorisiere, aber es hat mir nach zwei Jahren häufiger Misserfolge vielhundertfachen Fangerfolg beschert.

Haben wir mit Eiern erfolgreich gekirrt, bleiben wir ihnen auch später treu und verwenden sie für die Abzugseisen. Freilich bereitet das Befestigen schon Kopfzerbrechen, denn schließlich soll das Ei ja auch auf dem Löffel halten. Abzugseisen, deren Stellung nur durch das Gewicht des Eies gehalten werden, sind nach meiner Erfahrung viel zu störanfällig. Sie lösen entweder gar nicht oder mit Verzögerung aus, vor allem bei verblendeter Falle.

Fangeier immer auf Vorrat präparieren

Vom gängigen Anstechen der Schale, um Bindfaden mit Streichholz oder Christbaumkugelhalterung im Inneren zu verankern, bin ich abgekommen, weil es zum einen zuviel Zeit schluckt und mir dabei einfach zu häufig die Schalen zu Bruch gingen. Irgendwann wird man dann doch des ständigen Rühreis auf dem Tisch überdrüssig. Außerdem bleiben bei dem Verfahren immer wieder Haarrisse zurück. Einfacher geht es, wenn wir den Bindfaden mit braunem Verpackungsband – Tesa – fixieren. Dieses Methode hat sich durchaus bewährt.

Zwischendurch verwendete ich mit Erfolg Fangeier, die mit einer Kunststoffmasse gefüllt und mit einer Öse zum Anbinden ausgestattet waren. Dann jedoch platzten mir in einer Frostnacht gleich 80 Fangeier (das Stück zu 1 Euro!) im Karton auf und waren unbrauchbar.

Als mir ein Bekannter von den Vorzügen seiner Heißklebepistole erzählte, war die Idee, mit ihrer Hilfe die Halteschnüre zu befestigen, geboren. Vorher aber testete ich an Lockeiern aus, ob der Klebepunkt das Raubwild von der Aufnahme abhalten würde. Nachdem ich mich überzeugen konnte, dass der Klebstoff vom Raubwild akzeptiert wurde, ging ich an die Arbeit. Nach beinahe 35 Jahren Erfahrung damit, halte ich diese Methode immer noch für nicht überholt, ungeachtet der Kenntnis, dass man sehr wohl auch Bindeschnüre oder Bindedraht um das Ei wickeln und mit Eigelb fixieren kann.

Ein Jagdgenosse, dem ich (schweren Herzens) ein Eiabzugseisen lieh, ohne ihm die genaue Köderbefestigung zu verraten, wickelte die Eier sogar mit normalem Draht auf den Löffel – und hatte vierfachen Erfolg in sieben Tagen zu verzeichnen.

So wird's gemacht

Nach wie vor bleibe ich also der Methode, die Bindeschnüre mittels geruchlosem Transparentklebstoff aus der Heißklebepistole zu befestigen treu. Beides gibt es in jedem Geschäft für Heimwerkerbedarf. Weil sich ein Gerät mit hoher Schmelzleistung natürlich auch anderswo bewährt, rate ich, nicht unbedingt das kleinste Modell zu erstehen.

Die Eier kaufe ich beim Bauern. Solche von freilaufenden Hühnern haben nämlich eine stabilere Schale als die aus Legebatterien. Die zum Ködern ausgewählten Exemplare dürfen selbstverständlich keine Beschädigung aufweisen, und die Klebstelle muss frei von Schmutz und von Feuchtigkeit sein. Wegen möglicher Kondenswasserbildung sollten die Eier vor dem Kleben frühzeitig dem Kühlschrank entnommen werden.

Eier von freilaufenden Hühnern haben stabilere Schale

Von der Maurerschnur schneide ich etwa 20 cm lange Stücke ab und knüpfe eine Schlaufe. Diese klebe ich dann auf die Schale. Kürzer als neun Zentimeter sollten die freien Enden nicht sein, damit sie sich später auch noch mit klammen Fingern problemlos auf dem Löffel festbinden lassen. Lieber kürzen wir sie später. Nach etwa zwei Minuten ist der Klebstoff ausgehärtet, und das

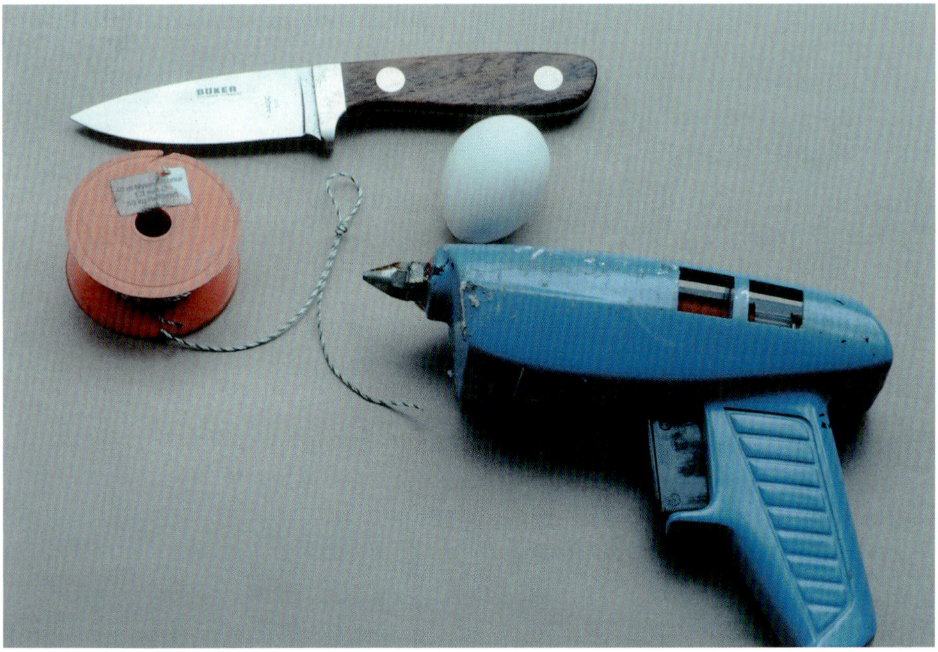

Messer, Maurerschnur, Heißklebepistole und Eier benötigen wir zum Herstellen von Fangeiern

Fangei fertig. Auf diese Weise mache ich bis zu 20 Eier in einer Viertelstunde einsatzbereit.

Zum Kirren und als Lockei eignen sich weiße Eier nach meinen Beobachtungen besser als braune, denn sie werden vom Raubwild eher gefunden und somit schneller angenommen. Ganz offensichtlich fungiert also die weiße Farbe als Schlüsselreiz. Ich habe nämlich schon Marder ohne vorheriges Ankirren nur mit einem Gipsei als Köder gefangen. Da das ja wohl keine eitypische Wittrung abgibt, dürfte der Beweis für meine Annahme erbracht sein. Damit erlaube ich mir auch, die Forderung nach nestfrischen Eiern zwecks Wittrung – aus der Sicht des Erfolges – zu relativieren. (Ist jedoch ein Fangplatz erst einmal regelmäßig angenommen, spielt die Farbe des Eies keine Rolle mehr).

Die Schnur wird mit einem nicht zu kleinen Klebepunkt befestigt. Nach etwa zwei Minuten ist die Klebestelle ausgehärtet und belastbar

Nach dem Aufkleben der Halterung unterziehe ich diese einer Belastungsprobe. Eier, deren Schalen nachgeben, werden aussortiert. Sie sind ja nicht kaputt, sondern finden im Haushalt oder zum Kirren Verwendung. Natürlich passiert es immer wieder – meist nach längerer Standzeit –, dass Marder oder Fuchs das Ei abreißen, ohne die Falle auszulösen. In der Regel bleibt dann die Klebstelle mit einem Rest der Schale auf dem Löffel zurück. In derartigen Fällen verzögert sich der Erfolg meistens nur um einen Tag, denn das Raubwild wurde ja nicht verprellt.

Selbstverständlich platzen die Schalen bei Frost auf. Das schadet aber nicht, denn die durchgefrorenen und teilweise steinharten Eier sind nun unempfindlich und überstehen sogar mehrere Einsätze. Sobald allerdings ein Wärmeeinbruch erfolgt, zerfallen sie beim Anstoßen oder bei geringstem Zug – auch die scheinbar unversehrten. Daher müssen nach einem solchen Wetterwechsel alle Eier – auch die im Bunker – ausgetauscht werden!

Übrigens hielten die Schalen gekochter Eier den Belastungsproben nicht stand.

Befestigen der Eier

Die Fangeier binde ich ohne jedes Spiel auf den Abzug – die Klebestelle wirkt ja schon als Distanzscheibe – und stelle gleichzeitig den Abzugswiderstand auf das vertretbare Minimum. Das garantiert sofortiges Auslösen und gibt – starke Federn vorausgesetzt – dem Raubwild nicht die geringste Chance einer Reaktion. Die Bügel schlagen nämlich zu, wenn sich der Fang noch unmittelbar über dem Löffel befindet.

Das Fangei wird am besten ohne jegliches Spiel auf dem Löffel festgebunden. Auch mit Tesaband lässt sich der Faden einfach fixieren

Je größer aber das Spiel des Köders ist, desto mehr nähert sich der Kopf wieder dem Bügelrand. Die Konsequenzen mag sich jeder ausrechnen. Ist freilich der Abzugswiderstand zu groß, wird das Ei entweder abgerissen oder – weitaus häufiger – auf dem Löffel ausgetrunken. Passiert das mehrmals, muss die Stellung nachgearbeitet werden.

Das Ei jedoch direkt auf dem Löffel festzukleben – wie bisweilen empfohlen – halte ich für wenig sinnvoll. Geht nämlich ein Ei beim Transport der Falle oder beim Stellen zu Bruch, darf das Gerät wieder den Heimweg antreten. Von der Wittrung, die sich beim Transport zwangsläufig auf dem Eisen niederschlägt, will ich erst gar nicht reden.

Ei nicht direkt auf den Löffel kleben

Eine weitere Alternative bietet die Weißer-Spezial-Stellung. Hier wird das angeschlagene Ei unter die Abzugsgabel geklemmt und vollständig verblendet. Durch Scharren löst sie der Marder aus. Allerdings ist darauf zu achten, dass auslaufendes Eiweiß in Verbindung mit Verblendmaterial nicht die Stellung festklebt.

Kontrolle

Mindestens ebenso wichtig wie aufwendige Sicherheitsmaßnahmen ist das Gebot, dass der Fänger als erster am Fangplatz ist. Dadurch spart er sich manche Unannehmlichkeit. Deshalb legen wir die Fallenkontrolle in die ersten Morgenstunden, möglichst noch vor Tagesanbruch. Um diese Zeit sind kaum Spaziergänger unterwegs, die den Fänger bei seiner Tätigkeit am Fangplatz beobachten können.

Morgendliche Kontrolle ist Pflicht

Auch wenn sich der Bunker aus einiger Entfernung per Fanganzeige überwachen lässt, tut der Fänger gut daran, ihn von Zeit zu Zeit gründlich zu inspizieren, denn wenn sich der Köder nicht mehr auf der Stellung befindet, lässt sich auch der Erfolg bitten.

Mir haben einmal Mäuse einen Strich durch die Rechnung gemacht. Immer fehlten die Lockeier am und im Bunker, doch war die Falle nie ausgelöst. Nach gut einer Woche kam mir die Angelegenheit spanisch vor, ich holte das Eisen heraus und stellte fest, dass das Ei von den Nagern längst ausgetrunken war. Nach erneutem Aufbinden jedoch durfte ich Weißkehlchen am nächsten Tag aus den Bügeln nehmen.

Zum Fangei lege ich grundsätzlich noch ein zweites und vor den Bunkereinschlupf ein weiteres. Sein Fehlen signalisiert mir auch ohne Schnee den Besuch eines Kostgängers. In 90 Prozent der Fälle wird übrigens das Lockei – egal, ob es sich vor oder hinter dem Fangei befindet – zuerst weggetragen bzw. verzehrt. Sollte sich das häufen, ohne dass das Raubwild an die Falle geht, sind Einbau und Köder zu überprüfen, gegebenenfalls zu erneuern. Normalerweise dürfte sich dann über kurz oder lang der Erfolg einstellen.

Erzwingen jedoch lässt er sich nicht. Das heißt, im Einzelfall bleibt uns trotzdem das Nachsehen. Selbst Köderwechsel hilft da nicht weiter. Immer wieder passiert es, dass Raubwild das Lockei wegträgt, das Eisen freischarrt und das Köderei nicht annimmt. Hier kann unter Umständen ein Wechsel des Fangplatzes oder des Fanggerätes (Rasenfalle) Erfolg zeitigen.

Doch als Fänger müssen wir uns damit abfinden, dass sich der eine oder andere Kostgänger mit Erfolg unseren Nachstellungen entzieht. Wäre es anders, gäbe es auch keine nachhaltige Nutzung der Raubwildbesätze. Spuren im Schnee zum Fangplatz und wieder zurück rufen bald Neugierige auf den Plan. Daher passieren wir grundsätzlich den Ort der Falle und kehren in weitem Bogen wieder zum Ausgangspunkt zurück.

Elektronik im Dienst der Fangjagd

Handy auf der Jagd? Vor einigen Jahren undenkbar, heute normal und nahezu unverzichtbar. Mit Hilfe des Mobiltelefons informieren wir Mitjäger, Angehörige und Mitarbeiter, wir teilen Beobachtungen mit, lenken und lotsen den Jagdbetrieb, holen Hilfe oder Helfer herbei, organisieren Bewegungsjagden und Nachsuchen und halten uns im Falle der Abwesenheit über alle Ereignisse auf dem Laufenden.

Wie weit sich jemand bei den eigenen Aktivitäten durch Anrufe stören lassen will, bestimmt er nach wie vor selbst.

Wildkameras haben ebenfalls längst Einzug in die Reviere gefunden und liefern verlässliche Informationen über Geschehnisse vor Ort. Was die Schwarzwildbejagung erleichtert, dient natürlich auch der Fangjagd und zwar beim Erkunden der Fangplätze, beim Ankirren und zur Fallenüberwachung. Wenn kein Schnee liegt, können wir nämlich ansonsten meist nicht feststellen, welche Kostgänger das von uns ausgewählte Terrain revidieren. Besonders bequem sind die Informationen, die via Handy frei Haus in Büro, Wohn- oder Schlafzimmer als Anruf oder SMS eintreffen.

Wildkameras sind auch für die Fangjag eine nützliche Hilfe, vor allem wenn sie Ereignisse direkt aufs Handy weiterleiten können

Wie oft das über Tag oder in der Nacht passiert, ist eine Sache des Programmierens. Mit etwas Glück hält die Kamera den Moment fest, in dem Raubwild in die Kastenfalle schlüpft oder den Fangbunker annimmt.

Neben den vielseitig nutzbaren Wildkameras können auch spezielle Überwachungsmelder die Kontrolle unterstützen. Sie liefern uns keine Bilder, sondern die Nachricht, dass unser Fanggerät ausgelöst wurde.

Bei letzteren handelt es sich entweder um umgebaute Mobiltelefone oder um speziell entwickelte Mini-Geräte. Beide bedienen sich der Mobilfunktechnologie, bedürfen einer SIM-Karte und arbeiten nicht umsonst. Je nach Anbieter unterscheiden sich auch die Gebühren, doch längst nicht jedes Netz arbeitet vor Ort störungsfrei. Und genau hier liegt der Hase im Pfeffer. Drum prüfe, wer sich vertraglich bindet.

Netzverbindung für den Fallenstandort vorher prüfen

Ob wir die Information über unser Fanggerät als Anruf oder als SMS erhalten wollen, entscheiden wir selbst. Sofern die Meldungen über das Internet (GPRS) übertragen werden, fallen jedoch stets Gebühren des Anbieters an, die sich zu erklecklichen Summen anhäufen können.

In der Regel arbeiten Fallenmelder mit eingebauten Magnetschaltern oder Erschütterungssensoren. Es gibt aber auch Systeme, die externe Sensoren verwenden.

Um die Funktionssicherheit und die Lebensdauer der Geräte zu gewährleisten, sollten die Gehäuse vor direkter Sonneneinstrahlung und Nässeeinwirkung in der Fanganlage installiert werden. Überdies macht es Sinn, einen Melder mit Stand-by-Modus zu wählen, der nicht benötigte Funktionen deaktiviert und so keine Energie vergeudet. Desgleichen gilt es, die vom Hersteller empfohlenen Batterien zu verwenden.

Fangjagd ist heute eine kritischer denn je beäugte Jagdmethode. Schon aus diesem Grunde verzeiht sie weder Nachlässigkeit noch Fahrlässigkeit, Wenn wir uns also eines elektronischen Helfers bedienen und wir uns auf ihn verlas-

Fallenmelder sind eine ganz wesentliche Hilfe für die Fangjagd. Aus Tierschutz- wie aus Effektivitätsgründen, aber auch unter Berücksichtigung einer immer kritischer werdenden Öffentlichkeit

sen wollen, dann muss er auch störungsfrei rund um die Uhr funktionieren. Dazu gehört, dass das Gerät wenigstens einmal am Tag eine Meldung sendet, die seine Aktivität belegt.

Nordrhein-Westfalen verlangt übrigens als erstes Bundesland den elektronischen Fallenmelder verpflichtend, wenn Lebendfallen eingesetzt werden.

Wildkamera plus Fallenmelder verschlingen derzeit eine Investition von ca. 700 Euro. Pro Falle wohlgemerkt. Das ist ein stolzer Preis für Zeit- und Kraftstoffersparnis. Außerdem sind die Geräte nicht übermäßig langlebig. Und zwar sowohl auf ihre Funktionssicherheit als auch ihren Umtrieb bezogen. Nirgendwo vollzieht sich nämlich ein Technologiewandel rasanter als in der Elektronikbranche- Handys und Kameras lassen grüßen.

Entsprechende Nachfrage vorausgesetzt, gibt es irgendwann mit Sicherheit perfektionierte Systeme, die nicht nur die ausgelöste Falle melden, sondern auch den Verursacher mit Bild dokumentieren.

Elektronik ist gut, aber kostspielig

Wer keine Kosten scheut und jedes seiner Fanggeräte elektronisch aufrüstet, der kann sich heutzutage alle Informationen über den Status der betreffenden Falle z.B. über die WuH-Revierwelt (*www.wildundhund-revierwelt.de*) ins Haus holen, auf diese Weise Lebendfallen und Fangbunker vom Schreibtisch aus überwachen und zielgerichtet agieren. Das mag sich für einen professionellen

Ein Waschbär hat sich gefangen und das Signal ausgelöst. So kann sich der Jäger gleich auf den Weg machen

Fänger, der auf Honorarbasis einschließlich Erfolgsbeteiligung in befriedeten Bezirken operiert, durchaus rechnen.

Im Normalfall aber will der passionierte Fallenjäger wissen, was sich auch sonst innerhalb der Reviergrenzen abspielt. Schon deswegen und nimmt er die tägliche Fahrt auf sich. Schließlich lässt sich ja die Kontrolle mit Jagdausübung oder Revierarbeiten verbinden.

Mechanische Kontrollvorrichtung

Außen-Anzeige für den Fangbunker

Sofern bei der geschlossenen Fangkiste oder beim Bunker aus Gründen der Sicherheit die Einschlüpfe seitlich versetzt wurden, lässt es sich von außen nicht erkennen, ob das Fanggerät ausgelöst wurde. Eine einfache Kontrollvorrichtung schafft hier Abhilfe.

Je nach Einbau des Eisens wird eine Angelschnur an den festen oder losen Bügel gebunden und über eine Ringöse nach außen geführt. Dort wird durch das Auslösen ein Klotz von seiner Unterlage gerissen oder ein Hängsel in seiner Position verändert

Die Signalvorrichtung zeigt an, ob das Eisen in der geschlossenen Fangkiste ausgelöst wurde

Dazu benötigen wir eine Angelschnur. Sie befestigen wir beim Fang über die Federachse am losen Bügel und am festen, wenn wir den Erfolg über den losen Bügel suchen. Die Schnur führen wir durch eine entsprechende Bohrung in der Fangkiste oder einen Spalt im Bunker zu einem in den Boden gerammten Pflock mit aufgelegtem Bauklotz und binden sie dort fest. Beim Schließen der Bügel wird der Klotz durch den Impuls der Schnur von seiner Auflage geschleudert. Alternativ nageln wir ein Querholz mit Öse so an den Pflock, dass ein Galgen entsteht. Die Schnur lassen wir wiederum durch eine tief in die Bunkerwandung gesetzte Bohrung in die Galgenöse laufen und knüpfen nach 25 cm Weg an ihr Ende ein leichtgewichtiges Anhängsel.

Hat die Falle ausgelöst, wird der Signalgeber bis kurz unter die Öse angehoben, wobei die Lagedifferenz der der Bügelhöhe entspricht.

Wittrung

Wirkungsvoller ist selbstverständlich schon die Wittrung, die einen Zusatz von geeigneten Mitteln, z. B. faenum graecum, Bibergeil, Ambra, Veilchenwurzel, vielleicht auch etwas Anis und Baldrian, mit Fleischbrocken und Hammelpfoten sorgfältig gemischt und in einem Topf im Dung zum Faulen und Gären gebracht ist. Ob die Fleischbrocken aus Katzen oder Hammelpfoten oder aus beidem gemischt bestehen, spielt eine weniger große Rolle, ebenso, ob der eine oder andere Zusatz fehlt. Nur dürfen diese nicht aus Tinkturen bestehen, sondern müssen reine, unverfälschte Naturware sein."

Bei der Weißer-Spezial-Stellung wird das angeschlagene Ei unter die Abzugsgabel geklemmt und vollständig verblendet. Durch Scharren löst sie der Marder aus

Diese Empfehlung von Berufsjäger H. Caspaul stammt aus der Zeit kurz nach dem Ersten Weltkrieg und betrifft den Fuchsfang mit dem Tellereisen. Beides ist heute überholt. Das eine aus Kosten– und das andere aus rechtlichen Gründen. Fuchswittrungen gibt es im einschlägigen Fachhandel: abgefüllt in kleine Fläschchen, übelriechend und von anhaltender Wirkung. Wie penetrant, das erlebte ich im eigenen Wagen, als mir ein Rest an Wittrung aus der Flasche in den Kofferraumboden träufelte. Geschlagene sechs Wochen weigerten sich meine Familienangehörigen hartnäckig, in das Auto einzusteigen!

Ob wir die Wittrung in der Nähe des Fangplatzes vertropfen, dürfte für den Erfolg sekundär sein. Nicht die Wittrung, sondern allein der Köder lockt nämlich das Raubwild in das Abzugseisen. Genau hier aber liegt der Unterschied zur Conibearfalle oder zum Tellereisen. Denn letztgenannte fangen das Raubwild auf seinem Weg zur Duftquelle.

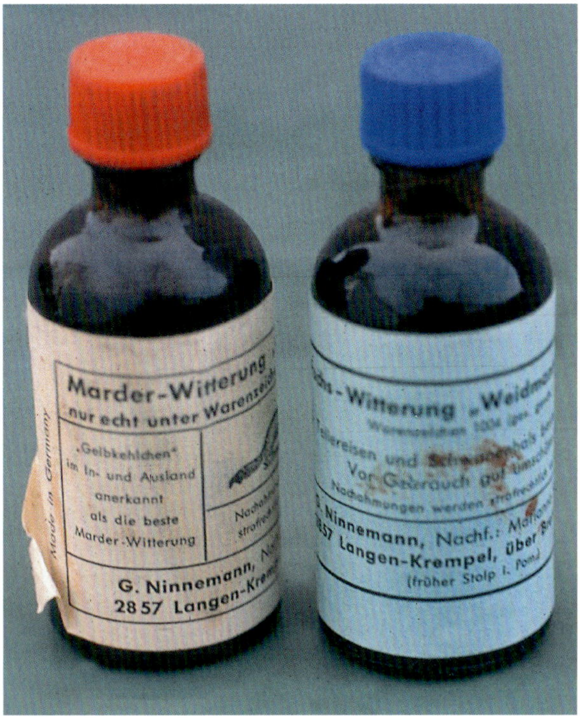

Nicht die Wittrung lockt das Raubwild in die Falle, sondern der Köder! Deshalb dürfen wir von ihr keine Wunder erwarten

Wenn wir bedenken, wie treu Reineke seine Pässe einhält, wie zielstrebig er unsere Fangplätze ansteuert, wie rasch er die Köder findet – und wie oft er sie meidet –, dann spricht das Bände. Das angewölfte Misstrauen des Fuchses ist nämlich sehr groß, und nur völlige Vertrautheit mit dem Fangplatz oder großer Hunger mag es überwinden.

Auf die nachhaltige Anziehungskraft von Bückling und Baldrian auf Katzen habe ich schon an anderer Stelle hingewiesen. Wenn wir sie fangen wollen, spricht nichts dagegen, sich ihres anziehenden Duftes zu bedienen. Handelsübliche Marderwittrung riecht – für unsere Nasen nicht unangenehm – nach Anis und Fenchel.

In der Anfangsphase des Ankirrens mit Eiern, insbesondere bei großen Fangburgen, schaden einige Tropfen bestimmt nicht. Der Fangerfolg stellt sich aber ohne sie ganz genauso ein. Denselben Effekt wie die Extrakte aus der Flasche bewirkt jedoch auch eine Handvoll in den Bunker gestreuter Apfeltrester.

Vorsicht bei Versprechungen über Wirkung von Lockmitteln

Weil nicht die Wittrung das Raubwild in die Falle lockt, sondern der Köder, dürfen wir von ihr keine Wunder erwarten. Eine gehörige Portion Skepsis ist vor allem dann angebracht, wenn Hersteller von Lockmitteln verheißen, dass man mit deren Hilfe nicht nur selektiv im Sinne von artenspezifisch, sondern gleich ganze Reviere und die der Nachbarn dazu leerfangen könne.

Wenn ein Mittel eine solche Anziehungskraft besäße, dass sein Duft allein Raubwild in die Falle lockt, dann bräuchten wir uns über erfolgreiches Fangen und diverse Methoden nicht mehr den Kopf zu zerbrechen. Dann würde nämlich eine der Größe des zu fangenden Raubwildes angepasste Kastenfalle – egal wo und wie aufgestellt – genügen.

Und dennoch gehen regelmäßig erfolglose Fänger solchen „Zauberern" auf den Leim, ohne zu merken, dass die Wittrung – wie immer sie sich auch nennen mag – lediglich einen Zweck erfüllt, nämlich Dumme zu fangen. Ein wenig erinnert mich solches Geschäftsgebahren an die Alchimisten der Fürstenhöfe, die ihren Lebensunterhalt mit dem Versprechen bestritten, Gold zu machen oder an Leute, die erfolgreich Systeme für „sichere Lottogewinne" an andere verkaufen statt sie selbst zu nutzen.

Die Lure lockte weder Steinmarder in die Kastenfalle noch in die Kania-Falle und erwies sich ganz eindeutig als Fehlinvestition

Ich gestehe gerne, dass auch ich die „unwiderstehliche Anziehungskraft" einer Marderwittrung, die einmal jährlich per Anzeige gepriesen wurde, auf ihre Wirksamkeit hin testete. Und zwar in einer Phase, wo das Gros der Ernte bereits eingebracht war. Doch vergebens hoffte ich auf den verheißenen Zulauf aus fernen Revieren. Daher fiel die Reststrecke ebenso bescheiden aus wie in den Jahren zuvor.

Standzeit der Fallen

Schön wäre es, wenn jeder Fangplatz in der ersten Nacht einen Fuchs, Marder oder Iltis bescheren würde. Dann hätten wir bei einer zweistelligen Anzahl von Eisen schon fast die Miete eingefahren. Doch das bleibt leider eine Illusion. Denn: Wer weiß schon, ob nicht ein und derselbe Marder bzw. Fuchs vorher mehrere Kirrplätze revidiert hat? Außerdem – wenn sich der Fang zeitlich so exakt steuern ließe, wie manche glauben machen wollen, müssten ja die Wochenenden für große Strecken ausreichen.

Nein, zwei, drei oder vier Marder am ersten Fangtag in den Rasenfallen bzw. Eiabzugseisen oder ein Fuchs im Schwanenhals sind ein erfreuliches und durchaus realistisches Resultat. Auch die folgenden Tage werden wir bestimmt nicht leer ausgehen. Doch nach der ersten Fangwoche, die gewöhnlich auch die beste ist, fällt die wöchentliche Quote ab; manchmal auf nurmehr ein Stück. Ob sich der Balgträger in der zweiten oder achten Nacht fängt, spielt doch keine Rolle. Hauptsache, wir kriegen ihn!

Der Standort dieser Dreiecksfalle scheint stimmig zu sein. Allerdings hat der Trapper – angesichts der Fangstellung – nochmal Glück gehabt

Überdies sind die Fangplätze nicht gleichwertig. Doch das weiß vorher niemand. Während wir bei den einen nicht über den Einzel- oder Doppelerfolg hinauskommen, liefern andere ein halbes oder gar ein Dutzend. Große Strecken an einem Platz erzielen wir aber nur, wenn das Eisen auch dort bleibt.

Nur nicht die Nerven verlieren! Vierzehn Tage Wartezeit sind noch lange kein Grund zum Wechseln. Es sei denn, die Eisen würden anderweitig dringend benötigt. Gute Federn leiden übrigens unter langer Standzeit nicht. Die meiner Eisen sind – mit kurzer Unterbrechung die ganze Saison gespannt und müssten nach teilweise 20 Jahren Gebrauch längst schlapp sein, wenn tatsächlich die Federkraft sukzessive abehmen sollte. Bei geeignetem Federstahl tut sie es nämlich nur durch Rost und der damit verbundenen Materialschwächung.

Am Rande bemerkt: Von den zahlreichen Füchsen, die ich mittlerweile mit Eiabzugseisen gefangen habe, ging mir nicht einer schon in der ersten Woche in die Falle. Manche sogar erst im zweiten Fangmonat. Doch erbeutete ich an einem Fangplatz innerhalb von vier Tagen zwei Füchse und einen Marder mit Eiern als Köder.

Zur Fangjagd gehören Geduld und Glück

Und auch das noch: Der schnellste Erfolg beim Marder benötigte zwischen Aufstellen des Eisens nach Einbruch der Dunkelheit (in einem regelmäßig bekirrten Alteisenhaufen) und dem Fang exakt 40 Minuten. An meinem besten Fangplatz – sein langjähriger Schnitt liegt bei 10 Steinmardern pro Saison – musste ich dagegen einmal sogar trotz erfolgreichen Kirrens von Mitte November bis zum Januar auf Erfolg warten. Den kuriosesten wiederum bescherte mir ein Schalenrest auf einem Eiabzugseisen, für den sich ein kapitaler Steinmarderrüde, ein „Oberkopf" interessiert hatte. Zum Erfolg gehört also – wie immer im Leben und speziell bei der Jagd – neben Geduld auch manchmal etwas Glück.

Erfolgreicher Einsatz an den aktuellen Brennpunkten: Der Vorteil von „mobilen" Fanggeräten gegenüber stationären ist die Flexibilität

Wetter und Fangerfolg

Natürlich beeinflusst die Großwetterlage auch den Fangerfolg. In unseren Breiten beschert der November gewöhnlich noch mildes Wetter, daher funktionieren unsere Fallen uneingeschränkt. Das gilt es zu nutzen.

Regen und Wind beeinträchtigen dabei das Fangen keineswegs. Im Gegenteil, das Raubwild läuft die Fangplätze im Freien besonders gern an. Sternklare Nächte mit Frost dagegen lassen unsere Aussichten schrumpfen: Die Fangplätze werden bei weitem nicht so revidiert, und die Gefahr des Fehlfangs wächst.

Tiefdruckwetter beschert Fangerfolg

Gegen plötzlichen Witterungswechsel mit Temperaturstürzen freilich sind wir machtlos. Dass Raubwild beim ersten Schnee nicht gerne läuft, ist bekannt, und auch hoher Schnee mindert die Erfolgsaussichten erheblich. Dass aber die Mondphase allein den Fangerfolg beeinflusst, kann ich nicht bestätigen. Bei mir richtet sich nämlich der Saisonbeginn ausschließlich nach dem Kalender, nicht nach dem Mond.

Im Laufe der Jahre aber erwischte ich in der ersten Fangwoche schon alle Mondphasen – ohne gravierende Unterschiede, was die Ergebnisse anbelangt. Während des Winterhochs allerdings lohnt sich die Fangjagd draußen kaum. Hier nutzen wir die Zeit mit Flinte und Büchse besser. Unter Dach jedoch sind die Chancen bei solchem Wetter durchaus gegeben. Jeder Wärmeeinbruch nach einer Kälteperiode aktiviert das Raubwild, besonders in der ersten Nacht, ungemein. Wenn jetzt die Fallen vor Ort wieder funktionsfähig sind, stellt sich der Erfolg von selbst ein.

Fangmonat Nr. 1 ist bei mir seit jeher der November. Trotz halbierter Anzahl von Fangtagen liefert er meistens schon den Löwenanteil der Strecke. Das Novemberergebnis bis zum Ende der Saison zu verdreifachen, ist mir übrigens noch nie gelungen. Insofern zeichnet sich zumindest in meinen Revieren früh die Höhe der zu erwartenden Fangstrecke ab.

Sicherheit

Darüber herrscht wohl bei waidgerechten Jägern Einmut: Wer Fanggeräte aufstellt, bürdet sich eine besondere Verantwortung gegenüber der Tierwelt und ebenso gegenüber den Mitmenschen auf. Sachgerecht installierte Totschlagfallen mit entsprechender Schlagkraft tragen dem Tierschutzgedanken ohne Zweifel Rechnung, indem sie das gefangene Raubwild schlagartig oder schmerzfrei rasch verenden lassen.

Wer Fallen stellt, muss sich kümmern

Doch gerade von ihnen geht eine nicht zu unterschätzende Gefahr aus, wenn sich Unbefugte daran zu schaffen machen. Die Zeiten sind leider unwiderbringlich verstrichen, in denen nach dem Laubfall die Wälder alleine dem Wild, den Waldbesitzern und den Jägern gehörten. Freizeithunger und Motorisierung machen heute selbst vor den entlegensten Winkeln unserer Reviere nicht mehr halt, und mit Selbstverständnis durchkämmen bzw. durchstreifen Feierabendtouristen mit Kind sowie vierbeinigen Begleitern Hochwälder, Schonungen, Kulturen und Flurauen.

Uns Jägern obliegt die Aufgabe, diese Menschen vor möglichen Unfällen mit unseren Fallen zu schützen. Die Sorgfaltspflicht ruht also allein auf unseren

Ein Warnschild sollte nicht in unmittelbarer Nähe der Falle aufgestellt sein, da es sonst schnell zum Hinweisschild werden könnte

An allen Einrichtungen, die dem Fangen dienen, sollten deutlich erkennbare Warnschilder angebracht werden

Schultern. Wie Gerichtsurteile beweisen, steht uns Justitia in den seltensten Fällen bei, wenn wirklich etwas passiert. Die Regel sieht nämlich so aus, dass es findige Advokaten immer wieder schaffen, im Schadensfalle von einfacher oder grober Fahrlässigkeit des Jägers auszugehen und ihm die Schuld bzw. eine Mitschuld aufzubürden. Derzeit schützen uns keine eindeutigen Ausführungsbestimmungen von Gesetzesvorschriften. Es gibt immer noch keine unmissverständlichen Anweisungen, die uns im Falle des exakten Befolgens aller Vorsichtsmaßnahmen von jeglicher Haftung im Unglücksfalle freisprechen. Der Begriff „Sorgfalt" ist nämlich wie ein Gummiband, das sich nach jeder Seite hin beliebig dehnen und wenden lässt.

Vor Gericht hat der Fallensteller schlechte Karten

Natürlich haben die Landesjagdverbände, der DJV und der BdB eine Reihe von Empfehlungen für das Stellen und Absichern von Totschlagfallen herausgegeben, doch sie sind eben nicht rechtsverbindlich. Wer also Fallen stellt, begibt sich auf's Hochseil: mit Netz, sofern er zum Teil aufwendige Sicherheitsvorkehrungen trifft, und ohne, wenn er auf solche verzichtet.

Über eines sind sich nämlich alle versierten Fänger im klaren: Je mehr Aufwand sie zur Sicherung ihrer Fanggeräte treiben (müssen), desto mehr schmälern sie auch den Fangerfolg. Folglich suchen sie den Weg irgendwo zwischen Szylla (minimaler Ertrag aufgrund maximalen Sicherheitsaufwandes) und Charybdis (großer Erfolg mit unkalkulierbarem Risiko).

Im Klartext: Wer sein Fanggerät „einbetoniert", braucht nicht zu befürchten, dass jemand Schaden nimmt. Wer es dagegen offen und zugänglich installiert, riskiert, anstelle von Raubwild auch Zweibeiner zu „fangen". Man stelle sich nur die Folgen vor, wenn ein Kind im Wald oder im Heuschober das auf das Eisen gebundene Ei entdeckt hat und seiner habhaft werden will oder denke an den Spaziergänger, dessen „Sammeldrang“ vom angeketteten Eisen um das Handgelenk jäh gebremst wird.

Freilaufende Hunde sind große Gefahr

Nicht zu vergessen der Dackel an der Leine oder der freilaufende Hund, der unter die Beschwerung von Knüppel- oder Rasenfalle geraten ist. Es mehren sich sogar Fälle, in denen Jagd- und insbesondere Fallengegner Unfälle provozieren, um den Jägern eins auszuwischen. Dazu gehört auch, Fanggeräte zu entwenden oder zu zerstören.

Was können wir dagegen tun? Vorsicht und nochmal Vorsicht walten und es nach Möglichkeit nicht zur Entdeckung kommen lassen, sind das oberste Gebot, um Probleme, wie sie zuvor geschildert wurden, zu vermeiden.

Sicherheitseinrichtungen

Zu ihnen zählen fraglos Warnschilder mit unmissverständlichen Hinweisen. Doch sind sie zweischneidige Schwerter: Während sie von den meisten Spaziergängern beachtet bzw. befolgt werden, animieren sie Rowdies erst zur Zerstörung und dann zur Suche nach den Fallen.

Leider sind Warnschilder ein zweischneidiges Schwert, denn sie rufen auch Neugierige auf den Plan

Daher gehören weithin sichtbare Warntafeln nicht in die unmittelbare Nähe des Fangplatzes. Auf dem Fallenbunkerdeckel angebracht, dienen sie jedoch als eine unverzichtbare letzte Warnung, sobald jemand das Verblendmaterial beiseite geschafft hat.

Die Sicherheitsauslösung wird aktiviert, sobald jemand durch Anheben des Deckels oder der Überdachung das vorgegebene Spiel der Schnur verbraucht hat

Fangbunker

Wirksame Sicherheitsvorkehrungen lassen sich dagegen bei der Anlage eines Fangbunkers integrieren. Unauffällig verblendet, schützen sie vor Entdeckung und – bei entsprechend stabiler Bauweise mit Vorhängeschloss – auch vor Zugriff (dabei ist sowohl auf einheitlichen Typ als auch auf gemeinsame Schlüssel zu achten). Und sollte sich wirklich jemand gewaltsam an ihnen zu schaffen machen, hat der Fänger das Recht auf seiner Seite.

Vorhängeschloss schützt vor Zugriff

Ob wir den Bunker unterirdisch anlegen, als Stein-, Erd- oder Reisighaufen tarnen, ihn in einen Holzstoß integrieren oder zum festen Bestandteil einer sonstigen jagdlichen Einrichtung machen, hängt wesentlich von den lokalen Verhältnissen ab.

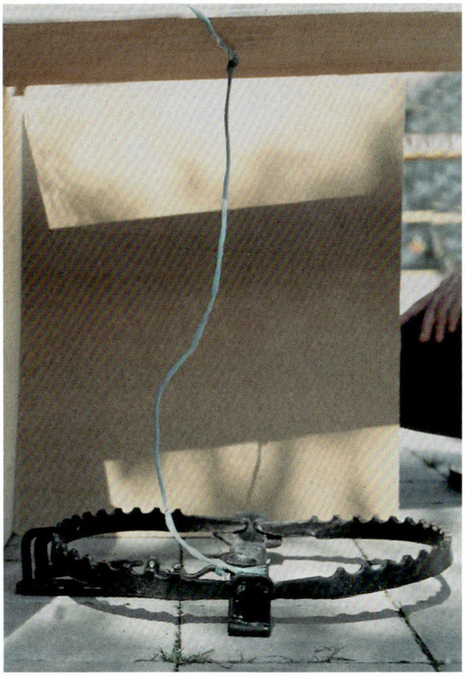
Wir knoten sie um den Löffel, lassen eine Handbreit „Luft" und verblenden sie mit ortsüblichem Material

Sicherheitsauslösung

Natürlich befindet sich längst nicht jede umbaute und verblendete Falle hinter Schloss und Riegel. Um hier Folgen von Manipulationen am Fanggerät vorzubeugen, bedienen wir uns der sogenannten Sicherheitsauslösung: Sobald jemand die Abdeckung zu lüften versucht, löst ein eingebauter Mechanismus das Eisen aus. In diesem Fall schützt die Abdeckung den Unbefugten vor den zuschlagenden Bügelhälften, und somit kommt er im wahrsten Sinne des Wortes mit dem Schrecken davon, vor allem, wenn die Auslösegeräusche einen entsprechenden Resonanzboden haben.

Wird die Abdeckung angehoben, löst die Falle aus

Die Schnur der Selbstauslösung führen wir durch eine Ringschraube im Deckel

Die Auslösung selbst ist rasch installiert: Wir binden das Ende einer Angelschnur unterhalb des Löffels fest, bedecken sie drei Finger breit leicht mit Verblendmaterial, leiten sie mit reichlich Spiel durch eine in die Abdeckung eingeschraubte Öse und führen sie von dort nach außen. Dabei ist es von Vorteil, wenn die Schnur an der Bunkerwand durch ein Stück Schlauch geführt wird.

Mit Hilfe einer Holzschraube wird sie in einer weiteren Ringschraube arretiert. Sobald der Deckels eine Handbreit angehoben wird, löst die Stellung aus

Nachdem der Deckel geschlossen ist, straffen wir die Schnur, lassen jedoch soviel Spiel, dass der Deckel ein wenig angehoben werden kann. An das andere Ende binden wir mittig eine Holzschraube. Ihr Gewinde stellt sicher, dass die Schnur nicht verrutscht. Die Holzschraube fädeln wir durch die Öse und stellen sie quer. Sobald beim Öffnen des Deckels die „Zugabe“ an Schnur verbraucht ist, löst die Stellung aus.

Wollen wir an das Fanggerät, ohne es auszulösen, brauchen wir nur die Schnur wieder freizugeben. Handelt es sich beim Dach um eine Eternitplatte, führen wir die Schnur durch ein Loch nach außen und schlingen sie um einen

Holzklotz. Bei einer zeltartigen Abdeckung mit Zweigen binden wir die Schnur an die „lose" Gerüststange oder an die ummantelnde Lage Maschendraht.

Geschlossene Fangkisten

Die probateste Methode stellt meines Erachtens die geschlossene Fangkiste dar. Ihre Maße richten sich dabei nach der Größe des Abzugseisens. Sie sollte aber so hoch sein, dass eine aufgestellte Hand über den Bügeln Platz findet und so lang, dass zu den Einschlüpfen ein ausreichender Sicherheitsabstand gewahrt bleibt.

Mit Fangkiste auf Nummer Sicher

Um sicher zu gehen, dass Kinder nicht durch die Einschlüpfe mit der Hand die Stellung auslösen können – die Folgen wären überaus fatal, weil die Hand nicht mehr zurückgezogen werden könnte –, versetzen wir die Einschlüpfe zur Seite hin oder vergrößern den Abstand durch eine Verlängerung mittels eingeschlagener Pflöcke oder eines Stücks Zementrohr.

Die Größe der Fangkiste richtet sich nach der Größe des Eisens. Jedoch muss ein Sicherheitsabstand zu den Einschlüpfen hin gewahrt bleiben. Die Einschlupfgröße der Fangkiste für den Marderfang sollte sechs Zentimeter nicht unterschreiten und auch nicht mehr als acht Zentimeter Durchmesser haben, damit keine ausgewachsenen Katzen eindringen können

Ein idealer Platz, die geschlossene Fangkiste aufzustellen: An Holzlagerschuppen schaut auch der Marder gerne mal vorbei

Sofern der Fang über den losen Bügel angestrebt wird, bringen wir bei der rechteckigen Fangkiste die gegenüberliegenden Einschlüpfe an den Längsseiten zur Stirnseite hin versetzt an. Schon der Luftzirkulation und eventuellen Wittrung wegen, ziehe ich auch beim Fang über den losen Bügel zwei Einschlüpfe einem vor. Deren Durchmesser sollte acht Zentimeter nicht überschreiten. Damit verhindern wir, dass ausgewachsene Katzen (befriedeter Bezirk!) ins Innere vordringen können.

Wenn wir zwischen Unterkante Einschlupf und dem Boden einen Abstand von etwa 10 cm berücksichtigen, fällt uns später das Verblenden leichter. Die Kiste selbst graben wir nach Möglichkeit so weit ein, dass der Einschlupf etwa 2 cm höher als seine Umgebung ist. Sofern ihr Boden nicht durch Teerpappe abgedichtet wurde, betten wir ihn auf Plastikfolie.

Aufgefüllt wird das Kisteninnere mit Nadelspreu, zudem legen wir bei angestrebtem Herzfang vor die Sicherungen der Feder(n) bzw. beim beabsichtigten Fang über den losen Bügel vor diesen ein Stück Kantholz, um eventuelles Freischarren zu unterbinden. Natürlich verblenden wir auch dieses Holz.

Das Raubwild gewöhnen wir durch regelmäßiges Kirren von außen nach innen. Wichtig: Bei jedem Nachlegen wühlen wir das Verblendmaterial mit der Hand durch und drücken es wieder leicht an. Dadurch machen wir Weißkehlchen mit der durch Bodenverwundung entstehenden Wittrung vertraut und beugen dem Scharren vor.

Die geschlossene Fangkiste lässt sich sehr gut im befriedeten Bezirk einsetzen. Mit Eisenband und Vorhängeschloss machen wir sie dort zugriffsicher. Ihre größten Vorzüge gegenüber anderen Bunkern bestehen in der kompakten Einheit, in dem noch erträglichen Gewicht und in der Mobilität.

Andere Fangbunker

Hinsichtlich fest eingebauter Fangbunker sind der Phantasie wahrlich keine Grenzen gesetzt. Das trifft sowohl für Material als auch für Form und Ausführung des Einschlupfes zu. Seit die Sicherheitsbestrebungen absolute Priorität besitzen, gesellen sich täglich neue, zum Teil kuriose Varianten zu den bereits etablierten, so dass sich manchmal der Betrachter fragt, ob nicht die eine oder andere Anregung aus dem Bau von Minigolfanlagen stammt. Ich gebe gerne zu, dass der Sicherheitsgedanke vervollkommnet wurde, wenn das Raubwild gezwungen wird, Zickzack-Kurse einzuschlagen oder Karussell im Bunker zu laufen, bis es an den Köder gelangt. Doch frage ich mich allen Ernstes, ob es das auch tut!

Halten wir also erst einmal das Grundprinzip des Fangbunkers fest: Eine stabile, im Boden verankerte Umbauung des Fangeisens mit verschließbarem Deckel, aus Gründen des selektiven Fanges verengtem und aus Gründen der Verkehrssicherheit so verlängertem Einschlupf, dass das Fanggerät von außen nicht mehr erfasst werden kann.

Die einfachste Methode besteht immer noch darin, Pflöcke in den Boden zu rammen, sie mit Bindedraht und Krampen oben zusammenzuhalten, einen Deckel mit Scharnieren anzubringen und diesen per Vorhängeschloss zu si-

Der Fanggarten: eine bewährte Methode, die Totschlagfalle sicher unterzubringen chern. Nach wie vor favorisiere ich hier die Version mit zwei Einschlüpfen, denn sie bescherte mir sowohl häufiger als auch schneller den Fangerfolg. Soll über den losen Bügel gefangen werden, verschließt man einfach einen Zugang oder berücksichtigt die Option durch eine Erweiterung der Bunkerwandung nach einer Seite hin.

Zwei Einschlüpfe haben sich bewährt

Die Rute signalisiert den Fangerfolg

Dabei sehe ich das wegklappbare Seitenteil gegenüber dem beweglichen Bunkerdeckel im Vorteil, weil man sich beim Einbauen des Eisens nicht in den Bunker hineinbeugen muss, sondern es seitlich einschiebt, nicht soviel Verblendmaterial beiseitezuräumen hat und den festen Bügel gefahrlos von Hand bedienen kann.

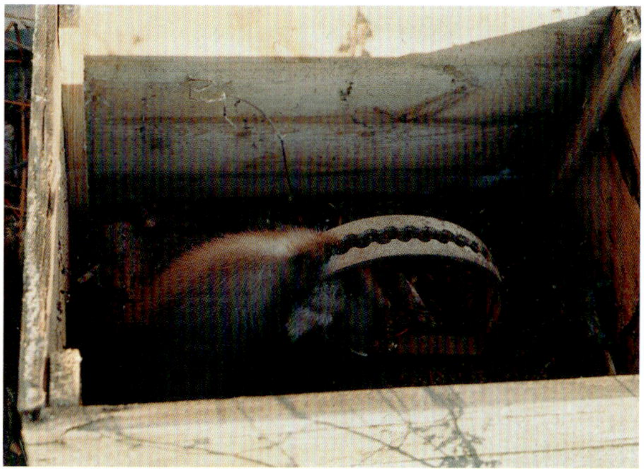

Befinden sich die Einschlüpfe an den Breitseiten, ist der Herzfang obligatorisch. Aus Sicherheitsgründen verlängern wir die Einschlüpfe durch eingeschlagene Pflöcke

Löst nämlich – aus welchen Gründen auch immer – der Schwanenhals im Bunker aus, dann möchte ich mich nicht ausgerechnet in hineingebeugter Stellung befinden, wenn mir das Schlageisen entgegenspringt. Passiert Gleiches bei seitlicher Beschickung, springt es von mir weg und in Richtung Deckel.

Fangbunker lassen sich auch – allerdings mit größerem Aufwand – aus Beton-Fertigelementen mit und ohne Mörtel zusammenfügen oder aus einem senkrecht gestellten, entsprechend zugeschnittenen und gebohrten Zementrohr (Einlauf, Deckel, Verriegelung) erstellen.

Wo wir Feldsteinhaufen oder Steinquader vor Ort finden, wäre es aus der

Bei der Sicherheitsfangkiste sind die Einschlüpfe an den Längsseiten. Dadurch können Unbefugte von außen nicht an die Stellung gelangen. Gefangen wird über den losen Bügel. Das Kantholz verhindert das Freischarren des verblendeten Eisens

Sicht des Fangerfolges geradezu töricht, sie nicht für unsere Dienste umzuschichten, insbesondere, wenn wir auch eine Sicherheitsauslösung integrieren. Natürlich darf hier ein Fallenbett nicht fehlen, und selbstverständlich verhindert eine eingelassene Sperre das Freischarren des Eisens. Das Verblenden geschieht mit ortsüblichem Material. Fangburgen sind arbeitsaufwendig. Daher errichten wir sie nur dort, wo wir durch vorheriges Ankirren die Richtigkeit des Standortes ermittelt haben.

Fallenbett darf nicht fehlen

Natürlich wird das Raubwild zunächst die Ortsveränderung meiden. Doch durch fleißiges Weiterkirren gewöhnen wir es im Laufe von Wochen ins Innere, wobei wir immer ein Ei vor dem Einschlupf auslegen. Je früher wir damit anfangen, desto größer ist die Wahrscheinlichkeit des Erfolges.

Die Möglichkeit, den Bunker mit Mist abzudecken, wurde an anderer Stelle schon angesprochen, und schließlich sei noch auf den Fanggarten verwiesen, eine allseits umschlossene Einfriedung nach Art einer Voliere in der wir unsere Totschlagfallen installieren.

Dieser freilich fordert schon einen großen Arbeitsaufwand, viel Material, das Einverständnis des Grundstückseigentümers und auch helfende Hände. Ob aus der Sicht des Erfolges ein oder drei Füchse bzw. der eine oder andere Marder die Mühen rechtfertigen, mag jeder für sich entscheiden.

Weitere Varianten von Sicherheitsfangbunkern aus Holz oder Beton

Rondellförmige Einläufe sind publikumssicher, doch werden sie vom Raubwild nicht so gerne angenommen

Der Sicherheitsfangbunker des Verfassers aus kesseldruckimprägniertem Holz vereinigt viele Vorzüge und hat sich in der Praxis bestens bewährt. Die beiden verlängerten Einschlüpfe dienen der Verkehrssicherheit und messen an ihrer schmalsten Stelle sieben Zentimeter. Das Dach ist fest und das Seitenteil wegklappbar. Das eingebaute Eisen lässt sich so risikolos einschieben und bedienen

Um das Raubwild an die Fangkiste und deren Wittrung zu gewöhnen, lassen wir die Klappe in der Kirrphase offen und bestücken sie mit einem Ei auf einer Eisenattrappe. Ortsüblich verblendet, fällt der Bunker nicht mehr auf

Im Steinhaufen befindet sich ein Fangbunker

Im Strohballenhaufen befindet sich ein Fangbunker für den Schwanenhals mit wegklappbarem Seitenteil. Gekirrt wird über das Rohr

Fehlfänge

Ein dunkles, ja schmerzliches Kapitel für jeden Fänger; gerne verschwiegen, doch nicht wegzuleugnen. Ärgerlich deswegen, weil das angekirrte Raubwild normalerweise ein für allemal vom Fangplatz verprellt ist.

Den Anfänger betrifft es naturgemäß öfter als den Fortgeschrittenen. Fehlfänge haben verschiedene Ursachen. An erster Stelle rangiert eindeutig menschliches Versagen, z. B. wenn vergessen wurde, eine Federsicherung auszuschwenken, wenn ungeeignetes Verblendmaterial verwendet wurde und Teile desselben den Bügelschluss ver- bzw. den Stellmechanismus behinderten, wenn Raubwild über den festen Bügel an den Abzug gelangte oder der Köder mit zuviel Spiel aufgebunden wurde.

Menschliches Versagen Hauptursache für Fehlfänge

Konstruktive Schwachpunkte diverser Fanggeräte bilden die zweite Rubrik ärgerlichen Versagens: zu geringe Abmessungen des Fanggerätes, zu schwache Federn, zu lange Verzögerung zwischen Auslösen und Verriegeln, und schließlich wären noch witterungsbedingte Ursachen zu nennen, allen voran plötzlich einsetzender, starker Frost nach vorangegangenen Niederschlägen oder Eisregen. Gegen letztes Unbill kann sich selbst der ausgekochte Profi nicht hundertprozentig absichern, so dass auch er, wenn auch selten, einmal vor einem ausgelösten Fanggerät ohne Beute steht.

Raubwildtrophäen gewinnen und verarbeiten

Seit jeher richtete sich bei der Verwertung von Raubwild der Fokus des Jägers primär auf den Balg, denn der brachte artspezifisch akzeptables Geld bis hin zum fürstlichen Lohn. Vom Erlös für zwei bis drei Kronenzobel beispielsweise ernährte ein Taiga-Nimrod seine Familie ein ganzes Jahr lang. Berufsjäger sicherten sich mit der Fallenjagd Einnahmen, die ihren Jahreslohn bei Weitem übertrafen. Förster und private Fangjäger finanzierten ihre Waffen sowie Ausrüstung von Balgeinnahmen, und manch fleißiger Fuchsjäger pachtete sich allein mit dem Entgelt ein Revier oder erfüllte sich jagdliche Träume.

Raubwildtrophäen sind bleibende Erinnerungen an besondere Jagderlebnisse

Doch mit den Bälgen verhält es sich wie mit dem Wildbret vom Nutzwild: Was man nicht für den Eigenbedarf nimmt, ist weg, weil verschenkt oder verkauft. Trophäen hingegen erinnern den Erleger bzw. Erbeuter zeitlebens an ein besonderes Erlebnis. Eines, das man auch gerne mit Gleichgesinnten teilt, sich an deren Bewunderung erfreut oder sich mehr oder minder verhohlen am Neid erfrischt. Man hat eben etwas, das andere ebenfalls begehren. Schon dieses Wissen steigert den persönlichen Wert. Außenstehende hingegen können in aller

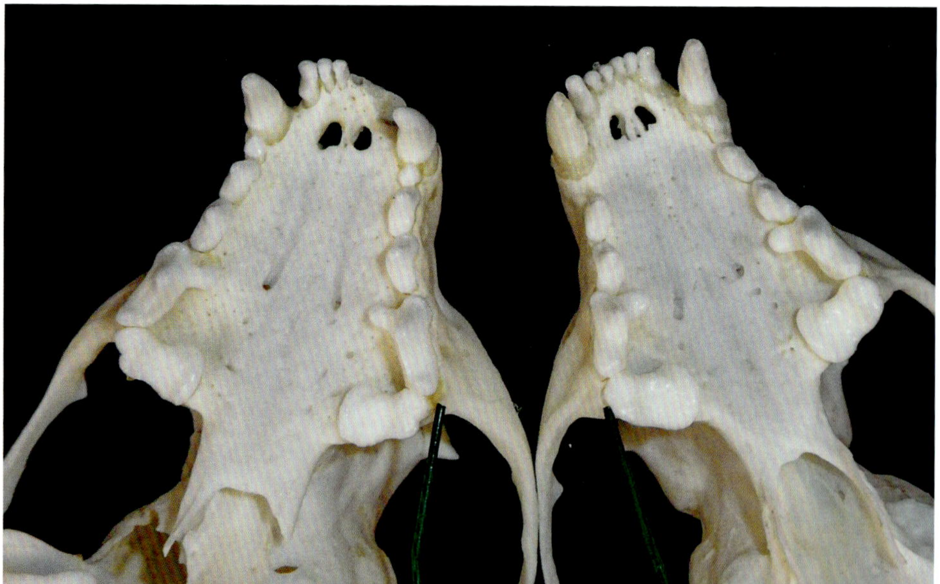

Nur am letzten Backenzahn erkennt man die Art: Steinmarder eingebuchtet, Edelmarder ausgebuchtet

Regel mit Trophäen nichts anfangen, ja, sie bekunden unter Umständen sogar Unverständnis, wenn sie erfahren, wie viel Abschussgebühren jemand entrichtet hat, bis die „Knochen" an der Wand hingen.

Natürlich nimmt sich ein präparierter Fuchsschädel auf dem Schreibtisch bei Weitem nicht so spektakulär aus wie das ausladende Geweih eines Kronenhirsches an der Wand, und doch kann der Erinnerungswert höher sein. Offiziell wurden die Schädel von Reineke, Dachs und Marderhund aufgewertet, wenn sie ab einem bestimmten Maß nach CIC-Norm, mit einer Medaille ausgezeichnet werden und Eintrag in Ranglisten finden können. Das spornt eingefleischte Trophäenjäger an.

Fuchs, Dachs und Marderhund werden nach CIC-Norm mit Medaillen prämiert

Mit einem Mal gewinnt der „Goldmedaillenfuchs" einen höheren Stellenwert als die 300-Gramm-Rehtrophäe, die bei einer Bewertung leer ausgegangen ist. Größerer Aufmerksamkeit auch bei Nichtjägern und ihren Partnerinnen erfreuen sich Schmuckstücke, bei denen Fuchshaken in allen denkbaren Varianten verarbeitet wurden. Sie begegnen uns landauf, landab, auf Trachten-, Mittelalter- und Flohmärkten, und manches Charivari zieren Knochen, die nur absolute Insider zuzuordnen wissen: Penisknochen von heimischen Raubwild.

Für die Fuchshaken gibt es im Fachhandel Halterungen aller Art

So kriegt man die Schädel weiß

Wärme, Sonnenlicht und Hausstaub setzen Wandschmuck aller Art zu. Nicht selten bleichen dessen Farben aus und beeinträchtigen Aussehen und Wert des Objektes. Bei knöchernen Trophäen verhält es sich genau umgekehrt: Schneeweiß kommen sie an die Wand und unansehnlich vergilbt eines Tages herunter. Schuld daran trägt das Fett in den Knochen, das beim Präparieren nur unzureichend entfernt worden ist und im Laufe der Zeit durch die Poren den Weg an die Oberfläche findet, sich zersetzt und sich mit der Knochenrinde dauerhaft verbindet. Letztlich entscheidet der Aufwand beim Abkochen, Säubern und Bleichen, ob sich die Trophäe hinterher blütenweiß präsentiert und vor allem, ob sie auch nach Jahren noch so aussieht.

Das Fett muss restlos aus den Knochen

Ein Geheimnis für die anhaltende Strahlkraft der Knochen heißt Weile statt Eile. Ein guter Freund von mir, dessen vor Jahrzehnten aufgemachte Schädel ihr beneidenswertes Weiß behalten haben, nimmt sich für das Zurichten der Trophäe viel Zeit. Abgekocht wird nach Möglichkeit im Freien mittels Kochplatte und passendem Topf. In geschlossenen Räumen zerstäubt nämlich selbst der stärkste Dunstabzug alles andere als Wohlgerüche. Benötigt werden ferner ein scharfes Messer, Spatel, Pinzette, Spülmittel und 30-prozentiges Wasserstoffperoxid. Einweg-Handschuhe und Mundschutz sind für alle Arbeiten geboten.

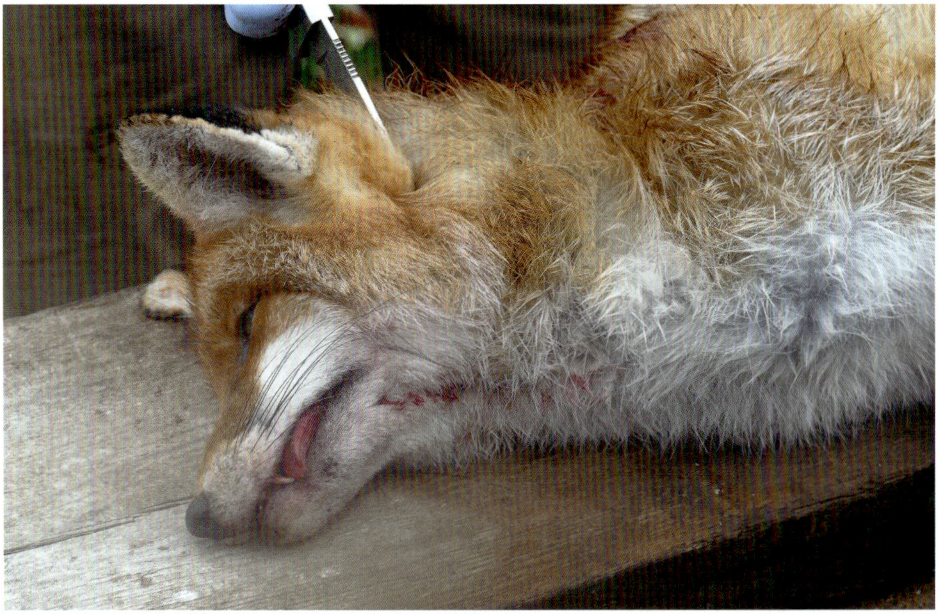

1. Schritt: **Abtrennen des Kopfes und Entfernen des Kopfbalges, sofern das Raubwild nicht ohnehin gestreift wurde**

Moderne Technik macht auch nicht vor traditionellen Säuberungsmethoden halt. Immer mehr Jäger entfleischen und säubern die gekochten Schädel der Trophäenträger mit dem Dampfstrahler. Das funktioniert erstaunlich gut und zügig. Freilich fordert der Umgang mit dem komprimierten Wasserdruck Umsicht und eine sichere Hand. Allzu schnell fliegen nämlich die Fetzen davon – nicht selten auch die falschen und zu allem Unglück bisweilen unauffindbar.

Das Präparieren verzeiht keine Fehler

Nachfolgendes Verfahren hingegen ist zeitaufwändig, garantiert aber den jahrzehntelangen Erhalt der weißen Farbe.

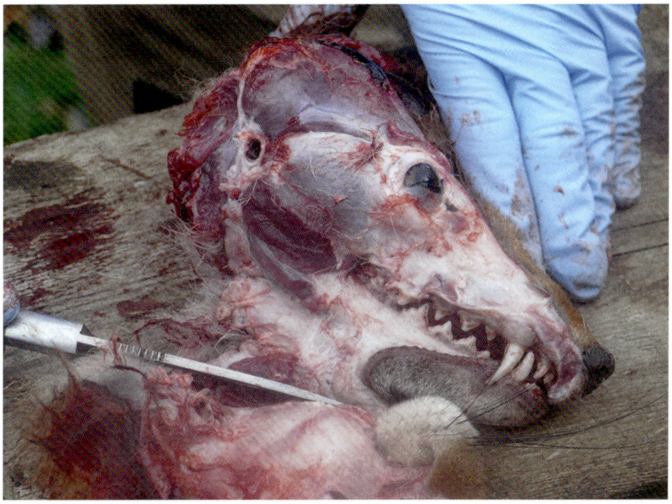

2. Schritt:
Wegschneiden des Nasenschwammes und der Skelettmuskulatur

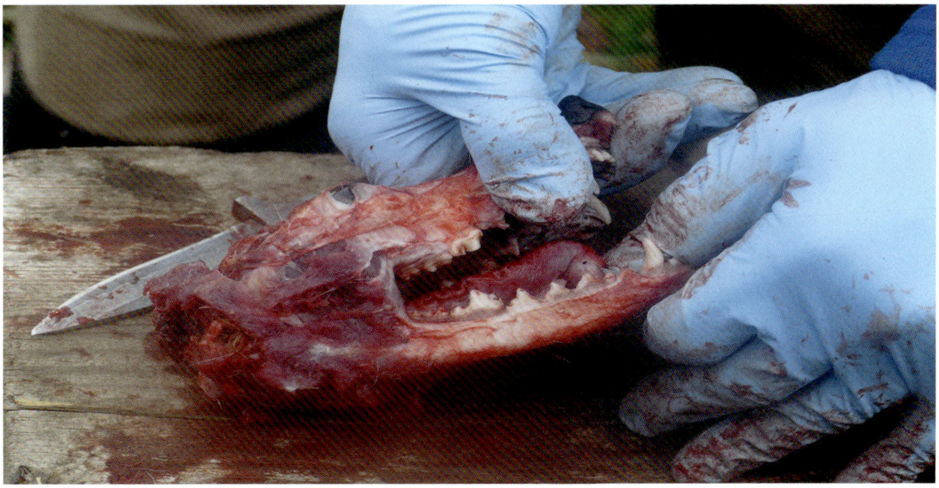

3. Schritt:
Lösen des Unterkiefers vom Oberschädel

Arbeit nur mit Handschuhen

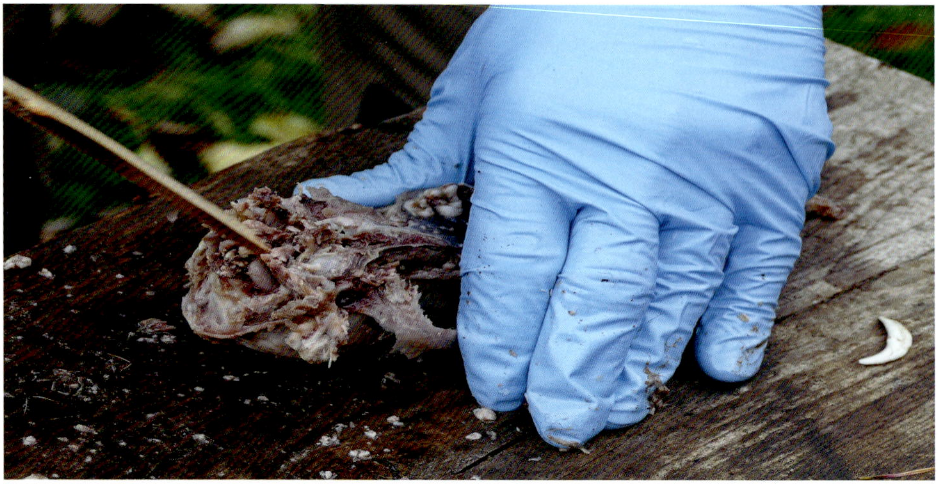

4. Schritt:
Entfernen des Gehirns mit einem Spatel durch das Hinterhauptloch

Sollen nur die Fangzähne gewonnen werden, genügt es, den Schädel ohne oder mit Balg 15 bis 20 Minuten zu kochen. Die Zähne lassen sich dann leicht rausziehen. Zwanzig Minuten Kochzeit reichen auch für die Penisknochen.

5. Schritt: Wässern im Zweistundentakt. Sooft und solange, bis sich das Wasser sich nicht mehr verfärbt

6. Schritt: 30 Minuten kochen, nachschauen, ob sich das Fleisch vom Knochen lösen lässt; falls nicht, weiter kochen und im Fünf-Minuten-Takt kontrollieren. Auf keinen Fall zu lange kochen! (Manche Praktiker versprechen gute Ergebnisse, wenn bereits der erste Kochvorgang unter Zugabe von zwei Esslöffeln Waschpulver und einem Spritzer Spülmittel vollzogen wird.)

7. Schritt: Wenn sich Fleisch löst, vom Schädel abziehen

8. Schritt: Anhaftende Partikel mit Messer abkratzen; gegebenenfalls weitere 10 Minuten kochen (Fünf Minuten Kochen unter Zugabe eines ordentlichen Schusses Wasserstoffperoxid löst Gewebefetzen bzw. erleichtert das Entfernen derselben. Danach Wasser wechseln und erneut unter Zufuhr von 30-prozentigem Wasserstoffperoxid fünf Minuten aufkochen. Schädel zum bleichenden Trocknen in die Sonne stellen. Dieses Schnellverfahren liefert gute Resultate, garantiert jedoch nicht den perfekten Langzeiteffekt)

Dampfstrahler verkürzen den Arbeitsaufwand

9. Schritt: Alle verbliebenen Reste penibel mit Pinzette und Messer entfernen

10. Schritt: Hirnhaut im Hinterhaupt abziehen

11. Schritt: Riechhäute und weiches Gewebe über Nasenöffnung entfernen

12. Schritt: Schädel fünf Minuten mit Spülmittel kochen

13. Schritt: Schädel in kaltem Wasser abschrecken

Bei fragilen Knochen muss der Wasserstrahl dosiert eingesetzt werden, sonst fliegen die Teile davon

Anstelle der Schritte 8 bis 13 kann man auch den Schädel durch behutsamen Einsatz des Dampfstrahlers säubern und das Procedere erheblich verkürzen. Dabei hat es sich bewährt, den Schädel zwischen zwei Eisen-T-Stücke zu klemmen. So wird er nicht vom Wasserstrahl fortgeschleudert und beschädigt

14. Schritt: **Hohlräume umgehend mit Watte füllen und mit Wasserstoffperoxid tränken** x

15. Schritt: **Oberfläche mehrfach mit Wasserstoffperoxid einpinseln**

16. Schritt: **Schädel für einen Tag in die Sonne legen, zwischendurch ein- bis zweimal nachpinseln**

17. Schritt: **Watte entfernen, sobald sie getrocknet ist**

18. Schritt: **Schädel unter klarem Wasser abwaschen**

Millimetergenau: Die Bewertung der Schädel nach CIC

Millimeter trennen Gold von Blech

Seit es Weltjagdausstellungen gibt, wurden Schädel von Großraubtieren (Großkatzen, Hyänen, Bären Wolf sowie Wildkatze) vermessen und ab einer festgelegten Summe von Zentimeterpunkten prämiert. Im Gegensatz zu der aufwändigen Vorgehensweise und hinsichtlich der Vergabe von Schönheitspunkten durchaus subjektiven Bewertung von Cerviden-Trophäen ist die von Raubwildschädeln einfach, für jedermann nachvollziehbar und objektiv. Denn sie kennt nur drei Parameter: Die maximale Länge von der Schneidezahnfront zum Hinterhauptende, die maximale Breite über die Augenbögen gemessen und die Summe der beiden Messergebnisse. Die Messungen werden auf den Zehntel-Millimeter genau mit der Schieblehre vollzogen, addiert und als CIC-Zentimeterpunkte ausgewiesen. Für unser heimisches Raubwild, Fuchs und Dachs, gelten dann folgende Werte, um in die Medaillenränge zu kommen:

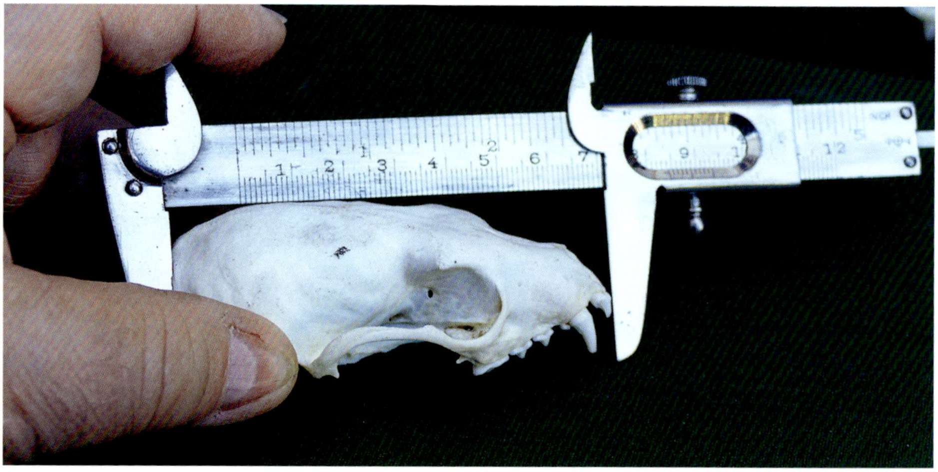

Mit der Schieblehre wird die maximale Länge auf den Zehntelmillimeter genau gemessen

	Fuchs	**Dachs**
Bronze	24-24,49 CIC- P.	22-22,49 CIC- P.
Silber	24,50-24,99 CIC- P.	22.50- 22,99 CIC-P.
Gold	>25,0 CIC-P	> 23,0 CIC-P.

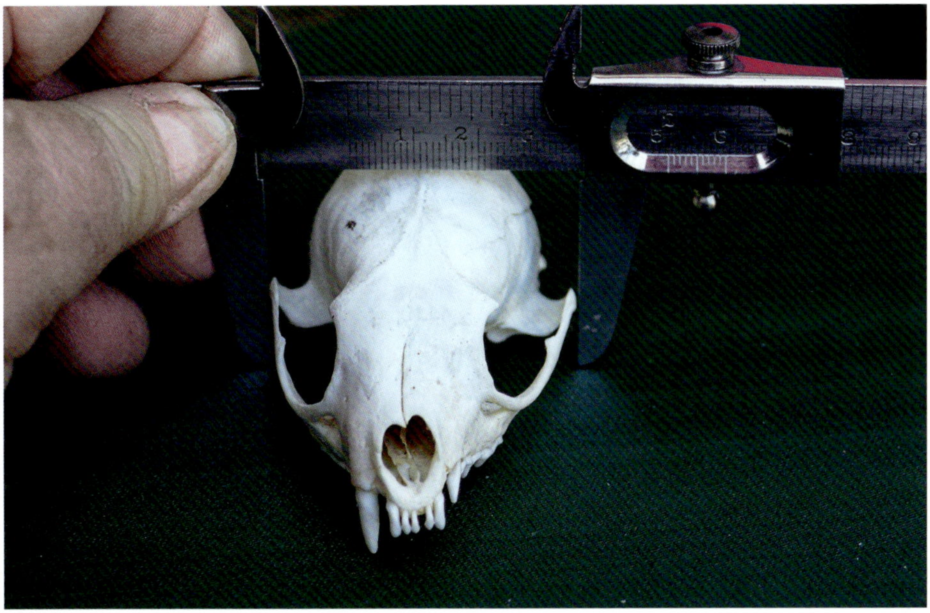

Bei der maximalen Breite wird genauso verfahren

Längenmaß plus Breitenmaß ergibt die Bewertungspunkte

Die Tatsache, dass „Blech" und Gold nur die Winzigkeit von 10,1 Millimetern trennt, zeigt, dass die Raubwildschädel in ihren Abmessungen generell nur wenig differieren, und daher sorgfältig zu messen sind. Obwohl der Dachs mehr als das doppelte Körpergewicht des Fuchses erreichen kann, sind seine Schädelmaße geringer. Hinsichtlich seiner Schädelgröße nimmt Reineke unter den Prädatoren sogar eine gewisse Sonderstellung ein.

Unterstellen wir einem Prachtexemplar mit 11 Kilo Gewicht und einer Gesamtlänge von 120 Zentimetern ein Schädelmaß von 26 CIC-Punkten, dann ist das viel, gemessen am 30-fach so schweren Sibirischen Tiger mit einer Gesamtlänge von über 3 Metern. Dessen Weltrekordtrophäe bringt nämlich 57 CIC-Punkte. Der Weltrekord beim Wolf liegt bei 46,80 CIC-Punkten, der des Braunbären bei 67 CIC-Punkten. Zum Vergleich seien noch die Rekordpunktzahlen von Luchs (28,80 CIC.) und Wildkatze (21,30 CIC) genannt. Beide Arten wurden bei uns

Gegen den 11,6 kg schweren Fuchsrüden wirkt das ebenso schwere Kitz schwach

Der Fokus liegt auf Fuchs und Dachs

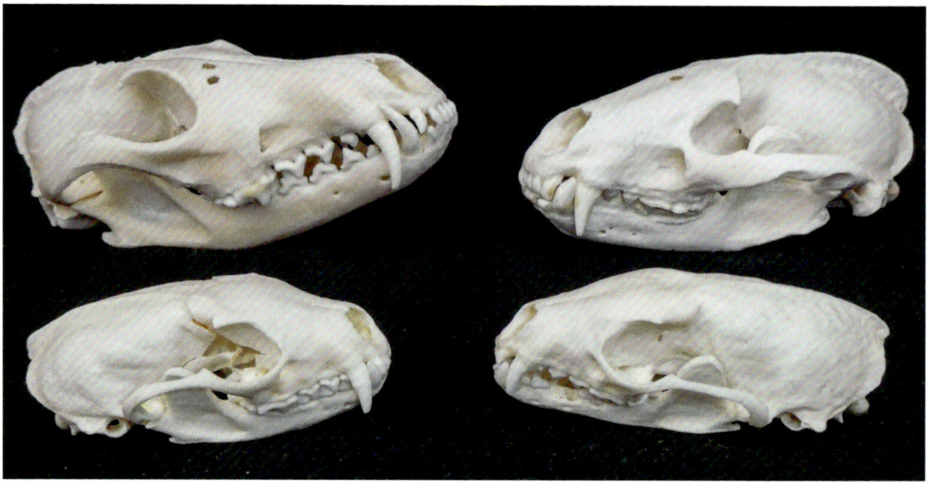

Fuchsschädel der Goldmedaillenklasse (25,8 CIC-Punkte) links neben dem Schädel des fast doppelt so schweren Dachses. Darunter die Schädel von Stein- und Baummarder

wieder erfolgreich ausgewildert und genießen bisher wie auch der Wolf in Deutschland strengsten Schutz.

Für die Penisknochen existiert keine Rekordliste, muss es auch nicht. Interessant ist die Formenvielfalt bei den heimischen Arten. Bei Baum- und Steinmarder ähnelt der Penisknochen einer Nähnadel, wobei der von Gelbkehlchen deutlich kleiner ist als der seines weißkehligen Vetters. Beim Iltis und beim Waschbär gleicht seine Form einer Häkelnadel, beim Fuchs ist er lanzettförmig. Der von Dachs und Bär mit seiner Verdickungen an den Polen wird sogar genutzt: Mancher Pfeifenraucher bedient sich des Knochens, um die Tabakfüllung nachzudrücken.

Als mächtigster Penisknochen im Tierreich gilt der des Walrossbullen: unterarmlang und dick wie eine Schlangengurke. Unter der Bezeichnung „Oosik" liefert er begehrte Griffschalen für Messer, wird ausschließlich von Inuits in den Handel gebracht und hebt sich von anderen Knochen durch große Härte, sehr gute Polierfähigkeit und interessant gemusterte Oberfläche ab. Oosik-Griffschalen werden ebenso teuer gehandelt wie welche aus Stoßzahn-Elfenbein vom Mammut, sind aber wesentlich stabiler und reißfester.

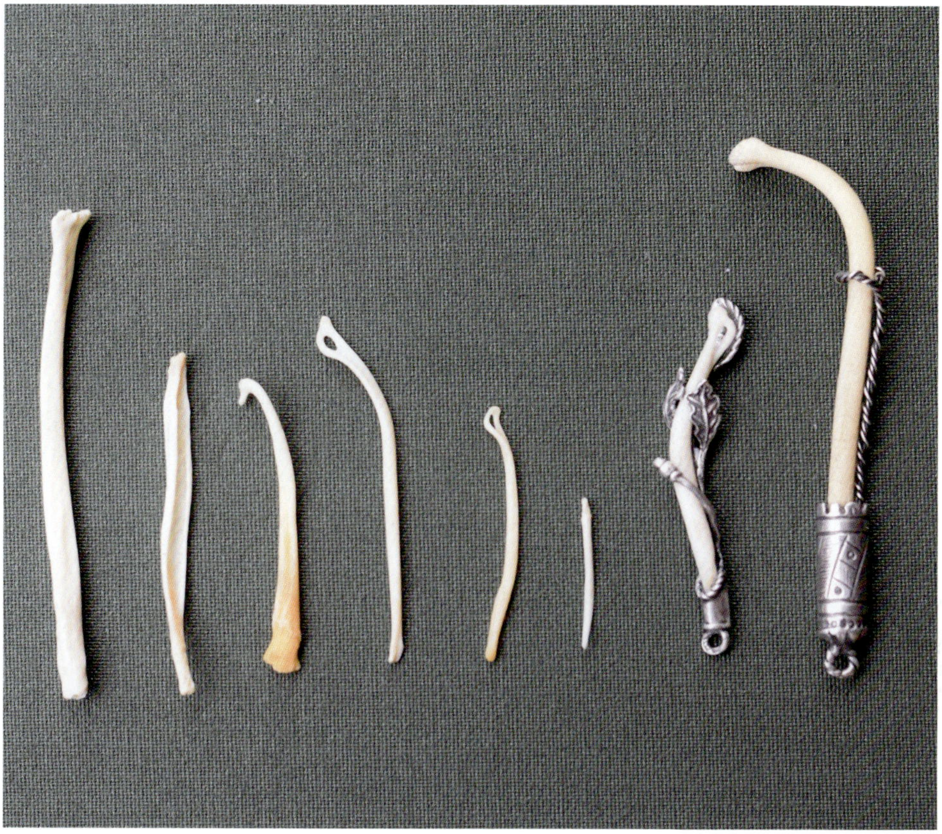

Schmuck der besonderen Art

Dachs und Steinmarder gefasst

Von links nach rechts: Penisknochen von Dachs, Fuchs, Iltis, Steinmarder, Baummarder, Hermelin

Raubwildtrophäen als Schmuck

Gamsbart, Hirschbart und Saubart kennt jeder, ob er sie auch voneinander unterscheiden kann, sei dahingestellt. Weit weniger bekannt, nicht so auftragend, hübsch gezeichnet und sehr haltbar sind die zum Bart gebundenen Grannen des Dachses. Nicht umsonst werden die hochwertigsten Rasierpinsel aus Schmalzmanns Rückenhaar hergestellt.

Für einen Dachsbart kann man natürlich einen professionellen Bartbinder bemühen, ihn aber auch selbst erstellen. Die ausgezupften, nach Länge sortierten Haare an ihren Wurzelende verkleben und mit Faden umwickeln ist eine Methode, auf Gestecke zurückgreifen die einfachere. Solche Halterungen liefert der einschlägige Charivari-Fachhandel auch aus Edelmetall. Als eine von mehreren Quellen wäre hier die Charivari-Schmiede Kurt Pendl aus dem niederbayrischen Bischofsreut zu nennen.

Diese Firma hat sich auf Charivari-Schmuck spezialisiert, verarbeitet Kundenmaterial, stellt aber auch Fassungen in vielfachen Formen und Ausführungen für Anhänger, Broschen, Hutnadeln und Colliers her, welche dann der Kunde selbst mit Fuchshaken etc. bestücken kann. Für ein Edelweiß beispielsweise, mit dem man Hut, Revers oder Krawatte schmückt, reichen sechs bis acht Fangzähne (zwei Füchse). Ansonsten sind der individuellen Kreativität kaum Grenzen gesetzt.

Ob Nadel oder Zähne, Fuchs war immer dabei

Halterungen aus Edelmetall sind problemlos erhältlich

Wird von Männern im Süden gern an der Trachtenlederhose getragen – Charivari mit Schmuckstücken von erbeutetem Wild

Sollen die Trophäen aber zusammen mit Juwelen zum Schmuckstück gefasst werden, sind Fachleute gefragt. Zu den renommiertesten Repräsentanten ihres Metiers im süddeutschen Raum zählt hier fraglos die Edelmetallschmiede A. Bertele im oberbayrischen Tegernsee. Da kriegt man für gutes Geld Top-Qualität in ausgefeiltem Design.

Auf Flohmärkten verkaufen sich Fuchshaken nicht schlecht. Der Aufwand, sie zu gewinnen, hält sich in Grenzen. In einer dunklen Box trocken aufbewahrt, gehen sie nicht kaputt und benötigen wenig Platz. So gesehen sind sie viel zu schade, um zusammen mit dem Kern entsorgt zu werden.

Versorgen des Raubwildes

Der Traum des Fängers, eine möglichst große Tagesstrecke zu erzielen, kann sehr schnell zum Alptraum werden, wenn es um das sachgerechte Versorgen geht. Diese Arbeit ist gewiss ein nicht minder zeitaufwendiger Part der Fangjagd. Wer nämlich schon einmal zur Abendstunde vor dem kleinen Berg von einem halben Dutzend Mardern oder Füchsen stand, die noch abgebalgt werden müssen, der weiß, wovon ich spreche. Sicher, wenn wir Interessenten haben, die den Pelzträger im Kern abkaufen, sind wir unsere Probleme zunächst einmal los. Wohl auch dem, der jemanden hat, der das Streifen für 10 bis 15 Euro pro Stück übernimmt, die Kerne entsorgt und die trockenen und gewendeten Bälge abliefert. Zugegeben auch, dass diese Tätigkeit für jemanden mit viel Freizeit im Winter sehr lukrativ sein kann.

Abbalgen kann lukrativ sein

War es früher möglich, sich den Drilling durch den Erlös der Raubwildstrecke in einer Saison zu verdienen, lässt sich das heute jederzeit durch die Dienstleistung des Abbalgens bewerkstelligen, denn nach Adam Riese ergeben 400 x 15 Euro die Summe von 6.000 Euro. Dass sich ein revierloser Jäger davon ebenso Abschüsse von Trophäenträgern kaufen bzw. Jagdurlaube finanzieren kann, sei nur nebenbei bemerkt.

Der gewünschte Erfolg ist da – ein Edelmarder hat sich im Eisen gefangen. Jetzt geht es darum, die Beute sachgerecht zu versorgen

Doch zum Abbalgen muss man kein Jäger sein, sondern sich nur in die Tätigkeit eingearbeitet haben. Ich bin mir ziemlich sicher, dass ein Abbalger nicht nur genügend Aufträge bekäme, sondern auch durch die Mitglieder eines Hegerings oder einer Kreisgruppe ausgelastet würde. Ja, man könnte die Tätigkeit sogar als AB-Maßnahme „verkaufen", zumal es ein geschickter Streifer aufgrund reichlicher Übung leicht auf einen Stundenlohn von 40 Euro und mehr bringt.

Desgleichen rechnet sich dann auch die zentrale Entsorgung der Kerne durch Anlieferung bei der Tierkörperbeseitigung. Schließlich würde die Gewissheit, dass das Raubwild auch Verwertung findet – abgebalgte Füchse werden nach wie vor angekauft – auch manchen zur intensiveren Raubwildbejagung animieren. Daher mein Appell an die Obleute der Kreisgruppen, sich auch diesem Gebiet zu widmen.

Nicht um den Lohn seiner Arbeit bringen

Ansonsten aber obliegt die Tätigkeit des Streifens dem Fänger. Sie nimmt einige Zeit in Anspruch und will beherrscht sein, sollen die Bälge irgendwann einmal der Verwertung zugeführt werden. Leider lehrt die Praxis, dass sich schon mancher erfolgreiche „Trapper" durch unsachgemäßes Abbalgen selbst um den Lohn seiner Arbeit gebracht hat.

Natürlich streift sich noch warmes Raubwild am leichtesten, doch im Winter gefangenes ist in der Regel steif, nass oder gefroren. Aufgetaut oder trocken sollte das Raubwild aber vor dem Abbalgen schon sein, sonst besteht die Gefahr, dass der Balg reißt. Auf die vorbeugende Tollwutschutzimpfung für denjenigen, der ständigen Hautkontakt mit dem Raubwild hat, sei an dieser Stelle ebenso verwiesen wie auf einen Mundschutz als Prophylaxe gegen den Fuchsbandwurm.

Abbalgen immer mit Mundschutz

Marderstreifen in sechs Minuten

Fraglos zählt aus der Sicht der Verwertung der Balg von Läufen, Kopf und Rute bzw. Lunte zum Abfall. Zwar beteuern Kürschner immer wieder, dass sich die Reste sehr gut noch verwerten ließen, doch kenne ich kaum jemanden, der Reste wirklich verarbeitet und wenn ja, dann nur sehr lohnintensiv. Doch genau die „überflüssigen" Extremitäten sind es, die beim Abbalgen viel Zeit verschlingen. Wer also ganz genau weiß, dass er seine Bälge zu Kleidungsstücken verarbeiten lässt,könnte sich im Prinzip die Mühen des Auslösens der Extremitäten sparen und sich auf den Rumpfbalg beschränken. Beim Verkauf und Tausch der „gestutzten"Bälge freilich müsste er empfindliche Einbußen hinnehmen, weil der Ankäufer immer nach wertmindernden Faktoren sucht und sie in dem Fall sicher an den fehlenden Teilen festmacht. Selbst im Streifen Geübte beziffern den Zeitaufwand, bis der Marder auf dem Brett ist, auf gut eine halbe Stunde, und beim Rotrock auf 10 Minuten mehr. Daran ändert auch der eine oder andere Trick beim Auslösen der Rübe nicht viel.

Geschwindigkeit ist keine Hexerei

Nun gibt es Asse, die aufgrund jahrelanger Übung auf die konservative Methode tatsächlich einen Marder in weniger als zehn Minuten aufs Brett bringen. Anlässlich einer Betriebsreportage bei Hugo Kieferle habe ich mich sogar selbst davon überzeugt, dass die beiden Routiniers in der Streifkammer keine fünf Minuten pro Marder brauchten, doch hängt Otto Normalverbraucher ihnen gegenüber ähnlich hinterher, wie es ein Hobbykletterer gegenüber Top-Alpinisten beim Durchsteigen einer schwierigen Wand tun würde.

Und doch gibt es einen Weg, der selbst den weniger Kundigen rasch zum Ziel führt: sorgsam von professionellen Abbalgern gehütet und von Kürschnermeister Leonhard Hofstetter aus Rötz in der Oberpfalz exklusiv für den Autor demonstriert. Dank seiner Tipps ist Geschwindigkeit keine Hexerei mehr, weshalb die ungeliebte Tätigkeit manches von ihrem Schrecken verlieren sollte.

Hofstetter (oder sein Mitarbeiter) arbeitet nicht am hängenden, sondern am liegenden Balg und somit auf einem Tisch. Auf dessen Platte sind ein stumpfwinkliger Haken mit abgerundeter Spitze, zwei Krokodilklemmen, ein Winkeleisen mit V-förmiger Kernung, ein Winkeleisen mit dreieckiger Schneide und ein kleinerer Haken fest angeschraubt. Diese Hilfsmittel gelangen in einer festen Reihenfolge zum Einsatz, sparen Kraft und verkürzen wesentlich die Zeit.

Vor dem Streifen

Das zu streifende Raubwild sollte nach Möglichkeit nicht steif, nass oder gefroren sein. Deshalb empfiehlt sich vorübergehendes Aufbewahren bei Zimmertemperatur bzw. vorangehendes Fönen des Haares. Dem schließt sich sorgsames Auskämmen des Balges an, um Schmutz und angetrockneten Schweiß zu entfernen.

Gute Vorbereitung ist die halbe Miete

Desgleichen sind ausreichend Spannbretter bzw. ein halb so breites Wendebrett, Zeitungspapier, Nägel und Hartholzspäne, eine Zange, ein Messer, ein Skalpell (oder scharfes Abbalgmesser), ausreichend Pappstreifen (drei Zentimeter breit) sowie feine Hartholzspäne bereitzustellen.

Die folgenden Bilder auf den nächsten Seiten zeigen in Reihenfolge das schrittweise Vorgehen:

Das Abbalgen will gut vorbereitet sein. Zudem sind Werkzeuge wie ein stumpfwinkliger Haken mit abgerundeter Spitze, zwei Krokodilklemmen, ein Winkeleisen mit V-förmiger Kernung, ein Winkeleisen mit dreieckiger Schneide und ein kleinerer Haken fest auf einer Tischplatte angeschraubt – unerlässlich für das richtige Streifen

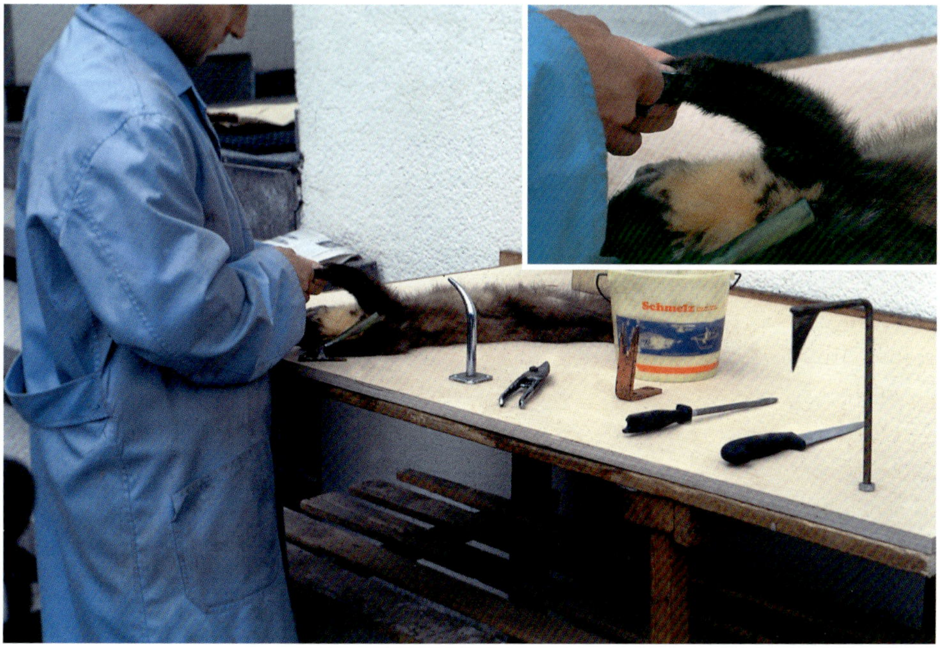

Mit dem Skalpell werden beide Vorderläufe von den Branten weg aufgeschärft

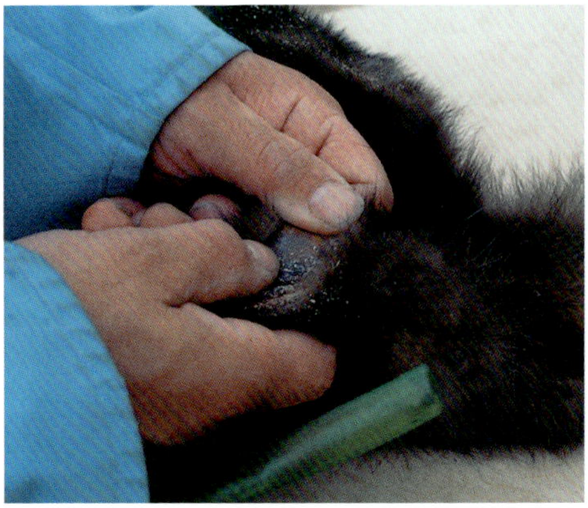

... und der Balg mit dem Daumen an einer Stelle vom Fleisch abgelöst. Eine Prise Sägespäne auf die Lederseite macht diese griffig. (Dieses Aufstreuen geschieht auch bei den nächsten Arbeitsschritten zwischendurch je nach Situation und Einschätzung des Streifers)

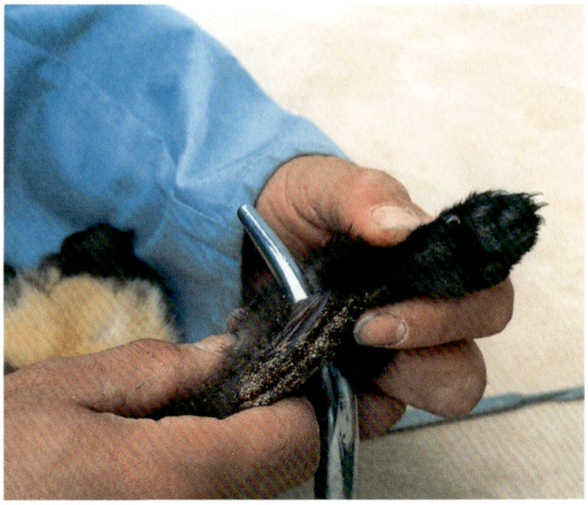

Nun schiebt man den Laufbalg über den stumpfen Haken und zieht an, bis die Zehenknochen freiliegen ...

... und zwickt sie an der Wurzel ab (Abb. rechts). Der Vorgang wiederholt sich beim zweiten Vorderlauf

Die Branten der Hinterläufe werden jetzt an den Krokodilklemmen befestigt

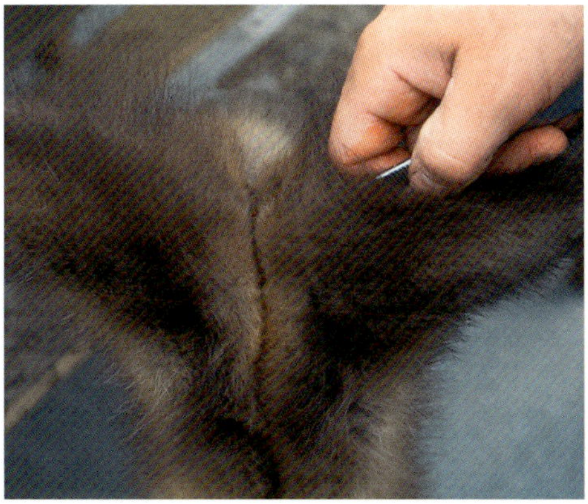
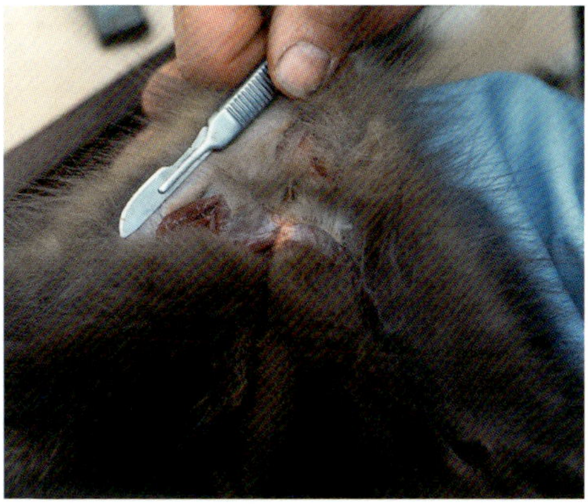

Von den Branten und von der Rute her erfolgt nun der „Dreiecksschnitt“ zum Weidloch hin. Dabei bleibt um das Weidloch ein (dreieckiger) Balgrest stehen. Der Laufbalg wird anschließend mit Hilfe des stumpfwinkligen Hakens und der Zange wie bei den Vorderläufen abgelöst (Abb. unten links)

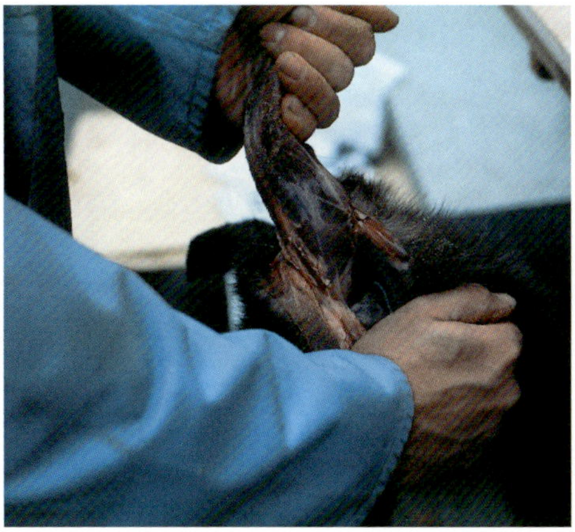
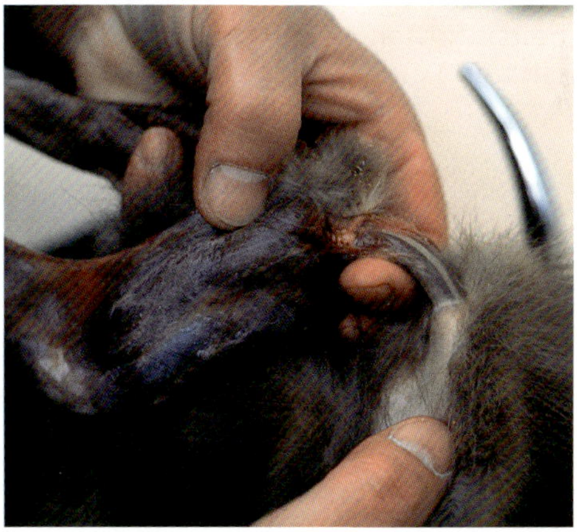

So legt man den Rübenansatz frei …

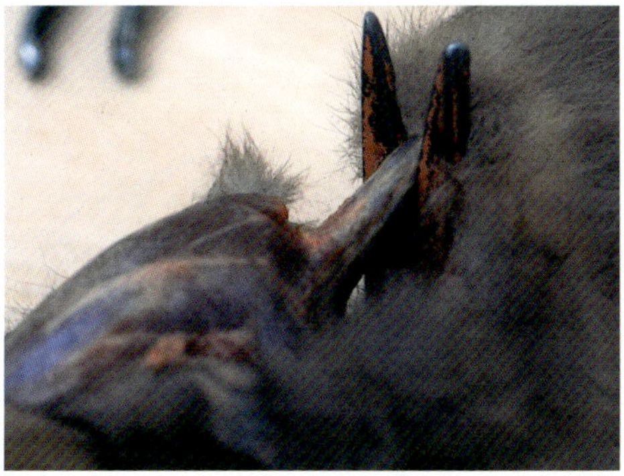
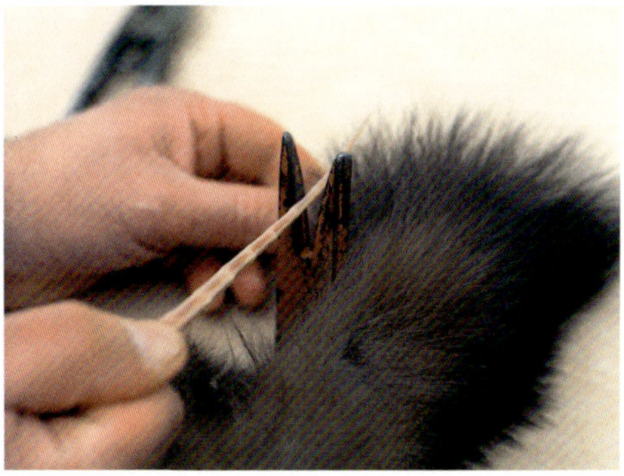

… und zieht die Rübe in einer Bewegung durch die Kerbung des Winkeleisens. Noch ist der Rutenbalg geschlossen

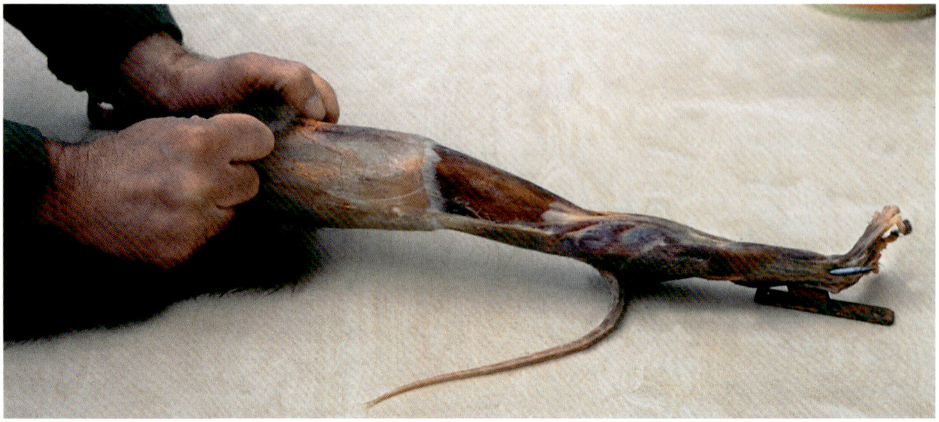

Beide Hinterläufe werden jetzt an den Sehnen (am kleinen Haken) angehängt ...

... sodann wird der Balg wie ein Strumpf abgezogen

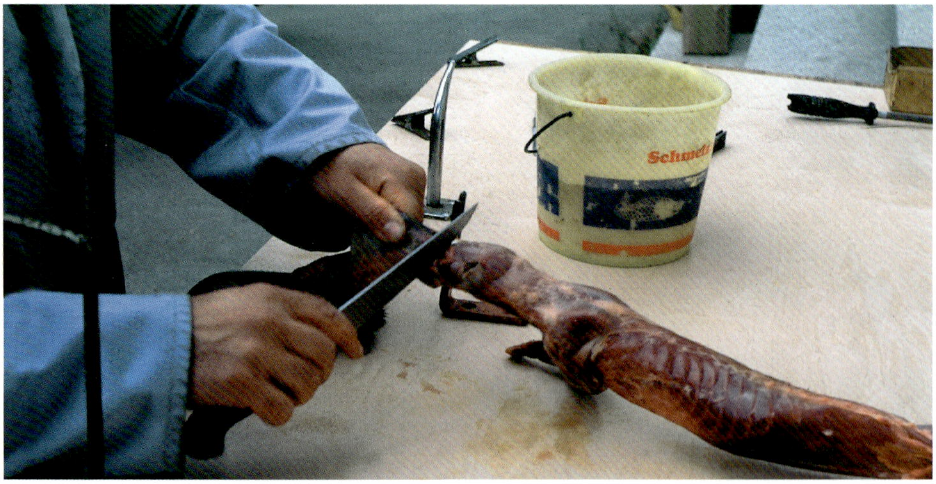

Der Reihe nach werden Gehörknorpel, Augenlider, Lefzen und Nasenschwamm vorsichtig mit dem Messer durchtrennt

Anschließend wird der Rutenbalg in einem Zug am „Messerhaken" bis zur Spitze aufgeschärft. Auf diese Weise erhält man einen geraden, sauberen Schnitt (Abb. oben und rechts)

Das Spannbrett wird mit Zeitung umwickelt. So kann kein Haar festkleben, außerdem lässt sich später der Balg leicht vom Brett ziehen

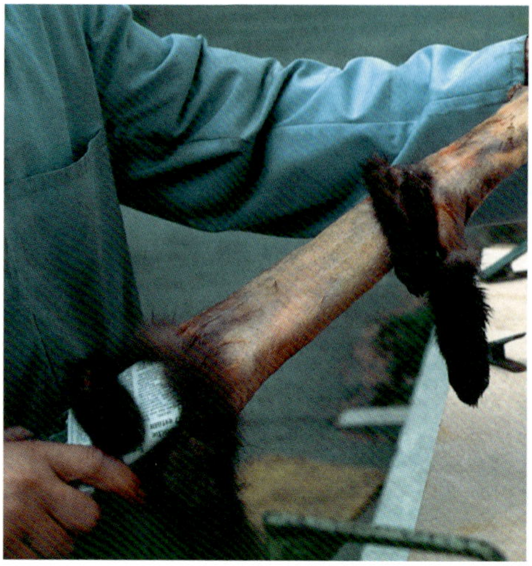
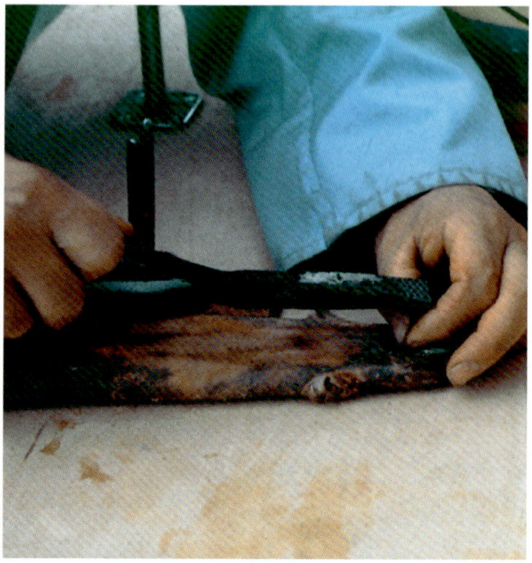

Nachdem der Balg über das Brett gezogen ist (Abb. links) und am Kopf fixiert ist (Abb. rechts) ...

... wird die Spitze des Spannbretts gegen die Wand gedrückt, der Balg gut in die Länge gezogen und vor der Rute mit Stahlnägeln fixiert (Abb. unten)

Nun wird die Rute mit Hilfe von zwei Pappstreifen und Nägeln am Brett befestigt

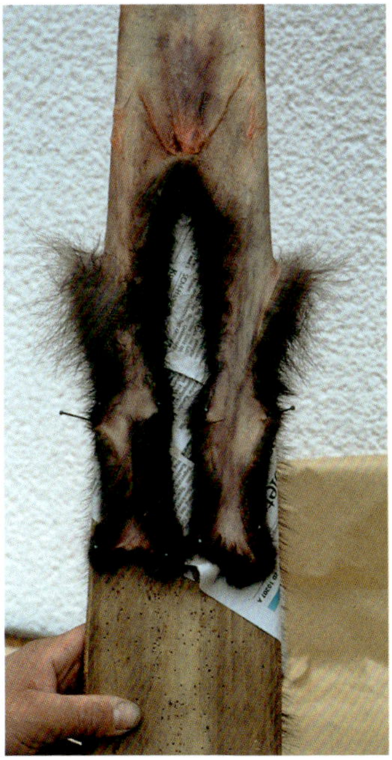

Das gilt auch für die Hinterläufe (Abb. links), während die Vorderläufe mit Zeitungsstreifen ausgekleidet werden (Abb. Mitte). Abschließend wird das Fett vom Leder entfernt. Gewendet wird am nächsten Tag (bzw. wenn sich das Leder zäh anfühlt). Dazu dient das schmalere Wendebrett (Abb. rechts)

Nachdem der Fangbereich von Hand gedreht worden ist …

… setzt man ihn an der Spitze des Wendebretts an …

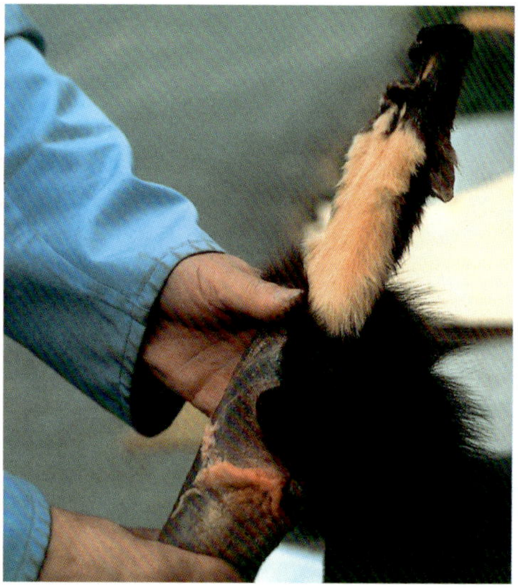

… streift den Balg über und entnimmt das Wendebrett. Das restliche Trocknen vollzieht sich an der Luft ohne Brett

Nach der hier beschriebenen Methode bringt der Abbalger täglich zwischen 60 und 75 Marder aufs Brett. Dabei vereinnahmen Streifen und Aufziehen pro Stück etwa sechs Minuten. Solche Zeiten bedingen natürlich sowohl Geschick als auch Übung. Doch selbst dem weniger Routinierten sollte es bei gleichem Vorgehen fortan möglich sein, seinen individuellen Zeitaufwand zu dritteln oder gar zu vierteln, wobei das Verfahren selbstredend auch beim Fuchs – mit Zeitzuschlag – ebenso funktioniert.

Verkauf der Raubwildbeute

Während Füchse in aller Regel nur gestreift angekauft werden, lässt sich der Marder auch im Kern an den Mann bringen. Sein Versand erfolgt am zweckmäßigsten per Postpaket, Paketdienst oder Bahnexpress. Das gewährleistet eine Zustellung bzw. Ankunft der Fracht am nächsten oder übernächsten Tag und bietet einige Sicherheit vor dem Verderb. Freilich nur, wenn Gelb- oder Weißkehlchen nicht schon mehrere Tage gelagert wurden oder im Plastiksack verpackt worden sind.

Bälge nicht im Plastikbeutel verschicken

Aus Gründen der Kostenersparnis empfiehlt es sich, immer mehrere Marder in einem Paket zu versenden. Während nämlich die Gebühren für ein Paket bis 10 kg derzeit (Stand: 2020) immerhin 9,49 Euro betragen, zahlt man bis 31,5 kg 16,08 Euro (12 bis 15 Marder).

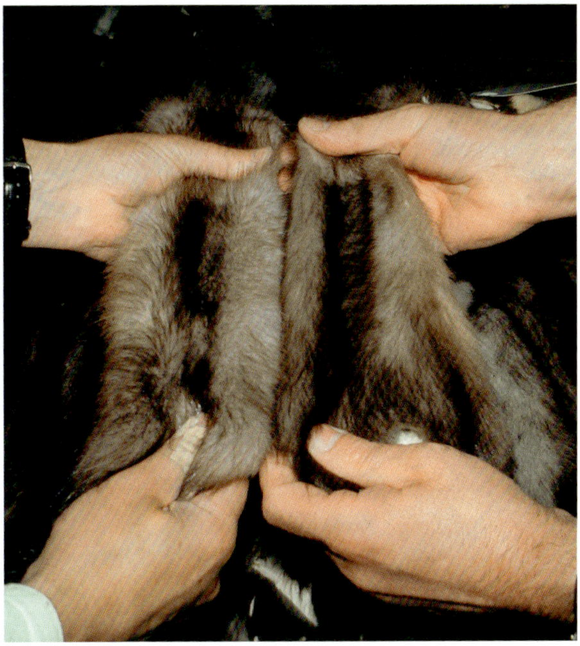

Balgqualitäten im Vergleich: rechts Anfang November, links Mitte Dezember. Die Unterwolle ist dichter, die Grannen sind länger. Bessere „Rauche" bedeutet größeren Wert

Falls Raubwildvorkommen und Geschick des Fängers eine größere Strecke erwarten lassen, lohnt sich auch der Ankauf einer gebrauchten Gefriertruhe. Sie macht den Fänger hinsichtlich der Weiterbehandlung seines Raubwildes zeitlich

Der Ankauf richtet sich nach Haarqualität, Farbe, Größe und Unversehrtheit des Balges

unabhängiger. Doch sollte das Raubwild per Zeitungspapier voneinander getrennt, nicht mit nassem Balg gefrostet und keinesfalls über die Saison hinaus gelagert werden.

Dezemberbälge haben das beste Haar

Der Ankauf der trockenen Bälge wie auch der im Kern richtet sich nach Größe, Farbe, Qualität von Unterwolle und Deckhaar = Rauche sowie Unversehrtheit von Haar und Leder. Dabei erzielen einwandfreie Dezembermarder die höchste Notierung. Doch auch solche aus der zweiten Novemberhälfte nähern sich schon dem Optimum. Ab Mitte Januar dagegen beginnt die Haarqualität beim Marder wieder nachzulassen. Die Grannen splissen sich nämlich auf, werden krummspitzig sowie brüchig, und die Unterwolle verfilzt zunehmend.

Während beim Steinmarderbalg die Farbe für die Notierung eher eine untergeordnete Rolle spielt, finden wir beim Edelmarder reinfarbige Exemplare seltener als solche mit wertmindernden rötlichen Flecken im Balg. Überdies trägt „Gelbkehlchen" seinen Namen nicht immer zu Recht, gibt es doch sowohl Baummarder mit weißlicher Unterwolle und weißem Kehlfleck als auch mokkabraune mit orangem Latz.

Angebot und Nachfrage regeln natürlich auch beim Fellhandel den Preis. Weil die Nachfrage in Übersee gleich Null, die im Inland recht gering ist, erlöst man momentan für den Steinmarder in etwa den doppelten Portopreis (20 Euro). Edelmarder dagegen werden von Präparatoren gesucht und erzielen Notierungen über 25 Euro. Wer seine Marder im Kern nicht verschleudern will, tut gut daran, sie gegerbt aufzubewahren und Interessenten für Mützen, Schals oder Muffs aufzutun, die Bälge also in kleineren Partien abzustoßen. Für das „große“ Stück nämlich finden sich im Augenblick nur schwer Abnehmer.

Der Kürschner beim Sortieren. Die farblich weniger harmonierenden Stücke kommen an die unauffälligen Stellen, die besten an Rücken, Besatz und Obertritt

Beim Herauslassen aus der Rohrfalle zerschossen. Da muss der Kürschner kräfig schneiden und nähen

Beste Lederqualität links, mindere rechts. Wer zu früh fängt oder eine schlechte Gerberei wählt, bringt sich selbst um den Lohn der Mühen

Eigenverwertung der Bälge

Bälge sind für viele Raubwildjäger so etwas wie Trophäen. Sie erfreuen einen immer, wenn man sie anschaut und sie nützen zudem, weil sie den Träger wärmen und kleiden. Eine Rotfuchsmütze, eine Steinmarderkappe oder gar eine ausser leisten bei Minusgraden treue Dienste und finden auch bei Gesellschaftsjagden mehr oder minder verhohlen Bewunderung. Denn selbsterbeutetes, edles Rauchwerk hat längst nicht jeder. Snobs füttern auch ihren Lodenmantel mit dem seidigen Pelz, doch offen getragen schmückt er die holde Weiblichkeit noch immer am besten.

Nach dem Streifen ab in die Gerberei

Für die eigene Weiterverarbeitung ist es wichtig, dass wir die gestreiften und gut an der Luft getrockneten Bälge so schnell wie möglich zu einer Gerberei bringen, damit nicht Speckkäfer und andere Parasiten sie beschädigen. Natürlich zu einem solchen Betrieb, der sich auch auf die Zurichtung von Edelpelzen spezialisiert hat.

Die Umwandlung von Balg zum Rauchwerk nimmt – je nach Auftragslage – einige Wochen, manchmal auch Monate in Anspruch und kostet beim Marder derzeit zwischen 15 und 20 Euro, beim Fuchs zwischen 20 und 30 Euro. Dabei sind die teuersten Gerbereien nicht immer die besten. Leider sieht man immer erst hinterher, ob Qualitätsarbeit geleistet wurde, und gar mancher hat schon die Bälge eines anderen als die seinen zurückbekommen. Einwandfreies weiches und gleichmäßig geschliffenes Leder, Unversehrtheit des Haares und natürliche Farben sind die Kriterien für gediegene Gerberarbeit, wobei Schnitte im Leder nicht so ins Gewicht fallen, wie zu sehr abgeschliffene Partien. Schauen nämlich erst einmal die Haarwurzeln aus dem Leder, zerstiebt der Traum vom schönen Pelz.

Gegerbte Bälge wollen dunkel, trocken und luftig hängend aufbewahrt sein. Eine Kürschnerweisheit besagt denn auch, dass der Balg Bewegung heischt. Also von Zeit zu Zeit ausschütteln und auch die Mottenstrips nicht vergessen, um die geflügelten Pelzschänder von ihrem zerstörerischem Treiben abzuhalten. Doch sorgsam behandelt lassen sich gegerbte Felle über Jahre aufbewahren.

Gegerbte Bälge mögen keine Sonne

Sonneneinstrahlung dagegen ist für die Färbung von Stein- und Baummarderpelz Gift. Wer Mütze oder Jacke über längere Zeit dem Sonnenlicht aussetzt, darf sich über zunehmendes Ausbleichen von Unterwolle und Grannen sowie partielles Verfärben des Kleidungsstückes nicht wundern. Eventuelles Nachfärben jedoch lässt das Fell und letztlich das Kleidungsteil schrumpfen.

Den größten Brocken bei der Eigenverwertung aber stellt die Lohnarbeit des Kürschners dar. Sie macht auch den „selbstgefangenen" Pelz zu keinem billigen

Die Strecke einer guten Fangsaison reicht für eine Marder- bzw. Fuchsjacke aus

Objekt. Unterm Strich summieren sich also die Ausgaben bei der Eigenverwertung, und zwar anstelle von Einnahmen.

Weil das Leder des gegerbten Balges nicht unbegrenzt hält, ist es bei einem größeren Vorhaben besser, zuzukaufen, als durch zu langes Warten das Rauchwerk aufs Spiel zu setzen. Reinfarbige Felle werden wir selten zusammenbekommen. Das ist weiter nicht schlimm, denn die Kunst des Kürschners vermag vieles auszugleichen, und außerdem handelt es sich ja um Wild und nicht um Zuchtware aus Farmen. Durch Tauschen wiederum lassen sich die Farbvarianten auf ein erträgliches Maß reduzieren.

Klassik trifft auf Moderne

Uromas Vorkriegs-Pelerine, Omas Pelzmantel aus den Fünfzigern, Mamas Jacke im Stil der Siebziger müssen kein Fall für den Flohmarkt, die Altkleidersammlung oder die Mottenkiste sein, denn unter bestimmten Voraussetzungen lässt sich noch was Vernünftiges daraus machen. Umschneidern und Einsetzen neuer Bälge wäre eine Möglichkeit, das gute Stück dann einzufärben eine weitere. Doch egal ob der klassische Pelzmantel auf Taille genäht, gerade zugerichtet oder ausgestellt verarbeitet wurde, derzeit schlägt die holde Weiblichkeit einen Bogen um das Naturprodukt. Die Winter seien zu warm, die Pelze vergleichsweise schwer, es schickt sich nicht, damit in der Öffentlichkeit zu flanieren, heißt es. Eine verrückte Welt. Alles schreit nach Öko.

Doch was geschieht mit einem zu 100 Prozent natürlich gewachsenen, umweltschonend zugerichteten, mikroklimatisch optimal zu tragenden und nach Verwendung hundertprozentig dem Naturkreislauf zuführbaren Kleidungsstück, dessen Wurzeln so alt wie die Menschheit sind? Es wird genau von den Leuten madig gemacht, die sich für die Ökologie stark machen und eine entsprechende Bewirtschaftung der Ressourcen propagieren. Stattdessen tolerieren die „Weltverbesserer" synthetische Pelze, die mit hohem Energieaufwand produziert wer-

Leonhard Hofstetter mit einem Bündel frisch angelieferter Fuchsbälge von sehr unterschiedlicher Qualität

Am ehesten lässt sich auch für den Laien die Qualität auf der Hautseite feststellen

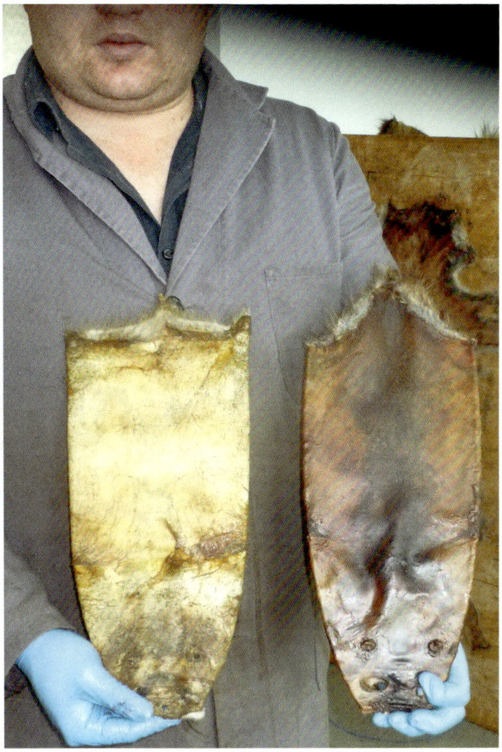

den, sich alles andere als körperfreundlich tragen und letztendlich nicht verrotten.

Bei unseren – leider nur privaten – Pro-Pelz-Initiativen sehen wir Jäger uns nicht als Anwälte von Pelztierfarmen, in denen Tiere teils unter erbärmlichen Bedingungen gehalten werden. Desgleichen verurteilen wir das Halten und Fangen von Hunden zwecks Fellgewinnung, wie das im großen Stil in China geschieht. Deren Felle jedoch schmücken unter Fantasiebezeichnungen, wie GAE-Wolf, Krägen, Kapuzen oder Revers von Kleidungssstücken, die große Handelsketten bei uns an den Mann bringen. Nein, wir möchten nur das verwertet sehen, was wir im Dienste der Niederwildhege, der Seucheneindämmung, der Fallwildbeseitigung und der Schadensabwehr erjagen oder auflesen.

Es ist eigentlich eine Schande, dass es für 97 Prozent aller erbeuteten Füchse keinen Absatz gibt, dass nur 40 % der Steinmarderbälge genutzt und 95 % der Waschbären samt Balg entsorgt werden. Dabei könnte die deutsche Jagd derzeit (2019/20) 422.000 Bälge vom Fuchs, 202.000 vom Waschbär und 44.000 vom Steinmarder auf den Markt bringen.

Nur 3 Prozent der Fuchsstrecke wird verwertet

Pelze und ihr Leder altern. Sie tun das abhängig von der Art ihrer Gerbung und der Sorgfalt der Gerberei, der Aufbewahrung und der Häufigkeit des Tragens unterschiedlich schnell. Wer ruht, rostet, heißt eine Volksweisheit. Sie lässt sich auch auf den Pelz übertragen, denn Bewegung tut der Lederfaser nur gut, jahrzehntelanges Hängen selbst am gleichmäßig temperierten, dunklen Ort wirkt sich dagegen auf die Faserstruktur nachteilig aus.

Lohnt sich eine Umarbeitung?

Soll also ein Kleidungsstück modernisiert werden, gilt es zu prüfen, ob sich der Aufwand lohnt. Man kommt nicht umhin, an einer Stelle im Randbereich das Futter aufzutrennen, eine handflächengroße Stelle des Leders einzufeuchten und diese mit Daumen und Zeigefinger beider Hände auseinander zu ziehen. Reißt dabei das Leder schier wie von selbst, ist es damit nicht mehr zum Besten bestellt und von einer Weiterverarbeitung des Pelzes abzuraten.

Besagtes gilt selbstverständlich auch für Bälge, die jahrzehntelang auf eine Verarbeitung warten mussten. Leonhard Hofstetter, Deutschlands größter Aufkäufer von Bälgen und Verarbeiter von Rauchwaren weiß ein Lied von falsch behandelter Rohware und überlagerten Bälgen zu singen. Der Fachmann erkennt bereits häufig auf den ersten Blick, was er vor sich hat, ansonsten verlässt er sich auf seine Nase und den Tastsinn.

Als ich mich gerade bei ihm kundig mache, trifft per Post eine große Sendung gegerbter Fuchsbälge nebst Schreiben ein. „ Diese 60 Füchse habe ich über einen langen Zeitraum gesammelt“, steht zu lesen. „Ich weiß, dass einige nicht mehr im Top-Zustand sind, desgleichen kommen sie von verschiedenen Gerbereien. Bitte verarbeiten Sie, was noch geht, zu einer Fuchsdecke.“

Hofstetter sortiert nach voll verwertbar, bedingt brauchbar und unbrauchbar. Aus letztgenanntem Stapel fische ich mir einen Balg heraus. Ein Fachmann muss man nicht gerade sein, um zu erkennen, wie es um das Leder bestellt ist.

Leder wie antikes Pergament

Nicht gelblich-weiß und glatt ist seine Oberfläche, nicht geschmeidig fühlt sie sich an. Vielmehr erinnern die orange-braune Farbe, die Falten und der spröde Griff an antikes Pergament. Unter leichtem Zug kann man Stück für Stück von der Lunte abreißen, etwa so wie von einem perforiertem Tesa-Film. Und das Leder? Jedes Tempo-Taschentuch hält mehr Zug aus.

Bedingt brauchbar heißt, dass man die Weichen wegschneiden muss, Rücken- und Halspartie jedoch noch zur Weiterverarbeitung taugt. Soll es eine größere Decke werden, wird Hofstetter nach Rücksprache mit dem Kunden wohl noch etwas aus dem eigenen Bestand zuschießen müssen.

Aus Alt mach Neu geht in aller Regel. Meistens mutiert dann das Kleidungsstück von Groß zu Klein, vom Mantel zur Weste, zu einem Besatz, einer schicken Einfassung, einem Kragen, einer Mütze, einem Muff oder einem sonstigen Accessoire.

Normalerweise verfügt der Mann über mehr Körperoberfläche als die Frau. Wenn sie den Mantel aus „selbstgefangenen Bälgen“, an denen das Herzblut des Jägers hing, nicht mehr tragen will, dann ergibt das immer noch eine schicke

Der ultimative Zupftest: Lassen sich unter leichtem Zug am Rand Fellstücke abreißen, dann sind höchstens noch Teile des Balges verwertbar

Weste für ihn, die auf Bewegungsjagden bei Eiseskälte oder nächtlichen Sauansitzen hervorragende Dienste leistet.

Bälge als Erinnerung an besondere Jagderlebnisse

Bälge als Wandbehang, eine kuschelige Decke und die passenden Kissen dazu, sind ebenfalls prädestiniert, das Jägerheim zu schmücken und die Erinnerung an besondere Jagderlebnisse wachzuhalten.

Nachfolgend einige Anregungen und Beispiele. Bei der Kalkulation werden die Kosten für das Streifen mit 15 und die für das Gerben mit 15 bis 20 Euro veranschlagt. Minderausgaben sind deshalb vom Endpreis abzuziehen. Bei den angegebenen Preisen handelt es sich um Durchschnittswerte, basierend auf eigenen Erfahrungen und Marktbeobachtungen. Sie sind selbstverständlich nicht bindend. Die hier aufgeführten Modelle (mit Preisangabe) stammen ausgenommen Seiten 276 und 281–282 aus der Werkstatt von Leonhard Hofstetter in Rötz/Opf. Bei den abgebildeten Mänteln und Jacken basiert der Bedarf an Fellen auf Konfektionsgröße 40.

Zunächst werden klassische Modelle gezeigt, danach moderne Beispiele der Fellverarbeitung, denn auch sie folgt der Mode.

Fuchsmütze

Bedarf: 1 Rotfuchsbalg

Streifen	15 Euro
Gerben	20 Euro
Verarbeiten	80 Euro
Gesamtkosten	**115 Euro**

Mardermütze

Bedarf: 2 Marderbälge (Damen),
5 Bälge (Herren)

Streifen	30 bis 75 Euro
Gerben	30 bis 75 Euro
Verarbeiten	70 bis 80 Euro

Gesamtkosten
130 bis 230 Euro

Beide Edelmardermützen sind aus jeweils vier Bälgen gearbeitet worden, die linke ist durch jahrelange Sonneneinstrahlung ausgebleicht, die rechte originalfarben

Rotfuchsjacke (ausgelassen)

Bedarf: 15 Rotfuchsbälge

Streifen	225 Euro
Gerben	300 Euro
Verarbeiten	750 Euro
Gesamtkosten	**1.275 Euro**

Für diese Rotfuchsjacke wurden 15 Felle verarbeitet

Für die Fuchsmütze oben siehe Kalkulation auf der vorigen Seite

Fuchspelerine

ohne Lunten (mit)

Bedarf: 1 Rotfuchsbalg
(zuzüglich 5 Lunten)

Streifen	15 Euro
Gerben	20 Euro
Verarbeiten	130 Euro (165 Euro)
Gesamtkosten	**165 Euro (200 Euro)**

Mardermuff

Bedarf: 2 Marderbälge

Streifen	30 Euro
Gerben	30 Euro
Verarbeiten	95 Euro
Gesamtkosten	**155 Euro**

Rotfuchsmantel

Bedarf: 22 Rotfuchsbälge

Streifen	330 Euro
Gerben	440 Euro
Verarbeiten	900 Euro
Gesamtkosten	**1.670 Euro**

Steinmarderjacke (ausgelassen)

Bedarf: 35 Marderbälge

Streifen	525 Euro
Gerben	525 Euro
Verarbeiten	900 Euro
Gesamtkosten	**1.950 Euro**

Steinmarderjacke (aufgesetzt)

Kosten siehe oben

Iltisjacke
(aufgesetzt)

Bedarf: 45 Iltisbälge

Streifen	675 Euro
Gerben	675 Euro
Verarbeiten	850 Euro
Gesamtkosten	**2.200 Euro**

Steinmarder-Swinger
(aufgesetzt)

Bedarf: 65 Marderbälge

Streifen	975 Euro
Gerben	975 Euro
Verarbeiten	1.200 Euro
Gesamtkosten	**3.150 Euro**

Steinmarder-Jacke

(angesetzt)

Bedarf: 22 Marderbälge

Streifen	330 Euro
Gerben	330 Euro
Verarbeiten	800 Euro
Gesamtkosten	**1.460 Euro**

Größe 38

Steinmarder-Mantel

(ausgelassen)

Bedarf: 40 Marderbälge

Streifen	600 Euro
Gerben	600 Euro
Verarbeiten	1.300 Euro
Gesamtkosten	**2.500 Euro**

Größe 38

Edelmarder-Jacke

(ausgelassen)

Bedarf: 25 ausgesucht große Marderbälge

Streifen	375 Euro
Gerben	375 Euro
Verarbeiten	950 Euro
Gesamtkosten	**1.700 Euro**

Größe 38

Steinmarderdecke

Bedarf: 45 Steinmarderbälge

Streifen	675 Euro
Gerben	675 Euro
Verarbeiten	650 Euro
Gesamtkosten	**2.000 Euro**

Fuchsdecke

Bedarf: 16 Fuchsbälge

Streifen	240 Euro
Gerben	320 Euro
Verarbeiten	490 Euro
Gesamtkosten	**1.050 Euro**

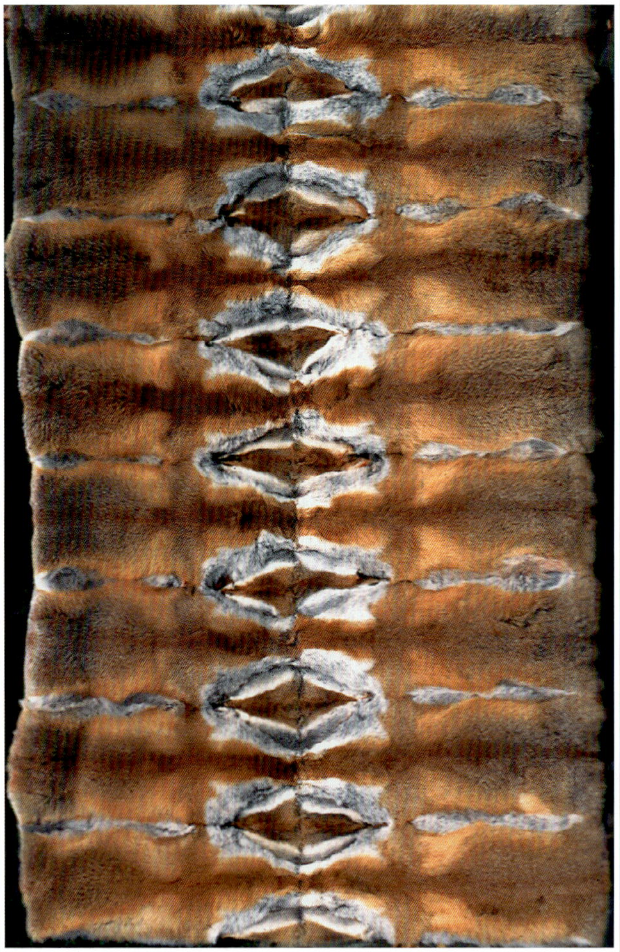

Kanin/Nappa & Rotfuchs (575 Euro)

Kreuzfuchs/Persianer (2.950 Euro)

Liegestatt mit Fuchsdecke und -kissen (2.190 Euro)

Rotfuchs-Weste, geschoren 1.499 Euro)

Rotfuchs-Kragen (299 Euro)

Oben: Bolero (529 Euro)

Rechts: Rotfuchs-Rucksack (375 Euro)

Rotfuchs-Mütze (235 Euro)

Rotfuchs-Baseballcap (145 Euro)

Trapper-Kappen, Rotfuchs und Waschbär (je 179 Euro)

Oben: Rotfuchs-Tasche (399 Euro)

Links: Rotfuchs-Igel (139 Euro)

Wer balgt ab, kauft an oder gerbt?

Abbalg-Service

J. Bammert, Tierpräparation, Grazer Str. 25a, 63073 Offenbach, Tel.: 069/898649

Pelzkonfektion Hofstetter, Neunburger Str. 15, 92444 Rötz, Tel.: 09976/1560

H. Kieferle, 78244 Gottmadingen 3, Tel.: 07734/6011

U. Meinelt, Heinestraße 30, 04571 Rötha, Tel.: 03420/654775

Ankauf

Pelzkonfektion Hofstetter, Neunburger Str. 15, 92444 Rötz, Tel.: 09976/1560

Fritz Wiehenkamp, Rahdenstr. 7U, 49326 Melle, Tel.: 05422/303

WMS-Trophäen-Spezialversand, 86470 Thannhausen, Tel.: 08281/2066

Gerbereien

J. Bammert, Tierpräparation, Grazer Str. 25a, 63073 Offenbach, Tel.: 069/898649

D. Birket, Neunkirchener Str. 426, 49497 Mettingen, Tel.: 05452/831

Gerberei Fonger, 52428 Jülich, Tel.: 02461/50383

Pelzveredelung Gudehus, Alter Celler Weg 8, 29229 Celle, Tel.: 05141/5 11 61

Pelzveredelung Hess, Alter Celler Weg 8, 29229 Celle/Gr. Hehlen, Tel.: 05141/51161

Heitmann-Felle, Freudenthalstr. 50, 29640 Schneverdingen, Tel.: 05193/3077

Pelzgerberei Hofbrucker, Gerberstr. 2, 94239 Ruhmannsfelden, Tel.: 09929/12 84

Gerberei Moritz, Am Mühlbach 10, 56072 Koblenz-Güls, Tel.: 0261/4 21 52

Gerberei Oechslen, Am Graben 8, 91578 Leutershausen, Tel.: 09823/2 86

Gerberei Peters, Hellweg 45, 59063 Hamm, Tel.: 02381/51616

Pelzveredelung R. und H. Remus, Inhaber R. Wirtgen, Neumühle 8, 71576

Burgstetten, Tel.: 071 91/635 25
Gerberei Wolfgang Schmid, Fasaneriestr. 24, 63512 Hainburg, Tel.: 061 82/4374
Gerberei Theo Schrage, An den Weiden 41, 57078 Siegen, Tel.: 0271/81344
Pelzgerbung Sulzbach, Murrhardter Str. 38, 71560 Sulzbach/Murr, Tel.: 07193/6055
Gerberei Trautwein, Postfach 1154, 77761 Schiltach, 07816/361
Präparatorium Uwe Vogel, Hohenzollernstr. 137, 56068 Koblenz, Tel.: 0261/34736
Gerberei Vill, Stadtwall 3, 48612 Horstmar, Tel.: 02558/7127
W+R Gerberei, Stuttgarter Str. 54, 72555 Metzingen, Tel.: 07123/1021

Hersteller von Biberfallen

EMF, Reitfeld 4, 93086 Wörth an der Donau, Tel. 09482-9419-0, Fax 09428-9419-10, www.emf-elektro.de, info@emf-elektro.de. Ansprechpartner Manfred Fenzl
Preis EUR 540,– netto

Stiftland Elektronik, Mühlenstraße 3, 95666 Mitterteich, Tel. 09633-3636, Fax 09633-202, www.ste-electronic.com, info@ste-electronic.com
Preis EUR 490,– netto

Metallbau Müller, Hospitalstraße 9, 95643 Tirschenreuth, Tel. 09631-1228, Fax 09631-5421, www.mmtir.de, info@mmtir.de
Preis EUR 535,– netto. Auslösung über Abzug statt Trittbrett + EUR 80,–, Alarmgeber Trapmaster + EUR 155,– (zzgl. Ladegerät u. andere Extras), Montage Alarmgeber + EUR 36,–

Leonhard Karpfinger, Schlosserei, Moosfeldstraße 1, 94051 Essenbach, Tel. 08703-2370, Fax 08703-91914, www.schlosserei-karpfinger.de, l.karpfinger@t-online.de
Preis EUR 665,– netto
Die Falle hat nach Anforderungen der uNB Landshut einige Veränderungen, z.B. an der Verrieglung eine zweite Nut, damit die Tür bereits verriegelt, auch wenn sie noch nicht ganz geschlossen ist.

Literaturverzeichnis

Amann, Artur (1990): „Marderschlagbaum weiterentwickelt". Die Pirsch Nr. 24, Seite 54

Ammann, Artur (1990): „Die Rasenfalle". Wild und Hund Nr. 25, Seite 22

Arbeitskreis BdB (1991): „Fangjagd 2000". Wild und Hund Nr. 5, Seite 4

BdB (1995): „Fangjagd 2000". Verlag Neumann-Neudamm, Morschen-Heina

Blümke-Betz (1980): „Der Mond – Gehilfe des Nachtjägers". Jäger Nr. 12, Seite 30

Brütt, Erhard (1977): „Fallenbau und Fallenfang". Landbuch-Verlag, Hannover

Caspaul, Heinrich (1933): „Der weidgerechte Raubwildfang". Verlag Heinrich Rüttgerodt, Einbeck

Claussen, Günter (1979): „Fallenbuch der Praxis". Verlag Dieter Hoffmann, Mainz

DJV (1991): „Positionspapier zur Fangjagd". Wild und Hund Nr. 25, Seite 12

DJV (1999): „Handbuch Jagd 1999". Verlag Dieter Hoffmann, Mainz

Feimann, Johannes (1991): „Ein Fangbunker für das selektive Fangen". Deutsche Jagdzeitung Nr. 1, Seite 16

Herrmann, Mathias (1986): „Weißkehlchen heute". Jäger Nr. 10, Seite 84

Hespeler, Bruno (1985): „Die Baujagd". Verlag Dieter Hoffmann, Mainz

Hespeler, Bruno (1990): „Jäger wohin?". BLV-Verlag, München

Joos, Herbert (1990): „Die Bejagung des Fuchses". Jäger Baden-Württemberg Nr. 10, Seite 20

Krüger, Hans-Heinrich (1990): „Steinmarder massenweise?". Die Pirsch Nr. 21, Seite 40

Labhardt, Felix (1990): „Der Rotfuchs". Verlag Paul Parey, Hamburg und Berlin

Osgyan, Wolfram (1997): „Fangjagd – Fallen, Fang, Beute". WuH-Exklusiv, Paul Parey Zeitschriftenverlag, Singhofen

Pückler, Mark v. (1985): „Der Jäger und sein Recht". Verlag Paul Parey, Hamburg, Berlin

Pückler, Mark v. (1994): „Jagd und Justiz". Verlag Paul Parey, Hamburg, Berlin

Reitmayr, Günter (1991): „Mit der Hasenklage auf Reineke Fuchs". Die Pirsch Nr. 25, Seite 50

Wichmann, Hilmar (1984): „Das Fallenstellen". Verlag Paul Parey, Hamburg

Wolff, Jürgen (1987): „Ein TüV für Fallen?“. Jäger Nr. 8, Seite 25

„Neubürger auf dem Vormarsch“. Sonderheft Pirsch, Unsere Jagd und Niedersächsischer Jäger, dlv-Verlag, Berlin

Moderne Fangjagd (2015), WuH-Exklusiv Nr. 44, Paul Parey Zeitschriftenverlag, Singhofen

Bayerisches Landesamt für Umwelt 2011, Biber – Baumeister der Wildnis,

Bayerisches Staatsministerium für Umwelt und Verbraucherschutz, Richtlinie zum Bibermanagement, Stand 1. Oktober 2013

J.P. SAUER & SOHN
ESTABLISHED 1751
SAUER
GEWEHRE FÜR GENERATIONEN
SAUER 404 ELEGANCE
www.sauer.de
Abgabe von Waffen nur an Inhaber einer Erwerbserlaubnis
BGB | MARKETING & COMMUNICATIONS © 2021

Kompromisslos
zum Jagderfolg.
Dank brillanter Optik.
ZEISS
Seeing beyond

135
YEARS OF
EXCELLENCE
KRIEGHOFF
krieghoff.de